回顾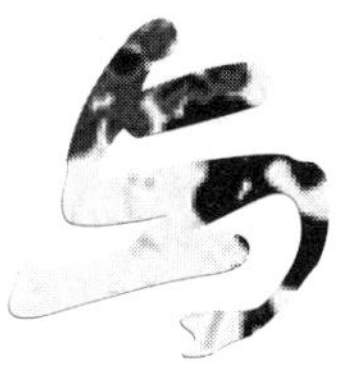展望

核心素养研究七十年

李中国◎著

九州出版社
JIUZHOUPRESS

图书在版编目（CIP）数据

回顾与展望 ：核心素养研究七十年 / 李中国著. -- 北京 ：九州出版社，2019.12

ISBN 978-7-5108-8908-0

Ⅰ. ①回… Ⅱ. ①李… Ⅲ. ①小学教育—教育研究 Ⅳ. ①G622.0

中国版本图书馆CIP数据核字(2020)第016023号

回顾与展望：核心素养研究七十年

作　　者　李中国　著

责任编辑　高美平

出版发行　九州出版社

地　　址　北京市西城区阜外大街甲 35 号 (100037)

发行电话　(010)68992190/3/5/6

网　　址　www.jiuzhoupress.com

印　　刷　北京旺都印务有限公司

开　　本　710 毫米 ×1000 毫米　16 开

印　　张　15

字　　数　228 千字

版　　次　2021 年 10 月第 1 版

印　　次　2021 年 10 月第 1 次印刷

书　　号　ISBN 978-7-5108-8908-0

定　　价　68.00 元

引　言

新中国成立70多年来，我国社会发生了翻天覆地的变化，中国人民经历了从站起来到富起来，正向强起来阔步前进；回顾70多年的发展历史，教育作为国家发展的基础性、先导性工程，伴随国家的快速发展，亦发生相应改变，从教育体系建设，教育结构优化，教育适应产业结构并引领产业结构变化等，教育对促进经济社会发展和人的全面发展的作用不断增强和突显；尤其是对人的素养的提升，伴随不同发展阶段使命的不同而不断创新发展。基础教育作为教育体系的初始阶段，对个体发展具有把方向、打基础、激活力的重要作用，是教育理论研究和实践探索的关键阶段。全面了解小学阶段各学科素养发展的基本历程，把握素养内涵及其要素逻辑，对掌握学科知识体系，预测未来发展走向，创新推进教学实践，全面提升教育质量具有重要的现实意义和战略价值。

本研究以新中国成立初期各学科发展基础为逻辑起点，对70多年来小学阶段主要学科发展历程及其素养进行了梳理分析和发展展望。主要内容包括，新中国成立以来小学语文、小学数学、小学英语、小学科学、小学德育发展、小学劳动教育的发展沿革研究，以及小学语文核心素养、小学数学核心素养、小学科学核心素养、小学道德与法治的核心素养、小学劳动教育核心素养、小学体育与健康核心素养、小学综合实践活动的核心素养及生成路径等探索。本成果具有以下特点：

内容系统性。本研究紧密围绕各学科发展历程和相应核心素养展开，基于70多年来的研究成果、政策文献和主要代表性会议文稿等为研究对象，把握发展沿革的内涵要素和素养规定，主线分明，阶段明晰，再现了小学阶段相应学科发展主脉、特点，分析了现实发展中的主要挑战，提出了未来发展的主要对策。

评述客观性。坚持尊重历史、置身当时的基本原则，全面深入分析各学科各阶段发展的历史背景和表征，用发展的眼光分析不同阶段特征生成的历史必然性和变化的永恒性；力求保持发展历程梳理和素养分析的客观性，以写实的文风表达相应学科发展历程和素养内涵及其实现方式的图景。

对策前瞻性。当前，正值全面建成小康社会的攻坚阶段，教育肩负着“治贫先治愚”的重要使命，面临着实现第一个百年奋斗目标，开启第二个百年奋斗目标实现的使命挑战，站在新起点，谋划新发展，小学教育及其各学科应有素养如何适应并引领时代发展，成为本研究与决策的立足点，坚持系统性和前瞻行的原则，提出了与各学科相适应的发展建议。

本成果主要由我和研究生们共同完成，他们是李亮、杨靖、王敏敏、李烁、卢琳琳、沙晓娜、于晓明、王金凤、尹晓慧、毕珊萍、韩萍、姚金莹、王津、刘高阳、侯婷婷；临沂大学吴仁英副教授、胡青副教授、李学芝副教授对本成果给予了特别指导和帮助，同时学习借鉴了专家学者的成果和思想观点等，在此一并表示感谢；虽已成稿出版，定有诸多不足，敬请指正！

李中国

2021 年 10 月于致远楼

目　录

第一章　新中国成立以来小学语文发展研究

新中国成立七十余年，这七十余年来在党和国家的领导下，不仅经济、科技得到迅猛发展，与此息息相关的教育也同时实现了质的飞跃。语文经历了七十余年的曲折发展历程，在各个方面取得了显著的成绩。未来，语文教育应继续朝着科学化、现代化的方向积极探索。

第一节　小学语文发展沿革

一、小学语文政策发展沿革

（一）“双基”提出

1950 年 6 月，第一套《语文课本》发行，其编辑大意说：“说出来的是语言，写出来的是文章，‘语’和‘文’是分不开的。语文教学应该包括听、说、读、写四项。因此，这套教材早已不再用‘国文’或‘国语’，改称‘语文课本’。”“语文”的定名，体现了新中国语文基础教育的实际。“国语”这一名称是新文化运动时期“文白”之争的产物，主要是指语体文（白话文），反映的是对白话文教学的需要；“国文”主要是指文言文（旧时的书面语），反映的是对文言文教学的需要。随着白话文运动的持续开展以及汉语自身的发展，到新中国成立前后，现代汉语的口语与书面语已渐趋统一。语文的基础教育应该反映汉语使用的实际，以学习现代汉语（包括口语与书面语形式）为主，兼顾文言文教学。

语文的“双基”目标得到了叶圣陶、吕叔湘、张志公等语文教育家的支持。

叶圣陶 1962 年在《认真学习语文》一文中强调学语文的基本功大体包括“识字写字”“用字用词”“辨析句子”“文章结构”等几个方面。

1963 年 5 月，教育部颁布实施了《全日制中学语文教学大纲（草案）》，强调“语言文字是学好知识和从事各种工作的基本工具”，表明了语文授课旨在：教学生能够理解和善用自己祖国的语言和文字，使他们具备当今语文的阅读和写作技能，兼具阅读文言文的能力。特别强调要强化识字写字、用词造句、布局谋篇等专业训练。[①]

（二）语文教育大讨论

1976 年，“文革”结束，各行各业都在“拨乱反正”。1977 年，教材编写工作会议提出“十分重视和精选基础知识”，“为了加强基础，必须重视基本技能的训练”。[②]

1986 年 4 月 12 日，第六届全国人民代表大会通过《中华人民共和国义务教育法》，自此国家实行九年义务教育制度。1992 年，教育部发布了《九年义务教育大纲全日制初级中学语文教学大纲（试用）》，该大纲纠正了以往忽视听说训练的问题，注意智力因素与非智力因素的协调发展，特别是规定了比较具体、明确的教学目标和教学内容，建立了语文能力训练体系，反映了对过去几十年语文教育经验的总结以及当时语文教育研究的新成果。20 世纪 90 年代，随着社会上人文主义思潮的活跃及教育界素质教育理念的兴起，语文教育界先后出现了“淡化语法讨论”“工具性和人文性之争”“20 世纪末语文教育大讨论”三场讨论。

于漪于 1995 年发表文章《弘扬人文改革弊端——关于语文教育性质观的反思》，将科学主义与人本主义之间的争论提升到语言学科本质的高度，并指出“语言学科作为人文应用学科应该将语言工具培训和人文教育相结合”。[③]1998 年 12 月，教育部发布了《振兴 21 世纪教育行动计划》。1999 年 6 月，中共中央，国务院印发了《关于深化教育改革，全面推进素质教育的决定》，促进了课

① 课程教材研究所 .20 世纪中国中小学课程标准 . 教学大纲汇编：语文卷 [M]. 北京：人民教育出版社 ,2001.

② 汪潮 , 吴奋奋 . 双基论的回顾与反思 [J]. 课程 . 教材 . 教法 .1996（12）.

③ 于漪 . 弘扬人文改革弊端——关于语文教育性质观的反思 [J]. 语文学习 ,1995（6）.

程的改革。

（三）从“三维目标”到“核心素养”

2001 年，语文教育界在落实国家关于素质教育系列文件精神以及语文教育界内部“淡化语法讨论”“工具性与人文性论争”“20 世纪末语文教育大讨论”成果的基础上，开启了进入 21 世纪的课改，其标志是教育部于 2001 年颁布的《全日制义务教育语文课程标准（实验稿）》及 2003 年颁布的《普通高中语文课程标准（实验）》。这两部课标，在课程性质上将“人文性”纳入语文性质的表述中，强调“工具性与人文性的统一，是语文课程的基本特点”。随着这两部课标的颁布，新课改在全国分批次陆续推进。

在总结了十年的课程改革实践经验之后，教育部于 2011 年 12 月颁布了《义务教育语文课程标准（2011 年版）》。该课程标准的突出特点是强调语文课程的全面性和实用性，并体现在课程实践的全过程。[①]

2017 年 12 月，《普通高中语文课程标准（2017 年版）》发布，其最大特点是提出了语文学科的核心素养，并指出：“语言学科的核心素养是语言学科的积累和建设。学生参加积极的语言练习活动，在真实的语言使用中展示语言能力和素质；它是对语言知识和语言能力，思维方法和思维素质，情感，态度和价值观的综合反映。主要包括‘语言建构与运用’‘思维发展与提升’‘审美鉴赏与创造’‘文化传承与理解’四个方面。”[②]

二、小学语文要素发展沿革

（一）课程目标

1950 年 8 月教育部发布了《小学语文课程暂行标准（草案）》，小学教育课程的名称首次以国家的名义被命名为“语文”。明确列出课程目标，在每个年级指定教科书的大纲，详细说明教科书的编写和教学实施的要求，并且明确“语言教学的基本原则，是使儿童学习语文工具，学会读、说、作、写”。这是新中

① 中华人民共和国教育部 . 义务教育语文课程标准（2011 年版）[S]. 北京 : 北京师范大学出版社 ,2012.

② 中华人民共和国教育部 . 普通高中语文课程标准（2017 年版）[S]. 北京 : 人民教育出版社 ,2018.

国第一个专门针对小学语文课程的纲领性文件，它为新中国小学的语文教育开辟了新的篇章。

自1959年以来，《文汇报》就语文课程的目的和任务进行了讨论。1961年12月3日，《文汇报》发表社论《关于汉语教学的目的和任务》。社论阐述了“语文是工具”的观点，并指出："语文教学的目的和任务应是使学生正确、熟练地掌握和使用祖国语言，文字培养和提高学生的阅读和表达能力。”这篇社论使中国教育界的思想认识趋于统一。这一阶段，关于语文课程的内容，语文教育界也做了积极探索。1961年夏开始，人民教育出版社组织调研，形成了重视基础知识和基本训练的指导思想。1961年9月，殷伟（吕型伟）发表文章呼吁加强基本训练，即掌握和运用语言文字这个基本工具的基本技能的训练。

1962年，吴天石在《江苏教育》第12期发表文章《加强语文基础知识教学和基本训练》。在探讨语文知识范围的基础上，探讨了语文知识与语文训练的关系。教育界逐步形成了字、词、句、段、篇、语法、修辞、理解表达的逻辑，即老一辈老师口中的“八字宪法”。1963年4月，吕叔湘发表了题为《语文教学的两个基本认识》的文章，指出："语文的使用是一种技巧和习惯，只有通过正确的模仿和反复练习才能发展起来。”这些讨论为语文课程内容的建设提供了理论支持。

（二）教材

1. 语文教育教材的发展

1950年12月，人民教育出版社（以下简称“人教社”）成立，出版了第一套全国通用的小学语文教材，称为《初级小学临时课本国语》。

1956年发布的《小学语文教学大纲（草案）》规定："小学语文的基本任务是发展儿童语言，提高儿童理解和使用语言的能力。”人民教育出版社据此编写出版了小学语文教材，这是新中国成立以来的第一部小学语文教学大纲。

1977年8月8日，邓小平在科学和教育工作座谈会上提出要尊重知识，尊重人才，重视中小学教育，“关键是教材”（邓小平 1983）。教材要反映出现代科学文化水平，同时要符合我国实际情况。教育部以关于中小学教材汇写的工作会议的形式，选拔编辑干部重组了人教社，制订了教学计划，编写了中小学学科教材。吕叔湘主持“北京地区语言学科规划研讨会”和“北京地区语文教学座谈会”(《中国语文》编辑部 1979),并在《人民日报》发表《当前语文教学中两个迫切问题》。华东师大校长刘佛年提出“初中语文能力过关”的改革构想,上海、吉林、辽宁等参加实验。

1981 年 7 月,全国语法和语法教学研讨会在哈尔滨举行,王力和吕叔湘参加了会议。会议讨论并通过了张志公主持制订的《中学教学语法系统提要》。1983 年,邓小平指示“教育应该现代化,面向世界和面向未来”。1985 年,中共中央发布了《关于教育体制改革的决定》。教育部调整和改革了中小学的学校制度和课程。中学语文室和小学语文室设立了中小学语文课程教材的研发中心。语文界逐渐认识到,语文教学的改革必须贯彻实事求是的路线,处理好数量与质量,传承与批评,参照与创新之间的关系。

2. 课程教材研究

在编写教科书时,为了更好地反映国家意愿,自 2016 年以来,教育部组织的语言教科书已逐步实施。与以前的教科书相比,统一教科书更加注重遵循语文学科的规律,并清楚地反映了对学科内部逻辑的遵守。语文教科书的编写工作于 2012 年在中央领导的直接领导下以及在教育部的直接组织和领导下开始。从 2016 年秋季开始,它将在使用中小学汉语课程标准实验教科书的地区使用。由于当时仍在使用同一教科书的其他版本,因此为了将它们与原始的“人民教育版”区分开来,因此将这套教科书称为“事工版”。从 2017 年秋季开始,根据中央政府《关于加强和改进新形势下中小学教科书建设的意见》的精神,关于道德与法治、中文和历史的教科书根据国家教科书委员会的审查意见进行了修订。“编辑”变成了“全面编辑”,并且在全国所有地区的小学和初中的开始年级中都使用,以逐一替换相似教科书的原始版本。从 2019 年秋季开始,所有中小学使用统一的语言教材。高中语文课本还将在一些省市进行测试,高中语文课本将在 2022 年实现全面覆盖。

（三）课程改革

1. 课程改革的发展

自新中国成立以来，我国共经历八次基础教育课程改革、于 1999 年为了全面实施素质教育，为了更好地解决前七次课程改革遗留的课程问题，为了顺应世界潮流，中国政府又开始了一场广泛、全面、深入持久的课程系统改革。

2001 年 2 月国务院批准《基础教育课程改革纲要（试行）》，标志着我国基础教育课程改革全面启动。

2001 年国家教育部颁布《语文课程标准》,《标准》明确指出，“语文课程致力于学生语文素养的形成与发展”。这是对语文课程的根本规定，在中国语文教育发展史上，这不是首次把语文课程的目的作这样的规定，其核心、概念就是“语文素养”。从语文知识—语文能力—语文素质到“语文素养”的认识，体现了人们对语文课程认识的进一步加深。

教育部颁布的《普通高中语文课程标准（2017 年版）》明确指出：“基础教育课程承载着党的教育方针和教育思想，规定了教育目标和教育内容，是国家意志在教育领域中的直接体现，在立德树人中发挥着关键作用。”从内容上讲，语文课程教材编写要高度重视继承和弘扬中华优秀传统文化、革命文化的社会主义文化。在学习要求方面，重点是提高学生的中文核心素养，包括语言的构建和使用，思维的发展和提高，审美欣赏和创造，文化传承和理解等四个方面。

课程改革是一个持续的过程。每次改革只是这个连续过程中的一个阶段或一个环节，既承接历史又面向未来。因此，课程改革只能进行而不能完成。在我们继续前进的过程中，有必要一路回顾过去，我们所做的事情，所学到的教训。我们现在正在做什么，如何正确面对这些成就，如何研究一些现有问题，需要总结和学习哪些经验教训以及未来的发展方向。这些问题要求我们站在课程改革的整个过程中，反思历史，把握现实并展望未来。中国真正意义上的课程改革是 20 世纪新式学校产生并有了真正意义上的课程后开始的。也就是说，中国真正的课程是“五四”新文化运动后，尤其是在 1922 年新学制颁布之后。这一课程改革实验开启了现代中国课程改革实验的先河。

21 世纪，中国以“深化教育改革，全面推进素质教育”为目标，开展了课程和教学改革。2001 年 2 月，国务院批准了《基础教育课程改革纲要（试行）》，标志着中国新一轮基础教育课程改革的开始。这一轮课程改革是由国家发起的。改革的范围，进步的速度以及高层管理人员的关注程度是前所未有的，采用政府主导、专家引领和教师参与的方法开始了这一进程。课程改革实验遵循“先实验再提升”的原则。首先，在全国 38 个国家实验区进行了实验，涉及 330 个市县。2004 年秋天，在对实验区进行综合评价和广泛交流的基础上，课程改革进入了全面推进阶段。到 2005 年，小学和初中阶段的每个年级原则上都进入了新的课程改革。这一轮改革已经进行了十多年，其基本方法是：自上而下，全面进步，概念领先，逐步推广，面向全国，覆盖所有中小学。已经取得了许多理论和实践成果，并产生了广泛的社会影响。

2. 课程改革的影响

促进了先进教育理念的传播。大多数教育者的教育观念和教学行为发生了积极变化，促进了基础教育的全面改革，在全面推进素质教育中发挥了重要作用。

基本建立了具有中国特色，更符合时代要求的新课程体系，包括教科书编选体系、三级课程管理体系和课程考试评价体系。“制度化课程”建设取得显著成效。

制定并发布新的课程计划和课程标准，坚持“一纲多抄”的原则，编写出版了多种多样的教材，充分体现了教育法的要求，体现了教育成果、人类文明，并体现了新的课程理念。开发了大量网络化、纸质化、实物化的课程资源，“基于文本的课程”取得了显著成效。

国家课程、地方课程、校本课程、综合课程等一些新的课程理论研究已逐步成熟，“理论课程”（即课程理论）取得了重大突破，在指导课程实践中起了重要作用。

多层次的教师培训取得了明显成效，在一定程度上改变了教师的教学观念，改变了教师的教学行为，促进了教师的专业发展，有助于实施课程计划和课程标准。①

① 张传燧，课程改革在路上：历史、现状与未来 [J] 课程、教材、教法，2015（08）.

第二节　小学语文发展审视

一、基于关键词的共现分析

以“小学语文”作为关键词，对时间范围不做要求，选取符合要求的高引用硕博论文，最终通过CNKI选取500篇高引用硕博论文作为计量分析对象，采用sati4.0作为文献计量分析工具进行数据分析，得出关键词分析趋势。结果显示，小学语文研究的热点为阅读教学、教学策略、识字教学以及教科书问题。由于是小学语文作为关键词的缘故，所以阅读教学、教学策略、识字教学、教科书对小学语文这一关键词都有很高的相关性。除去这一关键词，其中阅读教学的分支最广泛，与其他关键词的相关性连接更高。随着科技的进步，社会的发展，国家和社会越来越意识到阅读的重要性，阅读不仅仅关乎语文成绩那么简单，更多是培养学生的阅读能力，更加注重的是对思维的训练。单纯的题海战术不再满足需求，要想满足需求，要从能力角度去思考问题。其次识字教学出现的频率也很高，这是因为识字教学变得越来越有趣，越来越生动，从低学段就开始锻炼学生的抽象思维能力，有助于学生能力的提高，发展学生的才能。在统编版教科书中，把识字教学提前，拼音置后。这不仅仅是把几个字提前那么简单，这更意味着识字教学地位的变化，拼音充当着辅助工具的角色，识字教学不再是单纯的一笔一画的练习默写，这无疑浪费大量的时间和精力，增加学生的课业负担，它更多是用象形字的方式来展示新字形结构，让学生不仅仅知道字怎么写；更是充分挖掘了字的源头与文化内涵。关于教学策略的选用一直都是教育领域的热点话题，它主要涉及有效教学的方式和方法。

在2019年关于教科书和识字教学的讨论尤为激烈。通过图1的关键词频率时间序列图可以看出。

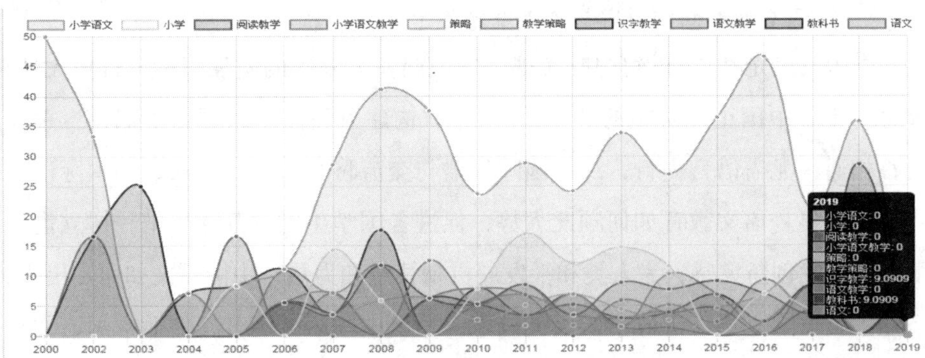

图 1　2000—2019 关键词频率时间序列图

由此可知，小学语文研究热点是围绕着阅读进行的，不仅包括阅读本身，还关乎着有关阅读教学的教学策略、识字教学、教科书的选取和采用。

二、小学语文教育的不足

放眼未来，审视语文教育，目前中国语文教育还存在以下缺憾：

（一）语文研究的深度与广度都有待加强

中国古代语文教育、近代语文教育以及当代语文教育的“家底”还不很清楚，有哪些经验值得继承，有哪些教训值得吸取，特别是对今天的改革有什么作用和价值，还缺乏深入研究。语文教育与人的成长规律、教育规律和教学规律之间具有什么样的内在关系，语文教育是否有“理”可循，小学、初中、高中不同学段的学生语文能力发展的规律与特点是什么，理想的语文教材什么样、怎么编，什么样的教师才能胜任语文教学，等等，都需要进行深入研究。

（二）语文教育发展不均衡不平衡问题

由于种种原因，中国各地在经济、文化、教育方面发展很不平衡，在办学条件、师资水平、生源质量、教师待遇、语文教育研究氛围等方面都存在很大差异，特别是在中西部地区、农村地区、贫困地区、边疆少数民族地区，这种差异尤其严重。按照新时代发展理念，如何让这些地区的语文教育共享发展、协调发展，解决这些地区人民群众对美好生活的期待同语文教育发展不充分不平衡之间的矛盾，让广大人民群众享受到语文教育改革的红利，还有很长的路要走。

（三）语文教育面向世界与未来准备不足

中国已确定在21世纪中叶实现中华民族伟大复兴的宏伟目标。百年大计，教育为本。中国正在实施的“一带一路”、构建人类命运共同体等倡议，重在人心相通，尤需语言先行，汉语国际传播与交流将日益广泛，汉语的国际地位将更加凸显。语文教育如何顺此大势，促进各国学生增进互相了解，树立世界眼光，激发创新灵感，为人类和平发展贡献智慧和力量；中国语文如何走出去，坚守中国语文立场，讲好中国语文故事，发出中国语文声音，传播中国语文经验，建设中国语文教育强国……都需要扎实深入而细致的研究。[①]

回顾新中国成立以来语文教育发展历程，我们不仅对语文教育前辈和名师充满敬意，也对语文教育改革创新成就感到自豪。语文教育工作者肩负着新使命，任重道远，应该主动适应时代和社会变化，研究在新形势下如何改进语文教育，创新教材编写，提高课堂教学效率，改革考试评价方式，提升学生语文核心素养，为推进教育现代化、实现中华民族伟大复兴做出新的贡献。在新时代，语文教育必将在立德树人和培养语文能力上发挥更大作用。

① 顾文川，新中国语文教育七十年 [J]，语文战略研究，2019（04）.

第二章　新中国成立以来小学数学发展研究

小学数学作为小学最具有基础性的一门课程，其内容是人们在日常生活和工作中所必须具备的数学基础知识和基本技能，是学习科学技术的重要工具，时代要求它要为人们提供所应具备的最基本的数学知识、技能和数学素质。因此小学数学课程改革历来是基础教育课程改革的重要组成部分，我国新一轮基础教育课程改革也正是从中小学数学课程改革的先行实验开始探索的。新中国成立以来，小学数学也经历了70余年的发展与变革，通过对其各时期的发展沿革以及总体的特点与趋势进行整理与总结，有利于更好地把握小学数学的实施情况、发展脉络及其未来走向。

第一节　小学数学发展沿革

根据70余年来时代发展背景的不同，本研究大致将小学数学的发展分为三个阶段，包括初步探索时期、迅速发展时期、系统完善时期。每个时期在课程标准、教材、教学、评价的方面都呈现出不同的特点。

一、1949年到1956年：初步探索时期

新中国成立初期，人民刚刚走出战争的笼罩，国内各行各业百废待兴，小学数学的建设也开始进行初步探索。

（一）课程标准借鉴苏联

1949年至1952年我国进行了第一次课程改革，在改造旧教育的基础上统

一新课程。为了统一新课程，制定了《小学算术课程暂行标准草案》，此后又相继颁布了《小学算术教学大纲（草案）》《小学珠算教学大纲（草案）》，虽然都是对苏联的大纲有所模仿，但课程目标都不断得到明确。

（二）教材内容简单

新中国成立初期，全国没有统一的小学数学教材，1950 年制定并颁布了《小学算术课程暂行标准（草案）》，其中确定了小学阶段要学习的内容，包括小数、整数、分数及其四则运算，面积、体积和容积的初步认识及计算，初步认识几何图形，还有学习常见的量、初步学习并应用简单的统计图表，但是并未涉及更深的统计学知识，也没有包括对代数的初步认识和计算。这套教材的一大特色是教材内容还与当时的社会实际紧密结合，介绍了合作社的相关数学知识，带有浓厚的时代特色。总的看来，教学中设计了多个循环圈，重复比较多。

（三）教学与评价形式单一

这一时期，由于科技落后，师资水平较低且参差不齐，因此小学数学教师普遍采用传统的讲授法，单纯将知识灌输给学生，单一枯燥，教师就靠一本书、一枝粉笔、一把三角尺走天下，对学生的评价也仅限于平时作业和考试成绩。

二、1957 年到 2000 年：迅速发展时期

1956 年，随着三大改造的基本完成，我国的基本经济制度全面地建立起来，标志着我国从此进入社会主义社会，步入了社会主义初级阶段，开始积极发展生产力和经济。随着经济和科技的迅猛发展，小学数学也进入了迅速发展时期。

（一）课程标准逐渐细化

1963 年我国颁布了《全日制小学算术教学大纲（草案）》，总目标仍然规定为培养学生的知识和能力，但是比之前的教学大纲对教学要求的说明更加细化，制定了学年目标，以及按学期编排具体的教学内容。随后，1978 年颁布的《全日制十年制学校小学数学教学大纲（试行草案）》正式将“小学算术”改为“小学数学”。1986 年颁布的《全日制小学数学教学大纲》在我国小学数学发展史中有着非常重要的地位，因为它是新中国成立以来的第一份正式小学数学教学大纲，其中明确了小学数学教育在基础教育中的重要地位和作用，指出小学数

学最重要的是基础性，重视基础知识的教学。1992 年的教学大纲中所明确的教学内容更加简洁，教学要求也更加具体，更具可操作性，是继 1963 年的大纲之后比较成熟的一个教学大纲。

（二）教材内容不断加深，编排更加科学

1. 第二套全国通用教材。1959 年，人民教育出版社编辑出版了《初小算术（暂用本）》和《高小算术（暂用本）》，前者八册，后者四册，共十二册，这是第二套全国通用教材。在这套教材中，将原本初中学习的算术部分内容下移至小学中，从而提高了小学生的数学水平，这是小学数学教学改革上的一次重要转折。这套教材改变了以前教材的编写结构，不再采用例题和习题混合编写的形式，而是将两者分开编写。

2. 第三、四套全国通用教材。第三套全国通用教材在 1961 年由人民教育出版社编写并出版。这套教材主要是在内容的选择上进行了取舍和改变。例如，计算方面把口算和笔算相结合，不同程度的题目以不同的方法为主，如 20 以内的加减法主要进行口算，100 以内的加减法主要进行笔算；教材中的练习题也适当降低了难度和要求，如整数部分的相关计算，并且简化了数量关系，类型也进行了精简；教材还降低了对计量单位的内容要求，但是增加了如循环小数、比例等内容。1963 年，第四套全国通用教材问世。该套教材又在之前教材的基础上，重新加入了部分内容，例如加减乘除的运算定理与性质、最大公约数的计算方法、求圆锥、棱柱与棱锥的体积等，还增加了有关记账的初步知识。这套教材重视对学生双基的培养，并且与当时的生产生活实际相结合，第一次提出了小学数学应该培养和发展学生的空间观念，并且注重了小学数学与初中数学之间的衔接，这些都是这套教材编写的创新点。

这两套教材同样采用了例题与习题分开编排的编写方式，其中第四套教材按六年级安排，考虑了一到四年级、五到六年级进行分段。

3. 第五至九套全国通用教材。1978 年到 1986 年，人民教育出版社又先后出版了第五、六套全国通用教材。课程的名称由原来的“小学算术”改为“小学数学”。这两套教材在“精选、增加、渗透”的原则指导下，对内容进行了适当的选择和取舍，也就是“精选传统的算术内容”，“适当增加代数、几何初步知识”，“适当渗透集合、函数、统计等一些现代数学思想方法”。[①] 教材在组织方式上采用了适当进行分段、知识螺旋上升的方式，更符合小学生的心理发展和认知规律，[②] 内容的呈现也更具科学性。此后，人民教育出版社又着手编写了第七、八、九套全国通用教材，内容的编写顺序和选择上基本沿用了以前的模式。

4. 第十至十三套全国通用教材。1988 年，人民教育出版社分别出版了第十和十一套全国通用教材，即《义务教育小学教科书数学》（试用本），分别把义务教育阶段划分为了“六三制”和“五四制”。这两本教材在内容上又进行了适当的增删，比如删去了繁分数的认识、立体组合图形的体积计算等相关内容；进一步降低了大数的计算要求，应用题的难度也有所降低；教学内容分为必学内容和选学内容，把以前教材中的部分必学内容改为选学，弹性大大增加；教材还增加了如测量、拼摆、画图等内容。随后，人教社又将教材适用年级改为五年制、六年制小学，出版了第十二、十三套小学数学全国通用教材。这两套教材又进行了大数的加减乘除计算及珠算的删减，降低了四则运算练习题和其他应用题的难度；同时增加了较多的动手操作活动和实践活动，有利于培养学生的实践能力和创新性。

这一时期出版的教材，体现出以下特征：

①编排科学。在内容呈现方式上重视了将数学的学科逻辑顺序和儿童的身心发展顺序紧密结合，恰当选择内容的难易程度和抽象程度，考虑到学生的心理发展特征，将教材内容根据划分阶段、由易到难、由简到繁、螺旋上升的原则来编排。并且体现出科学性、系统性、灵活性，表现出对教学方法的选择。

②使用灵活。这一时期允许各地教育部门编写其他的教材，因此通用教材的编写中，小学各个年级的教学内容是按知识的分类进行编写的，而不区分上下学期，因此教师及相关专家可以根据实际教学情况在年级间对教学内容进行适当的调整，使得通用教材可以适应“一纲多本”的需要。可以说，这种内容

① 陈奥运，刘来兵．新中国成立 70 年来小学数学课程目标演变与特征分析 [J/OL]. 中小学教师培训：1-6 [2019-11-30]．http://kns.cnki.net/kcms/detail/22.1214.G4.20191113.0945.008.html.

② 刘久成．小学数学教材内容和结构改革六十年 [J]，课程、教材、教法，2012（01）.

编排方式已经初具现代教材的雏形，也为以后教材的编写奠定了坚实基础。

（三）教学与评价开始丰富

教师逐渐开始转变教学观念，开始关注小学数学的学科逻辑和学生的身心发展规律以及现实需要，教学方法开始丰富和多样，一些现代教学工具如录音机、电脑也开始进入课堂中，但教师仍然以讲授法为主，课堂活动较少，评价方式依然很狭窄。

三、2000 年以来：系统完善时期

2000 年我国进入 21 世纪新时代，小学数学经过前期的不断发展，也越来越系统和完善。

（一）课程标准更加科学，强调核心素养

2001 年颁布的《义务教育数学课程标准（实验稿）》第一次采用了全新的教材编写框架和结构，是由“前言”“课程目标”“内容标准”“课程实施建议”四个部分组成，其中将课程目标分为总目标和学段目标，取消了学年目标，使得表述更加科学和明确；教材的内容划分成“数与代数、空间与图形、统计与概率、实践与综合应用”四大知识模块，并仔细说明了各学段在四个知识领域的教学中所要求的目标，每一知识领域下又划分了单元目标和知识点目标，形成层层递进、清晰直观的目标体系。

《义务教育数学课程标准（2011 年版）》沿袭了 2001 年的课程标准的体系，在不改动总体框架的基础上，调整了部分结构，与 2001 年的课程标准相比，“在理解和实施上更具体，更具指导性和开放性”。① 新课标强调新技术与课程内容的整合，这一理念反映了时代的特点。教师要重视现代信息技术对小学数学教学内容和方法的影响。现代信息技术使数学教学更加生动，一道干巴巴的应用题，如果用多媒体来展现出来，能够帮助学生更加生动形象地感知题目。同时，科技的发展也对小学数学的课程内容发生了一系列的影响。如统计部分，现在的计算机可以代替我们处理大量复杂的计算，因此，如何收集数据、分析

① 陈奥运，刘来兵．新中国成立 70 年来小学数学课程目标演变与特征分析 [J/OL]. 中小学教师培训：1-6 [2019-11-30]．http://kns.cnki.net/kcms/detail/22.1214.G4.20191113.0945.008.html.

数据则成为数学课程内容的重点。可以看出信息技术对课程内容本身提出了挑战，并且提供了更多思考的维度。

同时，新课程标准进一步发展完善，避免了学生没有意义的死记硬背，提倡让学生掌握算理和算法。首先，知识与技能是非常重要的，但是应该思考的是，什么是小学数学最本质的知识和技能。例如，教师在讲授乘法一课时，最重要的是对于乘法意义本身的理解，而其他的如乘号乘数的名称则相比较而言，就没有那么重要。这就体现出，不能所有的知识和技能都眉毛胡子一把抓，而要抓住关键核心的部分。这一部分内容有两个标准，一是对于培养学生的核心素养有帮助，二是数学本身的核心部分。同时由于科技与新技术的发展，小学数学中的知识和技能也应该与时俱进。同时。新课标强调核心素养，这就提醒教师应该思考，学数学究竟给学生带来了什么。教师应该从学生熟悉的情境入手，让学生能够从中把数学的本质抽取出来，并用合适的图形、语言或符号来表达它，同时培养学生的各种能力和品质，如合作、自信、兴趣、坚韧不拔、实事求是等品格和情感，这些虽然无法评价，但是教师并不能评价什么就教什么，这些内容也是非常重要的。数学是人类文化的重要组成部分，数学活动充满着探索与创造，教师应该引导学生全面、正确地认识数学本身，这对于增强学生对数学的学习兴趣也是十分有利的。同时，很多学生认为，除了在课堂上、考试中运用数学，生活中用不到数学。其实数学在生活中的存在是非常广泛的，针对这一点，教师应该培养学生发现问题、解决问题、反思的能力。

（二）教材更加丰富深刻

1. 第十四套全国通用教材及多版本教材。2001 年以后，除了人民教育出版社出版了第十四套全国通用教材外，还有北京师范大学出版社、江苏教育出版社等都出版过小学数学的教科书，审查通过后进行试用。这些教材都对以前教材的内容进行了不同程度的改变与整合，比如将“空间与图形”改为“图形与几何”。在教材的结构划分上，将九年义务教育分为三个学段，其中前两个学段为小学阶段，第三学段为初中阶段，四大学习领域贯穿于每一个学段和每一册教材。教材中内容的表现方式充分考虑了小学生的已有经验和兴趣特点，无论是例题还是习题，都是语言简明、形式丰富的，题目都尽可能与生活实际相结合，教材的整体编排是丰富有趣、色彩鲜明、风格活泼生动、图文并茂的，因而能够激发学生的学习兴趣和积极性，吸引学生阅读和深入学习。“教材内容的编排，遵循由浅入深、循序渐进、螺旋上升的原则，突出知识之间的互相联系与综合，以大众化、生活化的方式反映数学的思想和方法”。①

2. 部编本教材。2016 年，教育部组织编写了《教育部编义务教育教科书》，简称部编本，这些课本一开始只在部分实验地区进行试用。此后逐渐地推广到全国范围内使用。2017 年，全国大部分地区统一使用部编版的小学语文、小学道德与法治教材；2018 年，全国一年级新生统一使用部编版的小学语文、小学数学、小学英语、小学道德与法治教材；2019 年 9 月开始，全国小学的所有年级学生都统一使用部编版教科书。部编本教材呈现以下特点：

（1）注重学生的思考过程。部编版小学数学教材遵循了数学学科逻辑与学生的心理逻辑，教材中的内容设计关注了学生是如何思考问题的，旨在带领学生研究数学、讨论数学、经历数学知识的发生发展的过程，使师生共同享受思考数学的乐趣。部编版小学数学教材中设计的数学情境，学生在情境中发现问题、提出问题、建立模型、解释应用的整个过程，就把思考和运用都包含在其中，从而发展学生的数学能力。问题的设计能够激发学生的好奇心，层层递进的问题还能够带领学生去思考，有利于增加学生思维的条理性，提高思考的深刻性。

（2）个性与多样兼备。部编版教材在设计上还体现了个性化和多样化，教材中每一单元、每一课时的设计，让每一堂数学课都有了整体的教学目标，都包含了数学活动和数学思想，从而激发学生去思考、去体验知识发生的过程。

（3）习题科学丰富。教材中习题的设计，包括基本练习、变式练习、拓展练习。其中变式练习为教师在课堂中获得及时反馈提供了一种途径，教师可以通过改变条件、改变情境、改变方法来达到考查学生学习情况的目的，从而实现以学定教。拓展练习则多是开放性的问题，并从中渗透重要的概念和思想，为学生以后升入初中、高中，再次学习相关知识，提供初步的学习经验。教师应该重视教材中的习题，与其补充过多的课外习题，不如将教材中的习题讲透

① 刘久成 . 小学数学教材内容和结构改革六十年 [J]. 课程、教材、教法 ,2012（01）.

彻，而不是仅仅要求学生会做。教师在讲解习题时应该根据学生的具体情况合理分配时间。同时，习题的完成应遵循学生独立思考、互相启发的原则。

（4）能够指导学生学法。教师运用部编版教材，还能够实现对学生学法的指导，比如教材中部分模块的设计，体现了学生对自己学习的反思与积累。学生可以记录自己学习到了什么，还存在哪些疑问，有哪些感兴趣的将来想学习的内容。这样也培养了学生良好的学习习惯。教材是教师备课最重要的内容，因此教师要仔细钻研教材，认真思考。读懂教材是教师使用教材、有效教学的基础。教师可以从编者、教师、学生、普通人的不同角度来读教材。教师对教材要做到常读、读深、读广、读懂、读透。教师是联结静态的教材内容与动态的学生活动过程之间的桥梁。同时，这也是教师专业成长的过程，现代教育倡导，教师应该用小学生听得懂的话，去帮助他们用数学的眼光认识世界。

（三）教学以学生为主体，活泼多元

在这一时期，小学数学教师的教学方式也发生了巨大变化，主要体现在：

1. 教学场所。小学数学的教学虽然大部分仍然是在班级里进行，但其范围大大扩展。有些教学内容，可以放到活动室里、校园里甚至延伸到社会场所中去，例如，在学习长度及长度单位时，教师让学生到操场上去真实地感受 1 米、100 米、1000 米的实际长度。

2. 教学观念。明确和重视了教师的主导作用和学生的主体性地位，师生关系更加民主平等、亲密和谐。传统的课堂教学中，教学的中心是教师，教学过程被片面地认识为知识和信息由教师传递给学生的过程，特别是在小学阶段，由于小学生的已有知识和经验少，这种特点表现得更加明显。这种情况下，教师和学生之间建立起的关系是一种“我—他”式的控制关系，教师是中心，代表着权威和命令，学生则是教师管理控制的对象，只能顺从教师规定好的步骤行动，被动地接受知识。师生关系是影响课堂教学有效和质量的重要因素，在实际教学中，融洽和谐的师生关系会使得学生也对这个学科产生兴趣和喜欢，从而努力积极地学习。在师生双方交往互动过程中，对话和理解构成了新型的师生关系，即“我—你”关系[①]。这种关系体现的是师生的平等，教师和学生共同参与教学活动，在互相沟通、交流、合作、互动中形成一种民主平等、亲密友好的新型师生关系。“它有利于学生品德的养成、学业的提高、智力的培养，有利于促进学生身心和个性的全面发展。”[②]

3. 教学工具。首先，教师从“教教材”的教书匠转变为“用教材教”的引导者和研究者，不再是照本宣科、不考虑学生的实际要求的盲目的教学；其次，随着经济的进步和科技的发展，教师也不再是一根粉笔走天下了，而是在教学中使用丰富多样的教学工具，比如卡片、贴纸、投影仪、录音机、录像机、多媒体等，可以说现代科技进入课堂，为小学数学教学带来了一次大变革。教师使用现代科技，在课堂中创设出生动有趣的情境，引起学生的好奇心和兴趣，从而带给学生一种全新的体验，使教学内容更加具体形象、充满吸引力，有助于解决教学内容中的重难点。通过科技的使用，小学数学的教学“能够提升数学课堂生动性、趣味度和立体感”，科技与教育的结合使学生从传统的被动地接受学习转变为主动地发现学习。“网络资源平台的架设，使学生间协作、互助的学习方式得以延伸，从而增强学生探索性学习的兴趣”。[③]

4. 教学方法。由于教学观念的转变和教育中科技的使用，使得教师使用的教学方法越来越丰富化和多元化，例如小组学习、合作学习、探究性学习、翻转课堂、网络教学、远程教学、开放式教学等。

（1）翻转课堂。翻转课堂突破了传统课堂教学的局限性，已经成为当下非常重要的一种教学方式。翻转课堂这种形式将原来的“先教后学”改变为“先学后教”，也不再是“以教导学”，而是“以学定教”，重视让学生的学习更加自主性、合作性、个性化，翻转课堂真正实现了学生的主动学习，学生积极参与到学习过程中，充分地利用教师所创设的情境、设计的要素以及选择的教学方法，完成知识的吸收、内化和构建，“使课堂真正成为知识碰撞、生命相遇的场

① 金生鈜 . 理解与教育——走向哲学解释学的教育哲学导论 [M]. 北京 : 教育科学出版社 ,1997:37.

② 付天贵 . 论小学数学课堂学生主体性文化的建设 [J]. 中小学教师培训 ,2016(05):33-36.

③ 张小敏 . 信息技术支持的小学数学教学创新研究 [J]. 中国电化教育 ,2016(08):115-119.

域”。[①]

（2）开放式教学。同样，开放式教学也是相对于传统教学来说的一种全新的教学方式，它是教师对学生进行启发引导，因此打破了传统的封闭在教室内的教学活动方式，推动民主平等的师生关系的形成。“着力于学生心灵的开放和教育空间的开放，运用多种载体和媒体，培养学生整体素质发展的一种新型的教学模式”。[②]开放式教学不但能够让所有学生都积极主动地参与到教学活动中，使他们的数学潜力得到发展，而且能够实现教学的民主和平等，真正改变教师的满堂灌和“一言堂”的现象，使学生更多地与同伴进行交流和合作；通过这种学习，学生能够体验到获得知识的满足感，激发学习的动力；有利于培养学生的抽象思维和创新意识，提高学生在实际问题中应用数学知识的能力。

综合来看，“教学方法改革以发展学生的智能为出发点，突出了教学的发展性”；“教学方法改革以调动学生积极性和主动性为中心，突出了教学的双边性”。[③]

（四）评价多元化，强调学生全面发展

这一时期，教师对学生的评价也朝着民主、多元、全面发展的方向发生改变，具体表现出以下特点：

1. 评价主体多元化。“学生评价环节应该是评价主体间发出、接收、处理、反馈评价信息的双向环形轨道，但现实中的学生评价，常常是教师作为信息主宰者的单向评价，评价戛然而止于学生给出答案或者教师假意反馈，缺乏师生用心处理信息后的生动交流”。[④]目前，我国的小学数学学业评价也在不断进行改革和完善，从教师对学生的单一主体评价，发展到包括师生之间、学生之间、学生自我评价甚至家长、社会上对学生的评价等多主体的评价，一定程度上避免了教师个人的主观性，也使评价更为全面和准确，学生能够“明确知识点和学习水平的得失，实现自考自评，自我补救”。[⑤]从而明确了学生在评价中的主

① 张所滨.“翻转课堂”教学中教师的“站位”思考 [J]. 上海教育科研 ,2016(07):87-89+20.

② 王庆明 . 小学数学开放式教学法的探索研究 [J]. 中国教育学刊 ,2007(08):64-68.

③ 邵光华 . 数学教学方法改革 20 年的分析研究与思考 [J]. 课程 . 教材 . 教法 ,2001(02):45-49.

④ 赵娜 , 孔凡哲 . 教育改革中的学生评价目标、角色与功能的分析 [J]. 教育科学研究 ,2019(01):23-28+34.

⑤ 陈今晨 . 改革教学评价 , 加强目标教学的双边性 [J]. 江苏教育 ,1993(22):37-38.

体地位，让学生参与到评价过程中来。

2. 评价方式多样化。教师对于学生的数学学习不再是只看终结性评价，而是在重视分数的同时，也关注对学生的过程性评价，如对学生的作业、作品进行评价，建立成长档案袋等。

目前，许多教师以及学校都在积极改善或构建更加成熟的评价体系，其中的杰出代表就如南京师范大学附属小学（以下简称“南师附小”），在斯霞老师的带领下，以“童心母爱”为指导思想，融入现代教育技术手段，以目前的评价体系为基础，构建起了“爱的评价”体系，这一体系以学生的自由、自主、自然的发展与成长为目的，把每一个学生都塑造成“有爱心、会生活，有慧心、会学习，有童心、会创造”的“立体的人”。在这一理念的指导下，南师附小不再是单纯关注学生的学业成绩，而是要为不断成长中的学生记录下他们成长过程中的珍贵印迹。基于此，南师附小开发了多个手机端的评价平台，这些平台的有效使用，使得学生的评价体系发生了改变，“以评价推动儿童能力与素养的持续发展”，[①] 从而引导他们实现学科综合素养的提升与发展。南师附小“爱的评价”是一个成功的评价改革案例，它切实关注和实现了学生的需要，贯彻了全面发展理念，它为小学数学乃至整个教育的评价系统都提供了宝贵经验。

3. 评价内容全面化。以前的评价只看重分数，作用是甄别优劣，这是不利于学生的全面发展的。学生不是一条生产线上生产出来的工具，而是有生命、有思想、不断发展的个体。因此，对学生的评价要用发展的眼光看问题，所以，评价不要只注重一个用分数来衡量的结果，而更要重视学生发展的过程。这个过程包括了学生在学习中的目标设定、学习态度、方法策略、自我管理、能力提高、素养发展等多层次多方面。换言之，教师更看重的是对学生学习过程的评价，而非对学习结果的评价。而当一个学生在这些方面都得到了积极的评价时，他的学习自然也会进步，而且他自身将会获得全面和谐地发展。尤其重要的一点是，教师在评价时会关注学生的道德和情感等素养的提升，这是在小学数学评价几十年的发展过程中慢慢形成的，表明教师更加注重对学生的全面评价，重视的是如何让学生更好地全面发展而不是仅仅掌握应试的知识。

---

① 余颖，王菊．“爱的评价”：为了儿童的当下和未来 [J]. 中小学管理 ,2019(08):52-54.

4. 评价功能深远化。如今随着时代的发展，培养人的要求也随之不断更新，学校教育的内容也更加丰富，教育以教育目的为出发点和落脚点，因此不仅要增长学生的知识，更要提高他们的能力、塑造人格、促进全面发展。

于是，出现了一种全新的教育理念——“育智慧人”，这种理念更加符合社会和个人对人的发展的要求。“育知识人”是通过评价对学生进行甄选和分层，从而造成了学校教育的局限与狭窄，教师采用灌输式的教育，将知识强加给学生，并以知识掌握的程度来判断一个人的发展。“育智慧人”的教育理念则是改变了这种评价和教育方式，引导学校培养智慧学生，既重视学生的知识掌握，更重视他们能力的发展和人格的形成。“如果评价能够定位于做资源、落素养、促发展，那么，学生评价所赋予学生的自然是由‘知识与技能的数量增加’过渡为‘思想、方法、态度、情感、品格等智慧因子的理性发展’，而赋予教师的则更是超越‘传道授业解惑’之技术的‘树德行、开潜力、启智慧’的能力”。[①]

因此，在多年的教育改革进程中，学生评价功能并非是在基础与素养中选择其一，而是立足于“双基”，从“双基”出发，完成素养的落实。学校教育树立“育智慧人”的教育理念，从而实现基础知识、基本技能的培养和学科素养的提升之间的和谐共存，实现双基的掌握到学科素养的生成之间贯彻到底的教育过程。

5. 评价观念素养化。传统的评价观念的核心是甄别与选拔，而核心素养提出后，在核心素养的指导下，评价观念既没有否定学生评价的甄别性，也达到了学生评价的发展性。我国的教育评价，追根究底是根源于我国古代以选拔少数人才为唯一目标的考试制度，“学而优则仕”，尤其是科举制度的盛行，这种历史文化传统对于现代教育评价的影响是深远的，新中国成立以来我国的评价观念就诞生于这片土壤，最初目的就是选拔人才、分出优劣。评价的甄别功能是无可厚非的，“教师只有具备甄别意识与能力，才能找到应试教育中的评价资源，才能具备素养培养的评价智慧”。[②]

---

① 赵娜，孔凡哲．教育改革中的学生评价目标、角色与功能的分析 [J]. 教育科学研究，2019(01):23-28+34.

② 赵娜，孔凡哲．教育改革中的学生评价目标、角色与功能的分析 [J]. 教育科学研究，2019(01):23-28+34.

但现代教育树立以人为本的理念，提倡对人的尊重，同样，评价也应该服务于人的发展。同样，小学数学的学科核心素养是通过外在的能力体现出来的，而能力的发展必须以知识的掌握为前提，因此核心素养要以基础知识为前提和基础；因此可以通过将两者的水平相互对应起来，以对知识掌握程度的评价实现对核心素养的考察。这样建立起来的学业评价体系，包括“必备品格”和“关键能力”，前者通过定性评价、过程性评价来进行，后者通过定量评价、结果评价来进行。①

当代小学数学教师逐渐转向基于核心素养的视角进行评价，这种评价仍是以甄别为起点，才能够实现教学目标，但在进行评价的过程中，教师要做到重视并理解评价的教学性和发展性，从而建立积极、正面的评价情感；教师既要关注到学生的现在，更要着眼于学生的未来发展方向与潜能，促使教师积极进行理性又散发人文关怀的评价活动。评价观念也更加民主、平等、全面，更关注学生的数学思想的建立和数学核心素养的提升，更关注人的全面发展。评价要促进“整个教育”发展，发挥“促进学生发展、教师提高和改进教学实践的功能”。②

第二节　小学数学发展特点与趋势

新中国成立以来，小学数学历经 70 余年的发展，受到国内、国际教育思想与理念的冲击，不断发生变化与改革，也呈现出了鲜明的特点和发展趋势。

一、明确的课程目标作为引领

课程目标是课程本身要实现的具体目标和意图，是确定课程内容、教学目标和教学方法的基础，是指导整个课程编制过程最为关键的准则。可以说，小学数学的课程标准、教材、教学目标都要以明确的课程目标为引领。

① 渠东剑 . 素养导向下的学业质量评价探讨 [J]. 数学教育学报 ,2019,28(05):59-64.

② 中华人民共和国教育部 . 基础教育课程改革纲要 (试行)[EB/OL].(2001-06-07)[2017-11-05]. http://www.moe.edu.cn/edoas/website18/info732.htm.

（一）二维—三维—五维的目标体系

从 1949 年到 1956 年，这一时期的小学数学课程目标体系只包括课程总目标和知识领域目标，从 1957 年到 2000 年，增加了学年目标，成为包括课程总目标、学年目标、知识领域目标的三维体系，2000 年以后，又发展为包括课程总目标、学段目标、知识领域目标、单元目标、知识点目标的五维体系，总体来说，小学数学课程目标体系经历了从二维到三维再到五维的发展过程，层层细化，不断系统、全面、完善和具体。

（二）学生本位—学科本位—社会本位的价值取向

1956 年以前，小学数学课程目标内容表现出社会本位的价值取向，1956 年以后，逐步发展为如今的学生本位—学科本位—社会本位的三维价值取向，体现了学生在教学中的主体地位，更加强调学生的主观能动性，将学生、学科、社会三者的要求相结合，对学生的培养也转变为知识、能力、素养三者并重，从单一、片面的评价走向多方面多维度的评价，从“非此即彼”的价值取向走向“三位一体”的价值取向。

（三）课程目标通过教学实现

可以看出，新课标把小学数学课程目标划分为多维，而教师则需要将多维课程目标进行整合，这不是体现在教案中，而是在数学活动中实现的。数学活动与课程目标是密不可分的，其中，知识与技能的目标是最基础的目标，也是其他目标实现的前提。任何一节数学课，都包括显性课程与隐性课程，显性课程即学习数学知识的活动，隐性课程则是渗透在学习过程中的关于核心素养的培养。这些课程目标的理念体现在课堂教学当中，是在教师的教学行为中逐步反映出来，从而促进学生学习方式的改变，促进学生全面发展，并且促进教师的发展。

（四）重视核心素养的培养

课程目标从重视双基，到建立三维目标体系，再到培养核心素养，从开始的只重视知识和能力，到现在不仅重视学生知识的获得，扩展知识的广度和深度，而且更重视学生能力的发展、品德的培养和素养的提升。可以说，小学数学课程目标在未来的发展，必将更加具体和清晰，更符合我国当前阶段的教育目的，更加有利于培养德智体美劳全面和谐发展的人。

二、优质的课程内容作为基础

数学是一个有机的整体，是科学思考与行动的基础。数学学科并不是一系列的技巧，这些技巧只不过是它微不足道的方面，它们远不能代表数学。我国多年的新课程改革取得了一系列可喜的成果。如加强了课程内容与现代社会的联系；倡导新的学习方式；师生更加平等，学生的主体得到发挥；学生取得了能力方面的重大变化；重视解决问题策略的多样化；促进了教师专业成长和教学研究。小学数学课程内容是基于全面的数学观和教学观，基于新教学技术，是学生成长的需要，又是学生成长的载体。数学的课程内容，更关注的是数学作为成长载体的教育价值，使学生摆脱只听不想、只学不问、只知不识的学习状态，同时重视学生核心素养的形成。

（一）教材内容注重学生全面发展

从 1949 年到 1956 年，我国小学数学教材内容的选择和组织是重视学生的计算能力、强调数学知识的实用性。从 1957 年到 2000 年，课程内容转变注重基础知识、培养基本能力，并对之前的教材内容进行了适当的“精减、增加、渗透”，2000 年以来，小学数学教材的编写更加注重实践，与生活实际紧密相连，加强应用性。教材内容难度从较难到适中，教材内容删减掉一些困难、不符合时代发展的内容，增加内容的基础性、系统性、科学性、实际性、实践性，加强与互联网等新兴科技相联系，表现出更加注重学生的数学基础知识和基本技能的获得，重视学生数学能力的发展和核心素养的提升，教材内容紧密联系生活实际，不仅能够发展学生的智力，还能使学生得到充分全面的发展。

（二）教材结构愈加科学

教材结构充分考虑了学科的逻辑顺序、知识结构和学生的认知发展、心理发展。我国小学数学教材的结构体系不断发展变化，其中也有一定的逻辑可循：在学科内容上，发生了从单一分块到综合交叉、从直线递进到螺旋上升、从便教利学到引教导学的转变；在呈现方式上，发生了从例题与习题混合编排到问题情境—建立模型—解释、应用与拓展的逻辑转变，从强调统一要求、注重结论到增加弹性与多样化、注重过程的变化，并且不再是文本单色、文字为主，而是采用了彩色活泼、图文并茂的措施。[①]

（三）融入数学文化

课程内容中越来越多地融入数学文化。这使得数学课程更加生动有趣，尤其是容易引起小学生对数学的喜爱和好奇，“扩展学生思维，传承数学思想，更好地促进数学文化理念在数学教学中的实践”。[②]

三、卓越的教师队伍作为支撑

儿童是祖国的未来，那么教师的重要性就不言而喻了。“兴国必先强师”，教师肩负着培养人才的职责，是教学的实施者、学生学习的引导者和指路人，是为社会培养合格人才的关键。卓越的高素质的教师队伍是支撑学校发展的重要资源，是促使学校提高品质的主要因素，是实现我国人才强国战略的有力支持。建设卓越的教师队伍是时代对教育的要求，提高教师的整体素质是教育发展的必然趋势，对教师素质的要求表现在要“有理想信念、要有道德情操、要有扎实学识、要有仁爱之心”，明确了师风师德的标准，对于教师队伍的建设提供了标准和规范。“实现义务教育优质均衡是当前我国教育发展的重要目标，实现优质均衡的关键在于建设一支优质的教师队伍。要实现‘优质’，就要确立科学的质量标准。科学的质量标准是建设优质教师队伍的基础，对实践中教师队伍建设起着重要导向作用”。[③]

（一）重视教师培训

目前，我国建立起多种教师培训模式，包括对教师的教材的培训、对全国教研员的教师的成长与评价培训、对教育行政领导的教育理念的培训，积极打造立体化、全方位、多样化、数字化的教师培训模式，比如形式多样、内容丰富的教材培训会、研讨会、课堂教学观摩会、课题研讨会、课堂改革教学会等系列活动，使得教学更生动，学习更有效，成长更全面。这些建设教师队伍的措施，为教师提供了非常好的学习与交流机会，促进了教师的观念转变和专业

① 刘久成 . 小学数学教材内容和结构改革六十年 [J]. 课程· 教材· 教法 ,2012,32(01):70-76.

② 韩翠萍 . 小学数学教学中文化渗透的探索 [J]. 教育理论与实践 ,2017,37(35):47-49.

③ 李中国 . 教师队伍建设中省级统筹的缺失与完善 [J]. 教育发展研究，2013（8）.

发展，提高了教学水平，有利于教师保持学习和交流的热情，教师不断地向其他优秀的教师学习，不断地取得进步，同时教师更加重视并加强了理论的学习，由此才能更好地看清数学的本质，更深入地理解教材。对教师的建设遵循了教材理论学习与课堂教学两手抓的正确的理论导向，不断引领教师的专业发展，尤其是不断加强数学思想方法和理论的学习。小学数学教师之间关于课堂教学的经验总结与交流，有助于教师们继续探索以学生为本的主体性教学模式；教研部门教研员，包括名师工作室，则为基层教师的专业发展和课堂教学的改革继续贡献经验和智慧。

（二）培养教师各方面能力

教学是基于学生的视角，让学习过程真正发生，让学生学有所获；教研和管理是基于教师的视角，让研究过程真正发生，让教师成长，以教师成长的途径为视角。日常教研活动体现出个人反思、同伴互助与专业引领，注重教研活动的过程性和广泛性，引导教师加强课前准备的针对性，引进技术，丰富教学方式，拓展教育教学视野，理清教学方式变革与心理发展的关系，从而树立起基于学科、跨越学科的大教育观。我国的小学数学教师队伍建设，通过多种授课和互动的方式，并且基于国家质量检测的背景下，有效地提升小学数学的学科教育教学质量，提升小学数学教师的试题编制能力，提高学科素养，从而促进推动核心素养的落地。

四、优秀的教学作为主线

小学数学经过 70 余年发展，历经几次课程改革，在教学上也不断发展，教学活动是包括教师的教与学生的学的双边活动，是沟通教师与学生的桥梁。新课标要求小学数学教师在教学中应该注意：一、启发式教学，通过讲课启发学生思考；二、能够培养学生良好的学习习惯。教师要能够引导学生集中精力地去思考问题，这一点关键要靠教师如何启发。教师的教学，不仅要关注教师怎么讲，更重要的是关注学生怎么学，如何引导学生一步步地把问题想明白。小学数学课堂上要体现出数学的本质，小学数学本质上研究的是关系。因此，教师在进行教学设计时应遵循数学学科的本质。

（一）教学以课程标准为指导

研读课程标准是教学有效实施的前提。在教学实践中，课程标准的内容要求都是必须完成的。同时，要以课程标准内容为教学的目标要求。教学实践的过程也是教师终身学习的过程。在教学的过程中，教师要给学生留有充分的思考与交流的时间和空间，让学生经历观察、实验、猜测、推理、交流、反思等活动，让学生在学习过程中获得自己对数学的真正理解，同时，为引导学生形成优秀的数学学习方式提供必要的保证。

（二）提倡合作探究学习

新课标中提倡的合作探究学习，第一，其目的是让学生的脑子和手都活动起来，并且形成一种和谐团结、积极参与的气氛，让学生真正成为积极学习地主体，同时在交流中反映出学生的思维，从而达到合作的目的，让学生由被动的知识的接受者变成主动的参与者，人人都有主动表现的机会，并且能够获得成功的体验，获得喜悦感，从而激发学生对数学学习的兴趣。第二，学生亲自动手操作，比起教师用多媒体演示，更能获得亲身体验。但是合作探究学习必须建立在学生自己独立思考的基础上，每个学生必须要认真对待自己的任务，能够积极地想一想、做一做，然后再在小组内进行讨论，因为没有经过个体的思考的小组讨论，就好像无源之水，表达的见解不会很成熟，也不具备深度，更谈不上创造性。第三，合作探究学习还要加强互助性。小组中的分工可能包括同质分工和异质分工，但无论是同质还是异质，教师都要关注差异，目前仍有许多合作活动中，只有思维敏捷的同学可以充分表现，部分学生则好像事不关己。因此，教师要加强指导，要让每一个学生都参与到小组活动中，面向全体学生，避免“一人做，万人观”的现象。同时，合作学习不能搞浅层次低水平的操作，比如有的问题，学生可以通过静静思考来完成，就没有必要进行小组合作。第四，在合作探究学习中，教师要提供足够的操作时间和想象空间。第五，教师要有意识地培养学生善于倾听、大胆质疑的好习惯。合作探究学习通过不断地探讨，从而改进课堂教学，真正把学习的主动权还给学生，让学生拥有一片属于他自己的充满生命活力的学习空间，进而改善学生的学习方式，促进其思维发展。

同时，新课标还要求小学数学教师应该注重学生对数学材料的阅读和理解的能力，让学生透过不同的载体看透数学的本质，从而启发学生的数学思维，因为数学的学习不仅仅是一种输入，更重要的是输出，因此，教师可以通过设置多样的任务来鼓励学生形成并表达自己的数学观点。

（三）教学促进核心素养的发展

在教学中，教师不仅使学生掌握小学数学的基础知识和基本技能，还要发展学生的数学学科核心素养，注重培养学生的独立思考、积极创新、思辨能力和创新性思维，“学科教学承载着重要的育人功能，教师对学科性质与价值的认识、对教育本质的认识决定其育人观及教学实践行为，教师思想认识水平的不断提升决定其教学能力水平、决定其课堂教学育人的质量和水平”，[①] 小学数学教师需要从学科知识本位的观念取向走向三位一体的观念取向，以促进学生的发展为最终目的，“建构起一种唯有在数学学科的学习中才有可能经历、体验和形成的思维方式，从而实现数学教学与学生生命成长的双向转化和双向建构”。[②]

五、发展性的评价作为补充

同样，小学数学评价也在70余年中不断地发展变化，可以说，我国的评价领域正在逐渐转变观念和方法，从只重结果评价转变为结果评价与过程性评价并重，从甄别选拔转变为重视人的自由和谐发展，从只关注学生身心发展的现实水平，转变为重现实水平更重视学生的发展潜能，以学生的可持续性发展为根本目的。[③]

（一）知识、能力、素养并重

自课程改革进行以来，小学数学的评价领域已经逐渐改变最初的只看重成绩的评价，开始提倡“思想、能力立意”的评价。2016年“核心素养”论的提出，评价又迎来了重视学科素养的新热潮，上升到知识、能力、素养三者兼重的层面。现代教育强调过程性评价，学习结果自然是很重要的，但是评价不仅

① 吴亚萍．学科教学育人价值的开发与转化 [J]. 人民教育 ,2016(Z1):45-50.

② 刘加霞，王秀梅．读懂学科育人价值 提升教师学科育人能力 [J]. 中小学管理，2019(10):37-39.

③ 孔凡哲．重视学生潜质的开掘与激发 [J]. 教育测量与评价（理论版）,2015(05):1.

要关注结果，更强调关注学生的学习过程，这个过程包括其思考的过程、学习的过程、活动的过程。教师还应该全面地评价学生，不仅要评价他的知识和技能的情况，还要评价学生学习的其他情况，如思维的发展，解决问题能力的发展，情感和态度等。评价学生是否真正掌握了知识和技能，不应该只考查学生是否能背诵、重现，而更应该关注学生能否在新情境下去应用。

（二）评价方式不断改进

为了做到这一点，教育者需要对小学数学的试题命题进行研究和改进，使试题更能反映小学数学中一些重要的基本的内容，同时也反映出学生的能力。教师可以设计一些题目，这些题目能够更好地反映学生思考的方法，进而促进他们能力的发展。例如传统数学题目 15-9=6，其实稍加改变，就不仅能够考察学生的基本运算能力，还能反映学生的思考。即将题目设计为——请你写出得数为 6 的减法算式。学生在完成这一题目时，既要知道 15-9=6、16-10=6 等一系列算式的结果，这是考查了学生的基本知识，还考查了学生的思考方式，如果学生能够从中发现规律，就能尽可能多、尽可能快地完成题目。这样的题目才是值得教师研究的。

同时，教师应该引入一些定性的评价方式。如观察学生，和学生进行访谈，使用学生成长记录手册，用写评语的方法与学生进行交流等。新课标还指出，评价与教学是密不可分的。过去，教师认为评价是教学完成后，如一个学期结束时，来进行一个评估，似乎与教学没有什么关系。实际上，现代教育提倡教学与评价相互融合与促进，例如某教师针对周长这一内容对学生进行评价，他设计的活动为测量教室的周长。在活动中，该教师对学生的表现进行记录，通过对学生出现的错误的总结，教师就可以在教学中进行有意识地弥补。这就是把教学与评价融合在一起，利用评价来促进教学的生动例子。

现代意义上的学生评价，早已不能也不应该是教学结束后的一个独立环节，而应成为统筹教学之魂，融合于教学全过程；是一种教学立场的评价，对学生学习的过程（活动过程、思维过程）及结果进行价值判断，但并非止于现实水平的价值判断，而是指向未来发展潜质的开发。①

我国小学数学的建设经历了70余年的发展与变革，从新中国成立初期的学习苏联、课程系统不完善、基础薄弱，到现在的逐渐形成全面完善的课程体系，更加适应我国的国情和实际，其过程之艰难、所需努力之多可以想象，上至国家教育管理部门，到各级政府、教育相关部门、各级各类学校，下至教师、学者，都为之付出了许多心血，贡献了一分力量。可以看出，从1949—1956年的初步探索时期，到1957—2000年的迅速发展时期，再到2000年以后的系统完善时期，小学数学在不同的时期中各有其鲜明的发展特点，在课程目标、课程内容、教学、评价等方面的发展特点与趋势也是既有独特之处，也有相同之处。总体来说，体系更加系统和完善，厘清了小学数学学科的认知结构和逻辑顺序，更加符合学生认知和身心发展规律，注重学生的主体性和主动性，不再是唯知识为重，而是在强调知识掌握的基础上，同时关注学生能力的提高和素养的提升，培养学生创新、合作、思辨等品质，关注学生的全面和谐发展。相信在未来的发展中，小学数学学科也会继续秉承这些特点与趋势，不断完善，不断前进。

① 赵娜，孔凡哲．教育改革中的学生评价目标、角色与功能的分析[J]．教育科学研究，2019(01):23-28+34.

第三章　新中国成立以来小学英语发展研究

小学英语教学从新中国成立初的不被重视，到改革开放后的新面貌、对师资的需求逐渐上升、再到2000年21世纪的新阶段，70余年间不断地发展与沿革，涌现出多种多样的自编教材。尽管70余年发展过程中多有坎坷（政治环境的影响、师资力量的缺乏、教材方法的变革等），但是21世纪社会各界对小学英语的变革非常重视。通过对小学英语的反思和讨论，我们有理由相信以后的小学英语会发展得更好。

第一节　小学英语发展沿革

一、新中国成立初期到改革开放

此阶段的小学英语发展缓慢，政治意味明显。新中国成立初期全国开启学习苏联的热潮，由此学习俄语是整个社会的主流，英语学习没有引起社会的重视。新中国成立初至1951年间，尽管出现了一些英语教科书，但是英语学习一直没有引起中央政府的重视。1957年政府开始编制初中和高中的英语教材，但是没有制定小学英语教材，直至1959年中央召开教育会议将英语列为中小学重点学科，才开始由地方各自开始编制小学英语教材。1959至1965年间，主要的小学英语教材主要有华东师大编写的、上海出版社出版的5年制教材，以及江苏省5年制教材。

1967年“文革”开始，全国各地的教学秩序遭到严重破坏，各中小学“停课闹革命”，小学教育停滞不前。1971—1972年响应加强基础理论教育的号召，小学英语教科书添加了很多生活性的话题、教材内容更加丰富、多元化。1973年南“马振扶事件”中“不学ABC，照样当接班人”的谬论，使得当时的小学英语教育更加艰难，英语教学退步到1968—1969年的状态。1976年至1978年时期，小学英语教材多为“文革”教材的修订版，教材的政治性色彩明显。[①]

总之，新中国成立初至1978年改革开放之前，在教材编方面，小学英语没有统一编制的教材，自编版教材由于受到“文革”的影响，数量也呈下降趋势。在教学目标方面，没有强调英语的语用性。尽管在1971年至1972年曾将生活的话题写入英语教材，加强英语与生活的联系，但是由于政治环境的影响，教材没有推广开来，没有产生深刻的影响。在教学内容方面，当时的教材主要以翻译的译文为主，课堂以教授单词、句子、语法和课文为主，过于重视基础知识的学习，英语学习缺乏趣味性。此外，英语教材的政治意味明显，教材中充斥着大量的政治口号、毛主席语录、歌颂社会主义美好生活等话语和主题。

在改革开放刚开始的那段时期，小学英语教育的目标较为单一，仅限于基础知识的把握。是否能够正确了解和掌握小学英语教科书上的的基本知识，读写是否准确，是检验学生英语水平的主要标准。自1986年以来，国内的中小学教科书的建设工作一直在向前推进。教育部在1986年专门成立了全国中小学教科书的相关审批委员会，主要负责指导全国各中小学教科书的编写以及检查和批准学校使用的教科书等。由此可见，在1978年改革开放实行之前，小学英语课程并没有真正被实践，仅停留在理论水平，造成这种现象的重要原因则是因为小学英语的相关课程体系建设并不完善，以及国内小学英语课程建设没有得到足够重视，相关的探索也是相对较少。

二、改革开放到2000年

1977年教育部开始组织编写新教材，原因是之前的教材编写质量不高，不符合当前背景对小学英语的要求。1978年国家实行改革开放，在教育方面的反应是制定课程大纲，将英语科目设为必开课程。不仅包括小学英语，初中和

① 吴欣．我国小学英语课程与教学改革发展的回顾与反思[J].课程·教材·教法,2011,31(04):70-77.

高中的英语也涵盖在内。除此之外，大纲还确切规定了教学目标和课程计划。对小学开设英语课程的年级做了限定，有条件的学校需要在三年级开设英语课程。[①]此外，不同年级的英语教学内容和教学时长也有所不同，各地可以灵活安排。

1978年2月，教育部颁布了新修订的《全日制小学工作暂行条例（试行）》，这个暂行条例的重要意义是为人民教育出版社编制国内小学英语教学大纲的重要依据。这版教材的特点是彩色插图生动活泼，可以很大程度上提高学生的英语学习兴趣。教材内容方面相对丰富，包括但不限于句型练习、文字、文章、儿歌、诗歌、复习课等。虽然这些教材已经尊重了儿童的认知发展规律和身心发展水平，但教材受政治环境的深刻影响充斥着对政策的赞誉和弘扬，政治环境影响了教材中诗歌的主题大多偏离社会生活实际。由此可见，改革开放初期，较重的政治色彩是小学英语教科书内容的重要特征。

1978年，更多人意识到英语学习的重要性，教育部也因此致力于鼓励自编教材和小学英语课程的发展，然后两年后在1980年颁布了统一的英语教学大纲，着重要求各地区从小学英语教学的实际情况出发，灵活开设小学英语课程，开设时间可以是小学三年级，也可以是初中一年级。这些教育方案的设想是美好的，但是现实是残酷的。由于方案提出的实施要求不符合中小学学校的实际情况，之间具有较大隔阂和误差，相继提出的这两个教学方案在后来的实践中并没有得到充分落实。

从1981年到1982年，由于缺乏足够的合格的英语教师，小学英语课程不得不被取消，此时小学英语处于停滞不前的状态。20世纪80年代以后，受改革开放的影响，人们对英语人才的需求逐渐增加，小学英语才得以发展迅速。当时各地相继开设英语课程，但是苦于没有统一的教科书。直到1991年，人民教育出版社统一了各成一派的教科书，制定了教科书的编纂指南。

1993年，政府颁布了一项政策，对英语学习给予了积极的态度。从那时起，教科书就开始向多样化方向发展。为适应新时期的发展，教育部开始将关注焦点转移到基础教育方面，20世纪末开启了国家相关课程和教材改革，旨在适应

---

① 刘道义，郑旺全．改革开放40年中国基础英语教育发展报告[J].课程．教材．教法,2018,38(12):12-20.

新时代对英语人才的要求以及新时代课程体系的调整和变革，以促进建立基础教育的新课程体系。

在此期间，小学英语从最初的发展到停滞不前，并因改革开放的现实驱动而重新发展。在这一时期，小学英语教材的编写呈现出分权—集权—分权的特点。从分权到集中的第一步是 1978 年，教育部认识到英语学习的重要性，制定了统一的教科书，指导全国小学教育的发展。从中央集权到地方分权，由于当时英语教师的不足，首先解决了中学教师的问题，而把小学放在一边。此外，由于改革开放对英语人才的需求，国家和各地区开始重视小学英语教材的编写，使小学英语教材更加丰富，各地区自主开发。这段时期小学英语从初步发展到停滞不前，又由于改革开放的需求重新得到发展。纵观这段时期，小学英语教材的编制呈现出分散—集中—分散的特点。第一次从分散到集中，是 1978 年教育部肯定了英语学习的重要性，故此制定了统一的教材，旨在统领全国小学教育的发展。从集中到分散，又由于当时英语师资力量的匮乏，导致优先解决中学师资问题，小学先搁置一边。此外，由于改革开放对英语人才的需求，导致各地以及国家层面开始重视小学英语教材的编制，使得小学英语教材更加丰富，各自开花。

1986 年以来的这段时期，基础教育的教材建设发生了巨大变革和进步。1986 年，为了促进基础教育阶段教科书的科学化，加强对中小学的指导，教材审定委员会随之产生。在内容方面，随着社会的发展，教科书的政治色彩逐渐减弱，人们越来越重视英语的实用性。改革开放后，教育部认识到了过去教科书的政治性过大，因此，为改变这种状况，制定并实施了统一的教科书和大纲完善课程与教学体系。这时的教材因为 20 世纪中期结构主义教学理论的影响，侧重于学习和训练基本的英语知识和技能。[①] 但是，这一时期的教科书对语言的交际功能的重视不够，不利于学生综合语言运用能力的培养。另外，教材内容缺乏生动，交流和有益的教材，难以调动学生的学习热情。改革开放后，小学英语更加注重实用性：加强听，说，读，写的综合训练，培养英语的交际能力，打破了过去英语静音的局面。此外，该教科书加强了与学生实际生活的联

① 范宏雅 . 当前小学英语教学的争议焦点与反思 [J]. 课程 . 教材 . 教法 ,2007(07):65-69.

系，旨在提高学生的理解和应用能力。

英语文章的阅读量过小，因此带来英语语言的输入量不足；教材中较高的生词率和较低复现率问题，致使教学难度偏大也是当时教材的不足之一。针对这一情况，相关教学参考书的研制被提上了日程。人民教育出版社编写并出版了配套的教师用书和同步教材，它主要包括多模块的学习，比如阅读、听力等，填补了新中国成立以来的英语简易读物出版的空白。此后，配合人教社编制的通用教科书的教学辅助材料如雨后春笋，层出不穷。这标志着中小学已不再单靠教科书教学，而是用系列配套的教材来进行教学了。

20世纪末，中学英语教材改革主要体现在两个方面：一是“一纲多书”的局面开始适应不同地区的需要；二是在交际教学理念的影响下，采取结构与功能相结合的教学方式。教材编写方法为中外合作编写英语教材开创了先例。在此期间，人教社、朗文出版有限公司编写的影响较大的初中、高中英语教材得以开发。它们开发的教材在强调语言的功能性的同时，也重视学生运用语言进行社会交际的能力。此外，他们也没有忽视注重基础知识和技能的培养。即传承以往教材的优点，也在语言运用方面进行了创新。

20世纪80年代末至2000年，这期间小学英语教材的编写倾向于多样化方向发展，其发展趋势更加明显，甚至出现了中外合编版英语教材。1993年，教育部发布了小学英语课程提纲和教科书，申明应在小学开设英语课程，并建议在五年制和六年制的最后两年开设英语课程。受国家教育委员会委托，为不同地区和类型的学校编写英语教科书，形成了由人民教育出版社和朗文出版集团编写的两套教科书。在这个阶段，小学英语课程教科书的理念、教科书系统、难度、排版和色彩搭配都更加接近学生的实际生活情况。教材的编写在注重结构与功能相结合的同时，采取循环安排的方式，将思想情感教育注入教学内容。教材的安排采用循序渐进式地方式，在注重听、说的同时，加强读、写的综合训练，符合小学生的认知和生理规律。在这一阶段，为贯彻改革创新的精神，小学英语教材的编写在教科书的结构和内容上都体现了新时代的发展背景，更贴近中国学生的实际情况。

改革开放初期，小学英语教育的目标相对单一。检验学生英语水平的主要标准是准确掌握英语基础知识并且可以熟练读写。也就是只要学生可以掌握大部分的基本英语知识和技能，就能达到英语学习的目标。1978 年制定的《全日制十年中小学英语教学大纲（试行草案）》中，学生语言技能和自学能力的培养名列第一。这时，静态观的知识观是被国际社会认可的，即对已有经验的传承就是知识。学习英语的目的就是使得学生掌握英语的大部分基本知识和技能。[①]而英语教学更应该关注英语作为语言的工具性和社交性，鼓励学生多用英语沟通交流，创造良好的英语学习环境。教学方法方面，从 1978 年到 1990 年，小学和初中英语教材都是基于建构主义教学方法编写的。教学主要以听说为主。语法教学是由难到易的。练习语法、英语结构是学习的重点是英语语法的联系以及英语文章结构的分析，课文的目的就是为了呈现其承载的语法知识。

三、2000 年至今

2001 年秋天，全国范围的小学开始引入英语课程。2001 年发布的文件明确规定，全国各市县的所有学校应逐步开设小学英语课程，2002 年在农村和城镇也应这样做。小学三年级开始各中小学就应该开设英语课程，但是鉴于不同地区当地情况不同，因此可以有不同的目标和程序。2001 年，教育部颁布了《普通高中英语课程标准（实验草案）》，简称为“课程标准”。根据这版课程标准，英语教学的目标是提高学生的英语的基础综合能力，这种能力的培养必须立足于小学生语言知识技能的提高、正确的价值观、积极的情感态度、学习方法以及正确的跨文化交流意识。将学生的语言能力分为 9 个等级是课程标准的重要内容之一，其中 1 级和 2 级是小学生所需的目标。每个区域都可以根据实际情况超过或改变教学速度。

基础英语课程发展进入新阶段的标志是课程标准的制定与实施。在义务教育课程标准和教科书落实实施的十年时间后，教育部重新制定计划，跟一线师生进行沟通，听取他们的意见，重新修订了课程标准，并最终于 2011 年发布了《义务教育英语课程标准》。据统计，2000 年，全国小学生学习的英语课程的比例已达 9.7%，在 2006 年上升到 60.5%。值得肯定的是，这一比例在较发达的

① 杨艺媛 . 英语教育目标的百年演变 [J]. 上海教育科研 ,2014(04):56-59.

城市地区已经超过了80%。由此可见2002年到2005年期间，小学英语课程发展迅速，2006年以后增长率保持稳定。

2011年“标准”指出，促进学生形成初步的综合语言应用能力，促进认知的发展，提高综合人文教育是小学英语的总体目标。与此同时，2011年“标准”还指出了新时代下英语在国际化进程中发挥着极其重要的作用。作为WTO常任理事国之一，中国在维护国际秩序方面发挥着愈加重要的作用，也同样担负着愈加重要的国际责任与义务，新时代同样赋予了我们重要的历史使命，英语学习在帮助学生更好地适应世界的形势、快速融入世界舞台、促进经济一体化和人类命运共同体政策的进一步发展发挥着重要作用。

进入21世纪后，以前过于单一的教育目标被五个维度的目标所取代。五个维度分别是语言技能、语言知识、学习策略、情感态度和文化意识，这五个方面的能力相互补充和融合，与目前基础教育中强调的三维目标、知识技能、过程方法和情感态度价值观相一致。自2001年以来，英语课程的进一步改革为教科书和其他课程资源的发展带来了深刻的变化。中小学英语教材建设取得的成就体现在多元化、系列化、科学化和数字化四个方面。

目前的新课改使小学英语教材和相关教学资源的发展达到了顶峰。首先教材的数量逐渐增多。截至2008年，全国共有30套小学英语教材通过了教育部中小学教材审定委员会审定。其中约有一半是以引进教材为基础，并充分考虑中国国情的。有的是国内专家编写的，有的是外国专家评审的。其次教材的外延更加丰富，教材包括一系列辅助材料、练习册、磁带、光盘、挂图、道具、卡片以及各种媒体资源等。教材变得更加多样化和立体化，有助于提高教材的质量，丰富了教学的多元化。通过对比2003年版和2012版教材，我们发现2003版教材强调更加注重学生的“听”和“说”的能力，注重通过大量的语言输入来提高学生的英语交际合一运用能力。而在2012版教材中，词汇量和主题相对减少，更注重英语的“读”和“写”。2012版教材更加关注学生的跨文化意识的培养，学生思维能力和运用能力的培养也得到了更多的重视。教材的主题在多元化的基础上更加贴合学生实际生活，整体上提高了英语学习的趣味性，降低了学习难度。

这个时期的教学方法也发生了变化。教育部于 2001 年发布了相关文件，要求小学英语教学方法更加多样化。教学更应该关注培养学生的交际能力，语法概念的解释不应该是教学的重点。鼓励通过演奏、说唱、活动，合作表演和其他利用教学资源的方法提高学生的英语运用能力。鼓励学生积极参加各类英语活动，并勇敢用英语表达自我，做到活学活用。2003 版和 2011 版本课程标准提倡的教学方法有所不同。首先课程设置方面，2003 版提倡任务导向型，课程单元内容制定为不同的任务，通过交流沟通的方法构建学生的知识体系。2011 年版的教材内容结合现实生活，教学方法偏重于运用多种方法指导学生在实际场景中用英语交流，同时注重学生听说读写等全方位的发展。将两种教学方法对比来看，由于教学的任务导向型，容易产生急功近利、急于求成等现实问题，从而抑制学生的英语学习兴趣，阻碍英语实际运用能力。

第二节　小学英语发展审视

一、开设英语课程的必要性

有研究者认为，由小学英语的发展阶段来看，政府在推行小学英语课程之前并没有进行相关的学术研究或区域实验，就相继在小学开设了英语课程。因此，小学开设英语课程的必要性、科学性一直存在争议，而尽早学习英语是否更好是这些讨论的重点。[①] 年龄对有英语学习的优势研究非常复杂，因为它涉及不同的十几个专业，其中包括心理语言学、神经语言学、认知语言学、社会心理学、教育学等众多领域，需要众多专家或实践者的共同商讨。根据当前研究的观点来看，研究人员普遍承认母语的掌握存在"关键期"。

多数研究者认为，要想获得地道的口音，外语学习最好在青春期之前就开始，或者说越早越好。那么外语学习要是否要从小学抓起呢？大部分取决于师资条件，因为良好的师资是良好教学效果的必要条件，反过来良好的师资也是解决小学生外语接触量问题的关键。由于语言学习是一种技能和知识的综合训

① 李祖祥，王守林，徐巧娣．新中国小学英语教科书的发展 [J]. 上海教育科研 ,2014(12): 38-41+9.

练，所以在心理上也许对教师的要求更高，因此我们还需要更多关注教师的业务素质。一个好的教师对一个小学生比对一个大学生更加重要。相反，一个不合格的小学英语教师不仅会给孩子们带来难以纠正的口音，而且会使学生对学习英语最初的满腔热情化为乌有，甚至对今后的英语学习产生反感情绪和对抗心理。

不容置疑，确定外语学习的目的对一个国家具有深远的战略意义，对外语教育工作者具有指导性的功能，对外语学习者最终达所能到的水平具有决定性的作用。然而中国人学习外语的目的是什么？教育工作者可能会从一个很高的角度来看待这个问题，然后最值得关注的是家长们的态度，他们的态度会直接且具体地影响孩子。从广东省小学英语现状调查来看，我们的家长希望孩子移民国外的需求并不大，也不苛求孩子能够掌握足够纯正的外国口音，他们更多的是希望孩子“会说”英语即可。

“外语要从小学起”的呼声在我国已经变成了一场教育界的“运动”。虽然外语学习关键期的问题并没有定论，但我们在理论上并不反对“外语从小学起”，只是作为外语教育工作者，我们似乎应该注意实践中的两个问题：从小就开设外语课的条件和外语教育的根本目的。师资培训是解决从小就开设外语课的首要条件，但师资培训中质量的问题比数量的问题更加重要。我们反对的是，为了能够开课而让不合格的教师上岗这种形式主义的做法。

此外，根据年龄判断儿童、青少年和成人三个时期内英语学习效果，这种研究是非常复杂和困难的，因为影响学习效果的因素是多方面的，年龄只是其中的一部分。如何规避其他因素的影响，将年龄作为唯一变量，这是非常复杂的。教师因素、上课时间因素、教学方法因素、儿童的个体差异性、家庭成长背景等因素很难与年龄因素区分开。王蓓蕾和邹为诚分别在 2003 年和 2008 认为，年龄对英语的高效学习并不起到决定因素。年龄在英语学习中并不构成独立的优势。此外对于成年人和儿童而言，他们的学习动机、自信心和学习环境在影响语言学习成败方面都起着至关重要的作用。从一线教学的角度来看，提高英语学习效果的关键因素是教师掌握良好语言调控能力，采用适合儿童的教学方法和保证英语学习时间。因此，研究小学英语是否应该按年龄进行教学，不能仅仅局限于一时的观察和理论猜测，长期跟踪的实证研究是必须的。通过分析归纳儿童语言能力在不同阶段的发展特点，总结出儿童的情感、动机、态度、自信心的变化过程，将英语语言能力的发展置于认知体系下，然后按照教学特点采用合理有效的教学方法，可以有效地利用和保持儿童语言学习的优势。

二、师资缺乏，教师职业素养有待提高

目前，小学课程没有完全覆盖全国中小学，特别是城乡接合部和农村地区，还有相当多的小学没有开设英语课，主要原因是教师资源匮乏。教师短缺已经成为目前小学英语课程推广的主要瓶颈，在已经开设小学英语课程的学校，除了教师短缺的问题，也出现了教师负担过重和教师的职业发展后劲不足等问题。繁重的工作使教师没有时间备课和反思，没有精力研究教材、调整教学方法。此外，小学英语教师的职业发展后劲不足。部分教师没有继续学习的意识，没有进一步提升自身素质的观念。有些教师自身素养不高，比如口语表达能力弱，发音不正确，教学方法较为单一，专业知识储备不足等等。小学英语老师的教学直接影响小学生对英语学习兴趣以及学习方法的确立，甚至会直接确立小学生未来对英语学科的情感态度，由此可见小于英语师资数量和职业培训对提高教师素养。提高教学质量至关重要。

可想而知，教师促进小学英语课程发展的关键。首先需要做好教师数量规划和招聘工作。目前编制问题是中小学英语教师比较关心的问题。如何在充分利用可得资源的基础上合理调配财政开支、招聘优质的合格的小学英语师资需要当地政府和社会各界的共同探讨。为解决教师日常教学负担过重的问题，采用合理方法降低负担，不让教学以外的事情分散教师时间和精力是我们变革的方向。2019 年 12 月下旬，中共中央办公厅、国务院办公厅印发《关于减轻中小学教师负担进一步营造教育教学良好环境的若干意见》，要求用制度为中小学教师减负。此外为解决教师素质不高的问题，一方面需要加强教师的招聘工作，另一方面也需加强在职教师的培训。加强教师的招聘标准利于从源头把控师资水平，提高小学英语教师队伍整体水平。制定小学英语教师专业发展职业规划，并采用多种方式增强培训效果，有助于加强在职教师的英语专业素养以及综合

能力。

新课改下教师还要转变自己的角色，成为教育的研究者。教师是课程改革的核心，教师的核心作用体现在如何把先进的理念融入教学实践中。教师一方面要研究新课程标准，但更重要的是，教师要成为研究者。在贯彻新课程标准的工作方面，新的理念和教学要求必须通过老师的课堂实践才能得到贯彻和落实。然而目前专业的研究人员在贯彻和实施国家课程标准的研究方面具有先天的缺陷。这种缺陷必须由那些在基础教育第一线执教的教师来弥补，让基础教育第一线的教师担当起双重角色，使他们既是教师，又是研究者。因此只有教师同时成为一个实践者和研究者，新《课程标准》所倡导的理念才能真正落到实处。教师成为研究者并不是说要教师放弃教学岗位，脱产投入到科学研究中去，也不是提倡教师可以天马行空般地在学生身上试验。

三、社会各界对英语课程价值认识不足，重视不够

尽管英语学习重要性在逐步提升，但是在部分经济稍落后的地区，很多人仍然没有意识到英语学习的意义和价值。他们认为学生没机会出国，自然英语学习也不用太上心，学习英语没有实际意义。通过对西部某地区的调查，王家和老师发现，很多学校对英语学科不够重视，未把英语列入小学学习的主要科目。这表现在日常教学中就是英语课程形式化，虽然列在课表但是没有老师上课；随意缩减、取消英语课程。部分学校即便开设了英语课程，但是课程投入资源过少。部分英语老师也同样持消极态度，未从专业角度看待英语学科，任教的班级可多可少、不考虑教学质量。由于学校对英语学科的忽视，导致英语教师教研的动力不足，不愿意钻研教学教材和教法，不愿意了解改变教学模式、不愿意深入了解学习喜好。这带来的消极影响便是学生对于小学英语的求知欲不高，兴趣不强。

解决这一问题的关键是要转变课程观念。一方面，学校要充分了解世界环境的变革速度，从时代背景出发考虑小学的未来发展趋向，为学生和国家的未来打下良好的基础。学校的校长，作为学校的领头人，必须充分意识到小学英语作为国家课程对国家和民族的重要意义。此外，教师需要在专业角度去体会

和理解小学英语的学科价值和人文精神，提高跨文化意识。通过英语学习提高儿童学习语言的动机，为学生英语学习提高一个良好的氛围，使得每个孩子能拥有愉快的英语学习体验。端正态度，改变传统的教学模式，研究学生的认知发展规律，从兴趣入手，寓教于乐。

针对全日制小学英语教学面临的局限性和存在的问题，以下三点建议可供参考：

第一，加强小学英语教师师资队伍建设。小学英语处在英语教育的初级阶段，相对于其他科目而言，启蒙阶段英语教师的素质直接影响到受教育者的未来。因而，建立一支高素质的小学英语教师队伍是小学英语教学成功的重要保证。提高思想政治素质和师德修养是为人师表的根本。提高农村小学英语教师的素质，要不断加强教师的师德修养，这是小学英语教师素质建构的基础。提高教师的职业荣誉感，愿意以教书育人为己任，真正意识到自身责任的重大，才能自觉地把培养和教育好下一代当作自己义不容辞的职责。

对在岗小学英语教师普遍培训，全面提高教师业务素质。由于绝大多数现任小学英语教师是在已有的非英语教师中转行过来的，而且这些英语教师又大多数年轻，经验少，普遍缺少对英语课程理念的深入理解。因而，对现任小学英语教师的普遍培训就显得尤为重要。小学英语教师的培训应本着按需施教、学用结合、多种形式、注重质量和效益的原则。培训内容应体现小学英语教学的基础性、实际性、应用性和实效性，注意通识培训与学科培训有机结合。

加强小学英语师资队伍建设，是提高小学英语教学质量的基本条件。这表明，在新的时代背景下，教师角色的转变对教师提出了新的要求。首先教师队伍需要更新观念，重新认识自身在教学中的地位。小学开设英语课程是21世纪初基础教育课程改革的重要内容，是国民素质教育的组成部分，教师作为课程实施过程中直接的参与者，在教学中起着至关重要的作用。观念是行动的灵魂，提高师资水平的关键是改变教师的传统观念，重新认识教师在教学中的作用，鼓励教师在新理念的指导下运用新的教学方法，做到“会教”、教好英语。其次加强自身学习，争做合格教师。新时代背景对教师提出了更高的要求。小学英语由于其教学的特殊性，需要教师在教学理念、专业化知识和技能、课堂角色转变、教学方法创新等方面都有较大的提升和改变。教师要根据《课程标准》提出的课程目的和教学模式加强专业知识和技能的学习，树立终身学习的观念，不断提高自己的教学能力和素质，真正做到“会教”。

最后，弘扬敬业精神，强化职业动机。教师的专业既包括了学科知识、教育知识和教育能力，也包括了职业道德要求。特别是在部分农村小学，条件差、待遇低，以及传统观念的影响，英语教学很难正常开展，这就需要教师具有强烈的敬业精神和高度的责任感，坚定自己的职业动机，克服困难，全身心地愉悦投入，做到“乐教”，只有这样才能充分发挥自己的知识和技能。加强师资队伍建设是促进农村小学英语教学发展的关键，也是一个涉及各方面的系统工程，要从宏观着眼，微观着手，提高师资水平，完善师资队伍建设。完善新教师聘用制度，加强师资储备；加强在职教师的培训和教研；变革目前的教师评价制度，使之合理健全。目前，由于英语专业的大学毕业生逐渐增多，使得小学英语教师的师资储备力量增强，在某种程度上缓解了英语师资短缺的状况。但是新教师的聘用制度还存在很多问题，比如由于师资在农村和城市的分布不均，农村的师资力量还需要进一步改善；教师编制问题等等。教师聘任首先要考虑其是否具有教师资格证，然后考察教师的基本语言知识和技能、职业发展取向等等。对于已经在职在编的教师，应该建立科学、合理的培训体系和评价体系，是教师在对自我有清晰认识的同时，获得自我发展和自我提升的渠道。

第二，严格把关教材出版，充分利用教材资源。在小学英语教材不断发展的 70 余年时间内，我国供给出现了 30 多套不同版本的教科书供各地的小学选择和使用。是实际教学中，不同版本的教材已经被实践检验，其优点和弊端也逐渐显现，因此针对教材中不合理的地方，需要教育组统一组织专家力量进行审定和评判。教材的评价标准应该参考一线师生的意见，结合时代的发展背景，针对教材的内容是否符合小学生的认知发展规律以及老师的教学方法等进行。教材的使用范围同样影响教材的审定，适用范围越广泛的教材，要衡量其被广泛采用的原因，针对小学的实际教学情况扬长避短。而统一教材的质量或标准，尽可能减少教材版本有助于在全国范围内保持小学生英语教学的一致性，避免因为城乡差距或区域差距带来的教材差异，进而导致不同地区的英语能力差异。

教材应该以切实减轻小学生英语学习负担、培养学生英语学习兴趣及情感为编写原则；以贴近真实生活的语言场景为依托，通过设计形象生动、立体且符合儿童审美情趣的教材人物形象为手段，突出语言语境，合理设计语言文本，使小学生在真实、自然的语言环境中轻松学习、快乐学习，实现“乐学、好学”，从而实现“减负不减质”的目的。

新教材的制定还需要关注以下几点：第一，强化祖国意识，进行渗透式多元文化培养。在加强了学生祖国意识的培养的基础上对原有文化板块进行了调整，将独立的、内容单向的文化板块融入其他学习板块，注意选择中、西方文化的相关内容，对学生进行多元文化意识的培养。新教材要注重在配图上凸显中西文化的双向交流，从而使得学生在语言文化的学习过程中，既了解了西方文化，又对我国传统文化进行了再深入挖掘，从而强化了祖国意识，通过这种跨文化渗透，培养学生多元文化意识。第二，更加突出学生综合语言技能及学习策略的培养。新版小学英语教材以《义务教育英语课程标准》为教材编修依据，需要更加注重学生听、说、读、写等能力的发展，尤其是在原有听说能力的基础上增编读写方面的内容，加强语言输入与输出的有效联动。同时，新教材需要在语音教学上做出较为科学、合理的编排，使语音教学渗透到教材各内容当中，充分使教材在语言体系结构上更加合理、更加整体。同时，在培养学生语言学习策略、情感态度等方面，新版教材也需要充分发挥自身优势和功能。通过精心选取语言文本、精心设计图片、精心编排内容，兼顾各种语言技能的相互融合，一方面力求让学生在语言学习过程中不断提高语言技能；另一方面，为学生呈现一本制作精美、题材贴近生活、语言易学易说、文化多元丰富的学材，使学生乐学、好学，进一步激发他们主动学习的意识，使其从中掌握一些基本的学习策略和方法，从而实现自主学习的目的。第三，优化语言结构，降低学习难度，切实落实“减负”目标。“减轻中小学生课业负担”已成为当前基础教育课程改革过程中的一大难题。如何“减负”？成为时下社会各界共同关注的热点。“减负”根本在于课堂教学，而教材作为课堂教学一个重要的因素，其作用不可小觑。最后，教师作为教学的总设计师，应该具备课程及教材方面知识。教师在日常教学中，应该跳出教材这个框框，站在学生的角度审视教材，充分联系学生的实际生活经验，精心设计、组织各种真实且富有情境的活动或任务。这样，学生才能真正视英语为一种语言工具，进行有效交际，逐步提升学生的综合语言运用能力，从而真正发挥英语教学功能，发现英语教育的真正价值。

第三，转变教学模式，努力创造真实情景，通过体验式学习，让学生自然习得英语。在特定的英语教学模式下，老师会尽最大努力为学生创造一个良好的英语学习和交流氛围，目的是让学生尽可能多地运用英语进行交际，将英语生活化。这种直接模拟场景进行英语运用学习的模式就是全英化教育模式。在这种模式下，教科书的选择、教学活动和场景的设置等都是仿照国外真实场景设计和执行的。教科书多涉及英美国家文化背景，让学生感受真实的场景或主题。与此相比，国内的英语教学内容多偏离了生活的主题，与学生的生活场景有所背离，创设的语言学习环境并不是非常理想。

在小学课堂中，开展源于生活的体验式学习有利于引起小学生的好奇心，激发学生的学习兴趣，培养学生对英语学习积极的情感态度，从而增强学生的学习动机，将新学的知识与已有的学习背景建立真实的联系，从而让学生能够在真实性的情境中建构语言知识，发展语言技能，不仅能培养学生对英语学习的责任感和自信心，也能让学生在完成任务的过程中体验挑战感，做到自我监控，更能培养学生的自主学习能力与合作意识。体验式学习是以学习者为中心的学习，在这种学习条件下，学习的内容、形式、方法、时间以及场所等，更多地由学习者选择或控制。尽管其学习目标和学习过程可以事先规划，但是在实际学习过程中，学习情境的动态变化性，会使学习者的学习目标、内容、方法因情而变，从而使学习呈现出明显的开放性。这种开放性，一方面可以培养学习者的学习自我调节能力，另一方面又能让他们更多地体验到学习的自我决定感和自我责任感，从而增强其内在学习动机。众所周知，语言的形成和发展与人的身体经验和认知密不可分，体验是语言认知的基础，因此语言教学中的体验学习尤为重要。体验式学习的教学要求教师在教育教学活动中要激发学生的主体性，注重对个体的启发与引导，设置能促进学生思考、感悟的案例、场景等，使学生的认知能力在感悟中不断升华。

此外由于教师的语言意识不够或专业素养问题，课堂上存在大量汉语和英语交替出现的现象，汉语的使用频率甚至超过了英语。此时，由于汉语的影响，课堂上出现了大量的“中式英语”，学生多用汉语拼音代替英语发音，或者用英语直译，直接导致了英语学习的四不像，这给小学英语学习的长远发展带来了不利影响。英语教学忽视了实用性原则，且针对不同国家和民族间的跨文化交流意识也没有得到重视。尽管英语教学是以习得为理论基础的，但强调自然习得仍是自然浸入教学的主要原则。这一原则是指在教学过程中要尽量避免有意识“教”英语的做法，通过浸入的方式进行熏陶。教师的大量工作是创设语言环境，让儿童在人工创设的环境中自然而然地习得英语。这种课堂气氛是轻松的、活跃的和自然的，教师广泛使用实物、图片、手势、表情等直观手段进行教学。由于这种教学对教师素质要求的特殊性和我国英语师资状况的具体困难，决定了师资问题是在今后相当长时间内必须面对和解决的重要问题。我国英语师资的来源主要是英语专业的毕业生，他们所接受的英语专业训练主要是以语法为主的，相当一部分口语水平达不到自然情景教学的要求。他们自己所受的教育是传统的，对以儿童为中心的教学和以儿童参与性活动为主的学习形式很陌生，无论在观念上还是在教学策略上都需要对自己的固有经验进行改造和革新。学科知识背景，通常缺乏学科意识，对学科教材知识知之甚少，对综合课程教学的理念与方法更是难以接受和把握。师资培养问题的难点主要在于以下三个方面及其有机结合：口语水平、学科知识与技能、新教学原理与策略。这样的师资培养难度要求在已有的培训体系基础上，在教师教育的职前机构建立更加系统的、综合训练的、更长时间周期的职前培训。比如近年来在各级各类小学英语优质课上十分常见的说唱活动，在常规课堂教学中也备受青睐。小学英语入门阶段组织歌谣歌曲的说唱活动有助于激发兴趣和降低学习难度，在极易出现两极分化苗头的小学高年级阶段师生共同改编或创编歌谣歌曲则有助于学生获得成就感，激发和保持深层次的英语学习兴趣。因此，小学阶段合理利用歌谣歌曲等小学生喜爱的说唱教学，使小学生真正体会到学习英语的快乐，在一定程度上能够保证小学生的英语学习更轻松、有趣与成功。

这不仅要求小学英语教师具有教学创新的意识，还要具有自我发展和提升的能力。在掌握专业技能的同时，加强自身的英语专业知识素养和基础教育理论知识。小学英语教师目前迫切需要改变自身的教学观念，摒弃传统的教学方法，从学生实际出发，不断创新课堂教学理念和方法，提高教与学的效率。英语教学的共识是只有在真实或模拟真实的语言情境中，学生才能最快地学习英语，有所进步。通过不断地运用锻炼学生的英语交际能力，防止哑巴式和考试型英语。另一方面，注重英语和汉语之言的关系和区别也是小学英语老师需要关注的问题。同样作为语言的一种，汉语和英语在小学生的认知发展规律方面具有同样的规律。小学生的汉语学习也是由于创设的环境，潜移默化地影响学生。通过大量的语言背景输出，小学生自然开始运用和掌握汉语。英语学习也是一样，依靠背景的渲染，加之大量的输入，学生自然会不自觉地开始输出。另一方面，注重英语学习的同时，也不能贬低汉语学习的重要性。汉语是我们的母语，是我们与人交流的媒介，是传承中华民族千年文化的载体。而英语是我们融入世界，参与国际竞争，更好地参与国际社会发展的重要方式，也是传播中国魅力的最好工具。英语在我们个人、国家和民族未来的发展中占有重要的作用。

由于历史的种种缘故，我国的基础英语教育基础较为薄弱，教学质量还达不到时代和国家发展的需要，在发展过程中还面临各种的挑战，包括但不限于教材、教学方法、教学评价、教学模式、教师发展等等，这需要社会各界共同探讨。改革开放的经验告诉我们，只有变革和创新才能解决发展中逐渐遇到的问题，停滞不前不是解决问题的好方法。新的教育观点、教育理念的出现是时代背景变化的体现，也是基于实践或理论的新沿革，需要我们关注实际教学背景，反思其科学性和适用性。

从小学英语的发展沿革来看，小学英语课程体系的建设和发展是一个不断变革和完善的过程。尽管我们已经有了初步的发展，但是目前还存在很多尚未解决的问题，我们必须不断提高小学英语课程的教学质量，重视教师专业发展，在听取一线师生意见、联系小学英语教学实践的基础上积极探索。只有在实践和探索的路上不断向前，我们才能推动小学英语课程向更好的方向发展。

第四章　新中国成立以来小学科学发展研究

21 世纪以来，国际竞争日益激烈，尤其是今天，教育发展水平对于国家的综合国力以及国际竞争力水平的高低起着越来越重要的作用。此外，科学技术以及知识创新的作用也不容忽视。因此，中国未来的发展情况取决于人才，尤其是科技人才。教育是培养科技人才重要而有效的途径，要想提高我国公民的科学素养，加强小学科学教育是根本途径。建国 70 余年来，小学科学课程跟随时代变化不断进行发展和变革，对新中国成立以后不同阶段的小学科学课程标准的发展特点、进行分析和整理，可以使我们更好地了解这门科目的课程实施情况，及其未来走向。

第一节　小学科学发展沿革

根据 70 余年来时代发展背景的不同，笔者大致将小学科学课程标准的发展分为三个阶段，包括新中国成立初期、改革开放时期、21 世纪时期。从新中国成立至今七十余年的时间里，中国总共颁布了 12 部小学科学课程标准。

一、小学科学课程发展与时代同步

这是对课程本质的宏观了解。在整个课程体系中，需要通过解释说明某门课程的性质才能明确其课程位置。新中国成立初期，在 1977 年《全日制十年制学校小学自然常识教学大纲（试行草案）》（以下简称《大纲》）中，正式开始关于小学自然课程性质与地位的说明。1977 年《大纲》写到“自然常识是小学阶段学生学习自然科学知识的一门主要学科”。改革开放时期，1986 年《九年制义务教育全日制小学自然教学大纲》提到“自然课是对小学儿童进行科学启蒙教育的一门重要基础学科”；1988 年《九年制义务教育全日制小学自然教学大纲》提到“自然课是对小学儿童进行科学启蒙教育的一门重要基础学科”；1992 年《九年义务教育全日制小学自然教学大纲（试用）》指出“自然是义务教育小学阶段的一门重要基础学科”。21 世纪时期，2001 年《义务教育科学（3—6 年级）课程标准（实验稿）》写到“小学科学课程是以培养科学素养为宗旨的科学启蒙课程”。将“科学启蒙课程”作为小学科学的定位，把小学科学课程的宗旨规定为培养科学素养，这样的定义继承和创新了原来的教学大纲所表达的方式，与世界小学科学教育的发展接轨，使新的时代精神融入其中。2017 年《义务教育小学科学课程标准》提出“小学科学课程是一门以培养科学素养为宗旨的义务教育阶段的核心课程”。此标准将小学科学课程的性质进行了重新定位，因为小学科学课程所具有的基础性、综合性、实践性，将它作为核心课程，这标志着小学科学课程开始进入二次飞跃的全面提升阶段。[①] 由此可以得出，在建国 70 余年后在小学科学课程的不断实践和探索中，其定位和性质在主要学科、重要基础学科之间不断徘徊，然后发展成为科学启蒙课程到今天的核心课程，其性质随着国家和社会发展的需要而不断变化，从知识教育为主、兼顾全面发展到以培养科学素养为宗旨，不断丰富和扩大了小学科学课程的含义和定位。

（一）课程目标逐渐明确

小学自然、科学的教学目标（课程目标）在不同时期有着不同的表达方式。

1. 新中国成立初期

1956 年《小学自然教学大纲(草案)》指出“小学讲授自然的目的，在教给儿童初步的自然科学知识同时，促进儿童的全面发展”。1963 年《全日制小学自然教学大纲(草案)》将小学自然教学目的定义为“教给儿童初步自然常识，指导儿童初步认识自然界和人对自然的利用改造，扩大儿童的知识领域，培养儿童爱科学的品德，为儿童进一步学习和将来参加劳动准备必需的基础”。1977 年《全日制十年制学校小学自然常识教学大纲(试行草案)》写到“教给学生一

① 李中国 . 科学课教师胜任特征与工作绩效关系研究 [J]，教育研究，2012（8）.

些浅近的自然科学知识，指导学生初步认识自然界和人对自然界的利用改造”。

由此可以看出，1956 提出的课程目标是为了适应新中国社会发展的需要。1963 年《大纲》中的教学目的表述与 1956 年《大纲》相比要更加具体，因为涉及基本知识、能力发展以及品德教育等内容。总的来说，新中国成立初期的课程目标大致包括知识目标、能力目标、道德目标三大方面，但是比较笼统，且重结果，这符合我国当时亟须改善教育状况的现实情况。

2. 改革开放时期

1982 年《全日制五年制小学自然教学大纲（征求意见二稿）》对小学自然的教学目的又进行了重新表述：“指导儿童初步认识自然界和人类对自然界的探索、利用、改造、保护，从而使他们获得基本的自然科学常识。”1986 年《九年制义务教育全日制小学自然教学大纲》把“指导儿童初步了解人类对自然界的探索、利用、改造和保护，从而使他们获得基本的自然科学常识，发展爱科学、学科学、用科学的志趣和能力”作为小学自然教学的目的。1988 年《九年制义务教育全日制小学自然教学大纲（初审稿）》规定“使学生获得一些具体的自然知识，培养他们热爱科学，以及学科学、用科学的能力”。1992 年《九年义务教育全日制小学自然教学大纲（试用）》在教学目的和教学要求的表达方式上与 1988 年《大纲》的表述大致相同。从 20 世纪 80 年代开始，在国际上，在小学科学课程中实施“双基”教育的做法，受到广泛的批评，许多国际上的专家认为这种教育将学科体系作为课程体系，这种方式违背了儿童认知的发展规律，影响了他们的学习兴趣，同时，这样做也会增加他们的学业负担。随着时代发展，我国全面推广实施素质教育，小学科学这一门科目的目标，从“学会学习”逐渐替代“双基落实”，也就是说在注重学生科学素养培养的同时，还可以发扬落实“双基”优良传统。因此，在这一时期，科学课程逐渐从重结果走向重知识，开始关注知识的形成过程。

3. 新世纪时期

2001 年《义务教育科学（3—6 年级）课程标准（实验稿）》提出科学课程的总目标为“培养儿童的科学素养”，并在三个领域即科学探究、情感态度与价值观和科学知识详细阐述了具体的分目标。《课程标准》把学生角度作为第一人称，描述了他们通过学习必须要达到的程度，此外通过建议的方式不仅为教师实现目标提供了启发或实例，而且还允许并鼓励教师发展和创造更有效的实现方法，以及确保了课程实施起来有较大的灵活性。[①]《课程标准》希望通过制定一些过程性、体验性目标，以及指导教材、教学、评价等方面的内容，努力引导学生积极参与、动手实践、独立思考、协作探究。2001 版课程目标将总目标、分目标、以及各部分目标的相互关系等包括其中。2017 版课程目标包括科学知识目标、科学探究目标、科学态度目标、科学、技术、社会与环境目标。尽管 2001 版课程标准没有提出学生能力发展的目标，但是 2017 版将其作为重点达成目标。由此可以看出，在进入到 21 世纪以来，小学科学课程目标，越来越规范化，且符合世界科学教育的发展趋势，目标分类越来越清晰、详细，这种做法使小学科学的针对性大大提高，有利于小学生科学素养的培养。

（二）课程内容趋于合理

在教学内容的选择方面，1963 年、1978 年《大纲》提出教学内容要“符合儿童的认识规律、照顾到知识的内在联系、适当照顾季节性”。1988 年《大纲》提出“确定教学内容的五条原则之一是学生周围常见的自然事物，以及人类与自然关系方面最基本的科学知识”。进入 20 世纪 90 年代以来，我国颁布的新教学大纲“提出了一个基本符合学生认知规律，同时又能反映科学知识间关系的课程内容整体结构模型”。1992 年《大纲》在 1988 年《大纲》基础上增加两条：“教学内容应有利于向学生进行思想品德教育；教学内容应注意联系学生周围的生活、生产实际”。2001 年《课程标准》内容选择突出体现在：一方面注意补充与现实生活密切联系的内容，符合小学生生活经验。另一方面，删去了部分难度较大和比较陈旧的内容，如四季的成因、叶绿素与光合作用、益虫与害虫、形态分类等等。[②] 与原大纲相比，《课程标准》的知识内容减少了 13% 左右，而总课时数又增加了 25%，从原来的 272 节增加到 340 节，缓解了教学时间上的矛盾，给教师实施探究式教学提供了较为充分的时间保证。[③] 此外，2001 版课

---

① 李中国 . 科学课教师培养的问题与对策建议 [J]，教育研究，2010（3）.

② 潘洪建 . 小学科学课程标准 60 年 [J]. 现代中小学教育 . 2012（11）:24..

③ 李中国 . 教师培养供给侧的问题解析与破解路径 [J]. 国家教育行政学院学报 ,2020（1）.

程内容包括科学探究、情感态度价值观、生命世界、物质世界、地球与宇宙世界，2017 版课程内容包括物质科学领域、生命科学领域、地球与宇宙科学领域、技术与工程领域。2017 版课程内容还删除了科学探究、情感态度价值观模块，通过对模块内容的整合，不仅在一定程度上减少了内容的重复性，而且使之更富有逻辑性且系统化。2017 版课程内容变化最重要的部分即增加了技术与工程领域的内容，凸显了 STEM 教育理念的渗透。通过科学、技术、数学和工程学科之间的交叉渗透，学科界限被打破，有利于课程之间的整合。此外，技术与工程实践活动可以使学生亲身体验科学技术带来的改变，亲自动手制作帮助学生利用已有知识进行设计、发明、改进和创造，有利于发展学生动手能力、科学探究能力和思维能力。

一般而言，在过去的 70 余年中，尽管小学自然、科学课程的内容选择在多少、细节以及增减方面都发生了变化，但变化并不大，主要选择自然科学常识，新的科学课程强调科学探究的重要性。教学内容的呈现主要是主题形式，教材内容统一，设计了观察、实验、操作等活动，教学内容的组织经常变化。在课程内容的组织方面，1956 年《大纲》为螺旋式，1963 年与 1978 年《大纲》为直线式，1986 年《大纲》螺旋与直线并重，1988 年与 1992 年《大纲》分学段而不再按学期加以实施，使用单元循序递进的方式。2001 年《课程标准》采用了一种更加灵活的方法，根据主题或主线来综合或整合相关内容。2017 年《课程标准》在课程的结构编制上步步推进，层层深入。总之，在课程内容组织方面，不断打破以知识为中心的观点，不断加强和儿童经验的联系，并调动了儿童学习的积极性。这种方式的改革更符合素质教育的要求，表现出课程内容的教育理念从知识中心变为以学生为中心。

（三）课程实施逐步规范

小学科学课程的实施，就是小学科学教学活动的组织过程。它的含义是通过协调小学科学课程实施中的诸多因素，将小学科学课程计划纳入具体的教学实践中，并且通过教师与学生之间的互动，不同层次的落实小学科学课程计划的过程。在课程资源开发方面，1978 年 12 月，教育部在颁布的《全日制十年制学校小学自然常识教学大纲（试行草案）》里写道“观察和实验是传授自然常识的重要手段，是自然常识教学的重要组成部分，教学中要尽量采用观察和实验，避免单纯地讲解阅读课文”。1988 年《九年制义务教育全日制小学自然教学大纲（初审稿）》，提出“加强观察和实验，积极开展课外自然研究活动。观察和实验是人类认识自然的基本途径，也是自然教学的特点”。2001 年，《科学（3—6 年级）课程标准（实验稿）》中建议“为了使小学生的科学学习具有广阔的智力背景，科学教育不能局限于传统意义上的教材，必须利用与开发多种多样的课程资源”。

基础教育课程的改革正在慢慢深化，在小学科学课程方面，其实施的组织方式，也在不断发生变化，目前，它可以分为两类：课堂教学和课外活动。小学科学开放性的教学方式是由此门课的课程性质与教学目标决定的，单靠课堂教学不足以培养小学生良好的科学素养。[①] 想要在时间和空间上对教学进行延伸，课外活动是一种必不可少的方式。国家、地方、学校都要对小学科学课程资源进行合理的开发和利用，从而使学生有一个优秀的环境和氛围来对科学进行学习，让科学的乐趣在学生的学习中无处不在，此外还要努力让学生感受到探究的乐趣，并且养成良好的科学思维和科学实践能力。在现代的小学科学课堂教学中，教师往往采用多种教学组织形式，包括班级授课制、复式教学、个别辅导等，当然将课外活动与小组合作相结合的方式最有利于小学科学教学。班级集体学习在发挥教师主导作用的同时也有利于帮助学生系统的学习科学知识。小组合作学习在保证学生起到主体作用的同时，也可以提高学生的科学素养。作为课堂教学的延伸，课外科学活动能够帮助学生培养科学探索能力，使学生的经验得到积累、视野得到开阔、将科学知识理论和实践得到结合。在课程实施过程中教师与学生的角色和行为方面，1986 颁布的《全日制小学自然教学大纲》里强调“自然教学的基本过程是儿童在教师的指导下主动地、能动地去认识自然事物和应用所获得的知识”。通过这种方式，教师尽量激发和引导学生自主探索和对知识进行实践，避免简单地把现成的知识灌输给学生，与此同时，在自然课程实施中，学生成为主体。在 1988 年的《九年制义务教育全日制小学自然教学大纲》中提出了“注意指导学生学会自己获取知识的方法”这一

① 吴刚平 . 课程资源的筛选机制和开发利用途径 [J]. 上海教育，2001（12）.

观点。教师的作用是启发和引导，学生则是自主探索和实践知识方面承担起主体地位。在 2001 年颁布的《义务教育科学（3—6 年级）课程标准（实验稿）》中阐述“科学课程最基本的特点，是从儿童身边的自然事物开始学习活动，以形成对自然进行探究的态度、技能和获取关于自然的知识”。该《标准》提出，教师在科学学习中应尊重儿童的个体差异，因材施教，使学生能充分发展自己的个性。此外，在科学课程实施中，教师要分析并掌握小学生在科学学习方面的特点，因势利导。教师应该要做到减少对学生一味地主观传递知识，而是要帮助学生利用自己所学的知识得出结论。为了促进学生多样化活动的开展，使学生对于学习科学的兴趣得到激发，教师应营造一个良好的学习氛围。与此同时，科学探究活动对于儿童科学素养的提高具有重要意义，因此要鼓励学生积极参与这类活动，从而使学生去更好的了解科学探究的流程，亲身体会这种活动方式所带来的欢乐。此外，关于采用什么样的教学方式来促进课程实施，2001 年的《科学（3—6 年级）课程标准（实验稿）》，提出“在一切有条件的地方，科学课程的教学，应尽可能地充分运用以下方面的现代教育技术”。2017 年《义务教育小学科学课程标准》中，加入了建国 70 余年来从来没有过的关于教具的开发建议。支持科学探索的物质材料是促进科学发展的重要因素之一，教师设计的教具，能促进学生更快的理解科学探究的流程，激发学生的学习积极性，启发学生的思维，提高学生的科学素养。

总之，建国 70 余年来，小学科学课程实施无论在课程资源开发，或是教师与学生的角色和行为以及教学手段方面都逐步规范化。

（四）课程评价更加全面

小学科学教学评价是指“评价主体依据一定的事实材料和科学教学价值标准，对小学科学的教学过程和教学结果，进行价值评判的活动。教学评价有两个含义，一是广义的评价，指相关人员对教与学两方面活动的评价；二是狭义的评价，指在教学过程中对学生学习结果的评价”。[①] 从评价主体的角度来看，根据本课程中不同的评价主体，大致分为三类，分别是教师评价、学生互评以及家长评价。从重要程度来看，对于小学生科学学习最主要的评价来自教师，

① 刘德华 . 小学科学课程与教学 [M]. 北京 : 中国人民大学出版社 ,2009:249.

也是影响学生学习态度的重要因素。[①]随着素质教育的普及以及教育理念的不断更新和发展，教师在教学评价中的地位从“独一的评价者”变化为“主要的评价者”，但这不意味着教师评价不再起重要作用，相反，教师仍然是课程评价有序进行的的组织者和协调者。在最新版课程标准中，提升学生作为评价主体的参与度，这种做法有利于提高学生的自我认识。以学生为主体进行的评价，包括学生互评以及自我评价。以学生为主体并不意味着完全脱离老师的指导，相反的，学生要在老师的教导下来展开学生评价和自我评价的活动，促进学生从“被动评价者”到“主动参与评价者”的转变。学生互评可以提高学生的团结合作意识；学生自评有利于提高学生的自我反思能力，促进其学习的进步和发展。

关于评价内容，在1988年颁布的《九年制义务教育全日制小学自然教学大纲（初审稿）》中，明确提出了关于课程评价内容方面的相关规定“教师应重视学生学习效果的考查，以便了解学生的学习情况”。关于课程评价所要达成的效果，在1992年《九年义务教育全日制小学自然教学大纲（试用）》里写到“课程评价应有利于培养学生对自然课的学习兴趣，有利于发展学生学科学、用科学的能力”。2001年，教育部颁布的《义务教育科学（3—6年级）课程标准（实验稿）》指出“了解学生实际的学习和发展状况，以利于改进教学、促进学习，最终实现课程宗旨，即提高每个学生的科学素养”。2011年，教育部颁布的《义务教育小学科学新课程标准(2011版)》提出“评价要依据《标准》，要涵盖科学素养各方面的内容，既要考查学生对科学概念与事实的理解，又要评价学生在情感态度与价值观、科学探究的方法与能力、科学的行为与习惯等方面的变化与进步”。评价学生科学知识的关键在于学生在学习和应用科学知识方面的表现，而不在于学生记住了多少科学知识。对于学生的表现性评价，教师要及时收集和记录学生日常表现的信息，提高评价说服力。关于评价方式，在1988年国家教委颁布的《九年制义务教育全日制小学自然教学大纲（初审稿）》中提出了对于小学科学课程的评价方式的具体要求“考查应以平时考查为主，期末考试为辅，进行综合评定。考查形式可以灵活多样，如课堂提问、作业情况、实验操作、小制作、小论文、观察报告等”。在2001年颁布的《科学

① 周新奎．小学科学课程标准研究与实施[M].济南：山东教育出版社,2004:314.

（3—6年级）课程标准（实验稿）》中提到“灵活运用评价方法，充分利用所有正常的课堂教学活动和课外实践活动，全面反映学生实际的学习和发展状况”。2017年，教育部颁布的《义务教育小学科学课程标准》中提到“学习评价有多种不同的方式，就小学科学课而言，主要有过程性评价和终结性评价两种”。由此可以看出，随着基础教育课改的不断推进，推动着小学科学课程的评价制度不断改进，尤其是在课程评价方式方面，仅仅是对知识点检查背诵以及期末考试，已经无法适应世界科学课程发展的大趋势。所以，对于小学科学的课程评价，理念要不断更新，以学生为本，评价方式要更加多样化。

综上所述，随着培养小学生科学素养这一目标重要性的日益凸显，中国的小学科学课程评价正在逐步呈现出全面发展的趋势，自我评价与他人评价相结合是这一趋势的显著特征，而教师作为课程评价的主导者要发挥其组织作用，让课程评价既能促进学生科学素养的培养又能促进教师教学能力的提高。

第二节　小学科学发展审视

虽然在新中国成立以来小学科学的发展呈现出课程目标逐渐明确、课程内容趋于合理、课程实施逐步规范、课程评价更加全面这些特点，但在发展过程中课程地位重要性、课程目标具体性、课程内容整合性、课程实施精细化、课程评价规范化方面也出现了一些问题。

一、小学科学课程的地位问题

新中国成立70余年来，经过国家政策的指导、社会上教育界专家的倡导，小学科学教育的发展越来越快。但是到目前为止，有些学校老师和家长仍然认为小学科学仅仅是一门供学生放松、游戏、可有可无的科目，小学科学课程在实施起来仍然会有上课时间被其他“主科”占用的情况。在2017年6—7月，潘洪建、张静娴教授对我国东部、中部、西部地区的小学科学课程实施的现状进行了问卷调查，结果显示小学科学课时被其他学科占用的现象较为普遍，占用科学课课时最多的是语文、数学和英语课程，尤其是期中和期末考试的时候，占用科学课的现象更加普遍。[①] 大多数学校把科学课安排在上午的第三节、下午的第一节和第三节，而不愿意安排在学生精力旺盛、学习效率较高的上午第一节和第二节。尤其是在农村地区，2017 年颁布的《义务教育小学科学课程标准》趋于城市化，农村由于学前教育基础不好，大多数农村小学开设课时量不足，科学课程标准要求每周安排 2—3 课时，但能落实到位的只有少数学校，实施起来比较困难。虽然各地相继出台了一系列改革方案，却对科学学科基本没有涉及，这样就无法遏制以升学率至上的校长、教师、家长对科学教育重要性的淡化。小学五年级基本是一个明显的分水岭，校长、教师、家长唯分数至上的观念开始占据首要位置，学生与科学教育相关的活动受到限制。科学教育的呼唤声震耳欲聋，却不能打动以分数为重点的校长、教师、家长的陈旧观念。从总体来看，小学科学课程在我国的整个小学教育体系中没有得到应有的重视。此外，小学科学课程标准在制定和实施的过程中也出现了一些问题。

（一）课程目标的具体性不够

教育部 2017 年颁布了《义务教育小学科学课程标准》，本次颁布的课程标准没有从传统的三维目标理论对总目标进行论述，而是从四个方面来说明具体目标，分别是“科学知识”“科学探究”“科学态度”“科学、技术、社会与环境”，然后根据不同的领域、要素、维度和关系将这四个方面分为详细的细分目标。这一做法，符合理想的课程目标理论，也就是“获取知识、生成能力、养成品格、学会方法”，即由“知识、能力、品格、方法”构成的旨在培养学生核心素养的“四维课程目标体系”。将“科学知识”“科学探究”“科学态度”“科学、技术、社会与环境”作为四个分目标，其设计意图是强调这四部分在科学素养中占有同等重要的地位，希望在开展科学教育过程中得到重视，并通过设计有效的教学活动实现多个教学目标，在实施中将分目标作为一个完整的体系加以把握。但实际操作起来有困难，容易造成分目标的割裂。通过与日本乃至加拿大、澳大利亚的科学标准中目标的比较发现，中国科学课程标准中总目标和分目标的内容繁多，不够精练，进而带来的问题是不方便操作和实施，不利

---

① 潘洪建，张静娴．小学科学课程实施：成就、问题与政策建议 [J]. 当代教育与文化，2018（4）.

于课程目标的有效落实。其次，根据《义务教育小学科学课程标准》中的内容我们可以看出，课程目标的整体规划仅仅在“课程目标”部分中出现，除此之外，没有详细具体的学段目标与内容目标。这两项内容的缺失可能会产生教师无法把握教学内容深浅，导致教师不能很好完成教学进度等问题。

（二）课程内容的整合性不强

在科学教育中进行跨学科整合现今已经变得十分普遍，丁邦平教授认为，在后现代科学时代，“纯”科学教育必然要让位于科学与技术相整合的科技教育。①我国 2017 年《义务教育小学科学课程标准》第一次将“技术与工程”引入并作为独立的学习领域，且明确定义了中国版 STEM 教育的含义，这种做法与科学教育的发展趋势相顺应，同时也促进了我国小学科学教育事业与国际接轨。但是，目前由于整合性不强，在课程标准的课程内容部分，对于各年级所要学习的具体学习内容没有进行详细规定，只把物质科学、生命科学、地球与宇宙科学、技术与工程四个领域作为小学科学课程内容的四大组成部分，并选取了 18 个适合小学生科学学习的概念。此外，情感态度价值观和科学探究被分为了两个不同的学习领域。对待科学学习、对待自然、对待科学以及对待科学、技术和社会的关系这四个内容是情感态度价值观部分所涵盖的，在小学科学教育始终都应强调贯穿这个领域，但这不是将情感作为一种单独的课程内容进行适当处理的方法，因为情感的形成是一个长期而细腻的过程，应将情感态度价值观与科学探究两个领域更恰当的进行整合。在教科书方面，目前小学科学教材形式比较单一，除了课本，教学参考书特别是学习参考书、辅导读物缺乏。

（三）课程实施的整合性不高

教学建议、课程资源的开发和利用、评价建议是《义务教育小学科学课程标准》的实施建议一章中主要的组成部分。看似内容十分全面，但是详细来看，单单在“教学建议”方面却显得笼统，大多是“实施原则”，没有提出具体的要求和说明，对于一线老师，尤其是新手小学科学老师来说没有很强的操作性。此外，这种做法也导致了小学科学课教师只注重课堂教学形式，忽视学生

① 丁邦平 . 论国际理科教育的范式转换—从科学教育到科技教育 [J]. 比较教育研究 ,2002（1）：1-6.

学习实效。尽管一些教师也希望在课堂教学中开展基于情境问题的探究性学习，借以鼓励学生知识的自我建构。但是由于受课时结构、教学建议、学校教学资源等因素的限制，大部分探究性学习活动也只流于表面化。教学活动过于注重学习活动的组织形式，忽视学生的学习实效，过于强调课堂的外在表演，弱化师生的真实交流，这也就导致了“为探究而探究、为活动而活动”的教学假象。在课程实施的主体方面，目前科学课程兼职教师太多，专职教师约占任课教师总数的1/3。有调查显示，小学科学仅有33%的教师为专职科学教师。[①]造成这一现象的主要原因是：师范院校和大学教育专业未能培养出足够的小学科学师资，专职小学科学师资问题短期内不能解决，只能由其他科目的老师来兼任。学校专职人数太少，专职教师平时的课务排得很满，教学压力甚大。同时，由于科学教学不同于语文、数学等课程，需要课前为学生准备实验器材，教师疲于准备和收拾实验器材，直接影响教学质量。

（四）课程评价的规范性不足

“课程评价是指运用一定的方法和手段，通过系统收集、整理、分析信息与资料，考察课程目标的达成程度以及对课程开发过程、课程计划和实施效果做出价值判断的过程”。[②]它具有诊断、调节、激励、导向以及反思的功能。在国际上看，课程评价的发展趋势为：评价的主体更加多元化、评价的内容更加广泛、评价标准更加具体、评价方法多种多样。纵观国内，我国的课程评价理论较为完整，并且与国际评价理念的主张和思想相契合，与国际课程评价的发展趋势相适应，但有很多理想的成分。与发达国家小学科学课程标准相比，我国的课程评价规定简单、笼统，可操作性差。尤其在具体的评价指标方面，还没有表达清楚，仍然停留在概念层面，对评价活动的指导作用较弱，不利于小学科学教师将之付诸实践。由于传统教学观念的根深蒂固，目前小学科学课程的评价缺少规范，通常是教师通过期末测验，直接给出学生等第，评价形式单一，以试卷为主，缺乏过程性、趣味性；评价主体单一，以教师为主，忽略学生的

① 贾春凤，贾志军，陈萍．基于小学科学课程实施现状的高校科学教育培养模式探究——以保定地区为例 [J]. 科教文汇，2015(2).

② 李森，陈晓端．课程与教学论 [M]. 北京：北京师范大学出版社，2015:234.

自我评价和学生之间的互评；评价内容以知识性为主，不能体现教学三维目标的达成情况；评价结果武断，没有丰富的材料支撑，对学生无说服力。

第三节 小学科学发展对策建议

通过对小学科学发展特点的分析与总结，针对目前所存在的问题，展望未来小学科学的发展，应在课程主体地位提高、课程目标完善、课程内容与选择的优化、课程实施建议细化、课程评价改进等方面进一步加强和完善。

一、提高课程主体地位，发扬政策主导作用

随着国际竞争日趋激烈，科技实力对于一个国家经济发展的影响也越来越大。而从科学教育的作用来看，科学教育是科学技术发展和变革的主要途径，科学教育是国家政局面稳定和社会经济发展的基础。从科学教育的作用来看，社会的进步和发展离不开科学教育，这其中包括经济的发展以及精神文明的进步。此外，科学教育也有利于发展科学技术、培养科技人才。

提高小学科学课程的主体地位，首先要通过立法保障小学科学教育的发展。小学科学教育在美国、英国、韩国等发达国家都得到了立法上的保障。法律中关于小学科学教育的明文规定有效地保障了科学教育的发展。如美国曾针对计算机科学技术的普及颁布过专门的法案《计算机科学教育法案》，旨在要求全国的中小学生加强计算机科学理论与技术的能力培养，计算机的相关理论与实践都要成为中小学生社会技能的必备选项之一。其次，坚持小学科学课程的优先地位。发达国家始终将科学课程作为中小学课程体系的重心。英、美、德三国是最早实施科学教育的国家，也是科学教育模式比较完善的国家。为保证中小学科学课程的主导地位，美国曾经在 20 世纪 90 年代颁布了五份关于确立科学教育在中小学各类教育中优先地位的法律法规。最后，将小学科学教育提升到国家战略高度，并以战略规划的制定促进科学教育的发展。国家应构建小学科学课程实施的保障机制，健全专门的小学科学课程督导制度，对小学科学课程的开设与实施进行质量监管；加大对科学教育重要性的宣传力度，切实改变大

众对科学原有的“副科”固化观念，从而落实小学科学的实施，提高课程主体地位，发挥其核心课程的作用。

（一）完善课程目标，增加具体化的纵向目标

发达国家小学科学课程目标制定的较为具体详细。以日本为例，日本在《小学科学课程标准》中提倡从实践中获得知识，重视提高学生的思维和实践能力，它的科学课程目标采用了传统的三维目标理论，从知识、情感、过程与方法三个维度展开论述。值得一提的是，日本小学科学课程目标还分总目标和年级目标，其中总目标的描述非常简单明了：使学生与自然相接触，有目的有计划地进行观察和实验，在真实情境中感受理解自然事物以及现象，培养学生对大自然的热爱之情，提高解决问题的能力；与此同时，帮助学生养成正确的科学观念，使学生的探索能力从三年级开始便逐步得到发展。日本小学科学课程目标的集中、具体、明确、关联性强等特点值得我们学习。在我国，除了设计总体的教学目标外，还要在不同学段增加一些具体的目标，这样可以方便小学科学教师更加有目的性的进行教学设计，从而提高教学效率和效果。除了以上改进策略，无论是科学探究目标，还是情感态度价值观目标，都是伴随科学知识的学习在教学过程中加以实现，因此将课程目标与课程内容相结合进行表述，也是一种很有效的方法。

此外，课程目标在制定时，还要考虑小学生的认知发展特点，以培养学习兴趣和好奇心为先导，思维和理解发展循序渐进。小学科学课程目标的设置及表述，以及如何把课程目标设置的既有横向的联系，又体现纵向的进阶，且方便课程内容的选择，使课程目标有效、高度地达成，将是我国今后课程改革中值得研究和探讨的课题。

（二）优化课程内容选择与组织，注重与其他学科的融合

小学科学课程不仅和理、化、生、地等学科联系紧密，同时也与数学、阅读、工程与技术等学科领域相交融。这种科学与不同学科相融合的方式可以促进学生对于科学本质的理解，它不仅具有打破学科壁垒，挖掘学科间内在联系的价值，还可以拓宽研究者的视野，提高学生对问题的解决能力。小学教育作为学生科学启蒙的重要阶段，需要我们更加重视引导的作用。因此，我们在将

“技术与工程”引入并作为独立的学习领域的同时，也要对其具体的学习内容进行详细规定，对于所引进的内容与原有学习内容进行选择与组织，从而以更加清晰明了的方式呈现在学生面前，使他们更容易理解。精选科学内容，也可以让学生有充裕的时间运用科学探究的方式学习科学，体验观察、实验等科学过程。让学生在体验科学过程中，不仅是理解科学知识，同时掌握科学方法，形成科学思维，使其成为一种习惯，更重要的是对科学产生兴趣，能够把学到的科学知识、方法、态度和思维等积极主动地运用到生活中去，享受学习的乐趣。同时，我们应该更加重视科学态度的培养方式，因为情感形成的基础在于态度。

一般来说，随着内容学习和活动的发展，学生会形成一定的态度，这将成为一种情感，然后转变为一定的价值。因此，在科学课程的教学过程中，教师要重视培养学生的科学素养。在教科书内容的改进方面：首先，教材内容的叙述应相对完整，不能太简要，教材中的实验设计要有典型性、代表性，并且考虑学生的接受能力，实验结果并非不可呈现，建议以字体倒写的方式加以呈现。其次，教材内容贴切学生生活，具有时代气息，增强学生的生活感受，利于学生探究。南北方的教材要考虑不同区域季节、物候的差异，教材内容因地制宜。

（三）细化课程实施建议，发挥教师资源作用

国家应组织专家学者对教学实施的方法和策略开展研究，为了帮助教师准确地理解相应的学习结果，教育部门有针对性地收集符合课程标准的教学案例，进行整理，为基层教师提供教学指导，细化小学科学课堂中的教学建议，尤其是在我国 2017 年版《课程标准》中，我们可以发现并没有足够关注学生的差异，所以也应针对不同文化背景的学生给教师提出适当的教学建议。此外，值得一提的是，因为小学科学这门科目需要教师带领同学做实验，因此关于教师如何确保科学实验安全的内容，也应该要适当增加，使之更加详细具体，以在行动和意识上提高学生的安全意识。课程资源是影响课程实施的一个重要因素，课程资源的丰富性和多样性有利于课程标准的实施；缺乏一定的科学课程资源，科学课程便无法实施。为此，我们可以针对课程标准开发系列学习资源，加大学校对学习资源的选择范围；或是开发的多样性教学资源，校外资源为校内教学所用。

此外，教师不仅决定了科学课程资源的鉴别、开发、积累和利用，而且教师自身就是科学课程实施的首要的基本条件资源。目前一些科学教师由于没有科学背景，抓不住实验的核心思想，对教材中呈现的实验不能灵活地变通、替代，从而不能很好地掌控教材中的教学思想。学校在进行科学课程资源的开发与利用过程中，抓好科学教师队伍的建设工作是最为关键的环节。加强科学教师的培训、提升教师的专业素养和理论水平是课程资源开发和利用的首要任务。

（四）改进课程评价理念，制定切实可行的评价标准

课程评价既可以确保课程教学的顺利开展与有效实施，也有利于保证学生达到学习目标。建立健全科学课程评价标准，对于规范教学操作具有重要意义，真正让教学做到可“评”可“测”，促进教学方法的改进与教学质量的提高。从这个层面来说，我国课程标准中的评价建议应有针对性地给教师提供更加具体的指导。如果能颁布与小学科学课程标准相对应的课程评价标准，那么既有利于教学理念的落实，也有利于教学效果的监测。具体详细的课程评价标准不仅有助于促进教师教学质量的提高，也有利于学生提高科学课程的学习效果。

此外，也要整合多种类型的评价手段与评价目标。应提倡采用不同的评价方法，改变传统的单一纸笔测验方式，整合考试测验、日常记录、实践考评等多样的评价手段，科学知识、科学探究、科学态度、科学技术、环境与环境等目标的整体监控。在评价的理念上，践行发展性理念，将过程性评价与表现性评价相结合，明确过程性评价的范围、方法、途径、要求，诸如采用观察单、记录表、轶事记录、故事描述等方式，通过教师观察、学生记录等途径，获得学生科学课程学习的过程性评价资料，并根据相关标准进行学习过程的评价；收集学生学习过程的相关资料。重视表现性评价，“即通过有组织地收集学生在学习中的成果表现，如媒体成果、小制作、科学报告、观察记录等对学生进行评价”，或让学生提供“最佳作品”“代表作”，对学生的作品进行评价，将评价结果按照一定比例记入学生的学业成绩。

新中国成立 70 余年来，在社会发展的影响下，我国小学科学这门课程也随之发展变化。小学科学在 70 余年的嬗变过程中，本科目自己的发展方向慢慢成形，呈现出课程性质随时代而改变、课程目标渐渐明确、课程内容结构越来越

合理、课程实施更加规范以及课程评价体系日益全面的特点。从中可以得出，我们需要继续提高小学科学课程主体地位、进一步完善课程目标、优化课程内容的选择与组织、细化课程实施建议以及改进课程评价。

第五章　新中国成立以来小学德育发展研究

德育的重要性不言而喻，而想要从根本上提高德育整体的质量，必须从小学德育做起，德育课程是小学德育中最为重要的载体。檀传宝在《学校道德教育原理》中明确提出了德育课程的概念，德育课程是道德教育内容或教育影响的形式方面，也是学校道德教育内容与学习经验的组织形式。[①] 现阶段的中国已然迈向了新时代，课程改革也发展到一个新的历史阶段，正好处于小学德育课程发展的关键节点。回顾 70 余年来小学德育课程的沿革变迁，分析小学德育课程发展的逻辑特点和发展趋势，有助于进一步促进小学德育课程的完善与进步。

第一节　小学德育发展沿革

对于新中国成立以来小学德育课程的发展过程，还没有一个较为详细全面的阶段划分。彭泽平将中小学德育课程划分为四个阶段：1965 年之前为初步探索期，1978 年到 1984 年为全面恢复期，1985 年到 2000 年为改革深化期，2001 年以后为守正出新期。杜时忠将德育研究划分为四个阶段：1976 年之前是转型化改造时期，20 世纪 80 年代为科学化探索时期，90 年代为个性化追求时期，21 世纪为本土化建构时期，其划分的界限不够明确。总的来说，对于德育发展的划分阶段观点不一，且差异较大，还需要进行仔细考量和研究，大部分的研究者还是倾向于四个阶段比较符合我国德育发展的特点。在之前研究的基础上，本研究将小学德育课程的发展划分为时间线明确的四个时期，梳理各个时期的

① 檀传宝著 . 学校道德教育原理 [M]. 北京：教育科学出版社 ,2018：117.

主要特征。

一、主要发展阶段

（一）萌芽期（1949 年—1978 年）

新中国成立后，德育的课程还没有完全成型，处于萌芽期。1949 年 12 月，教育部在北京组织召开了“全国关于推进中小学教育工作的第一次全体会议”，确定了对全国中小学政治与思想教育工作的总体思路和总方针。此会议的报告中明确指出：在青少年学生中进行政治与思想教育的主要目的是逐步地建立革命的人生观。[①]1952 年 3 月，教育部正式颁布了《小学暂行规程(草案)》，指出我国要开展新时期小学政治道德教育的目的应为我国少年儿童和青少年健康发展提供全面的基础教育。小学道德教育的内容和目的主要是为了使儿童和青少年具有强烈爱国主义政治思想和良好民族主义道德行为，以及诚实、勇敢、团结、互助和自觉遵守国家政治纪律等社会主义的一切道德品质，道德教育的主要目的是对我国小学生进行爱祖国、爱人民、爱社会劳动、爱自然科学、爱护他们的生命和公共财产的“五爱”教育。1953 年，政府和中共中央国务院小学生教育委员会正式召开联合会议，发布了《关于整顿和改进小学教育工作的指示》，进一步确立了对全国小学生的政治思想和其他日常行为思想道德教育的工作规范性。1955 年，第一部《小学生守则》的正式颁布，对于小学生的日常行为道德和其他日常行为的规范教育提出了具体的内容要求，并在一定程度上也关注到了小学生的全面健康发展。这些关于道德教育的政策和规范性文件，在当时没有具体的德育政策和课程的基础情况下，成为当时我国小学德育的重要内容和组成部分，对提高小学生的道德修养起到了很好的作用。从新中国成立到 1956 年，小学德育侧重于道德素质和行为习惯的培养，这更符合儿童认知发展的特点。然而，随着 1957 年“反右”斗争的扩大，这种情况发生了很大变化。

1957 年 3 月，教育部召开了第三次小学生行政教育工作会议，指出小学生思想和政治文化教育的工作是我国高等学校思想政治教育的核心和灵魂，小学

① 《建国以来重要文献选编（1949—2008）》，北京：中央文献出版社，1992: 91.

生时期教育工作应当尤其着重于培养教师和学生的艰苦奋斗精神，以此加强劳动道德教育和学生的纪律道德教育。1958 年 4 月，中共中央国务院召开了第十八届全国小学生教育工作第四次会议，强调在全国包括普通中小学在内的一切学校中，都必须对学生进行系统的马克思列宁主义思想政治文化教育，培养教师和指导学生的社会主义工人阶级的无产阶级群众观和社会集体的劳动观，即脑力劳动和学生的体力劳动有机结合的辩证唯物主义教育观。9 月份随即颁布了《中共中央、国务院关于教育工作的指示》，明确提出了教育要为无产阶级政治服务。这些重要指示把小学生思想和政治文化教育的建设放在我国小学生时期德育工作的战略核心和重要位置，改变了之前过分重视行为规范和品德素质教育的目标，突出了我国小学生时期德育的政治化、成人化倾向。自此，德育的课程由小学生时期注重思想品德教育的倾向开始逐渐转向注重政治文化教育，江苏、浙江等地率先在小学设置政治课，而后逐步扩大到全国大部分地区。同时，教育部要求小学每周增设一节班会，用于对学生进行时事政治教育，小学德育政治化倾向由此开始。1966 年开始的十年“文革”，正常的学校教育秩序遭到破坏，学校德育完全被政治化。

在这一阶段，小学德育的课程还尚未完全形成统一、独立的学科教育意识形态，主要是依托各科的教学如语文、地理等学科课程及其他课外活动的资源来开展和进行针对小学生思想道德教育。借助“五爱教育”来实现学校德育的长远发展，为小学德育课程的形成奠定了坚实的基础。但由于新中国所面临的异常严峻的国际环境和政治上选择了“苏联的革命后发展模式”。[①] 德育教育随着政治导向的变化而变化，出现了教条化和形式化的倾向，逐渐失去了德育的固有价值。“文化大革命”时期的严重错误，使政治在小学教育中处于领导地位，政治教育就如同泼了墨的油画，无孔不入。[②] 但阶级斗争下的小学德育也是时代的产物，必须要得到理性正视，既不能过度无情的批判，也不能一味吹捧，更不能直接忽视，避而不谈。

---

① 张瑛 . 毛泽东的中国及其发展模式［M］. 北京：社会科学文献出版社 .1992,66.

② 翟楠，薛晓 . 小学思想品德课程 60 年［M］. 南京：江苏大学出版社 ,2011,99.

（二）形成期（1978 年—1999 年）

1978 年党的十一届三中全会后，随着党中央在思想政治教育领域的“拨乱反正”，我国所有全日制中小学的政治和思想教育的基础课程也由此逐渐步入小学德育课程的关键阶段——形成期。1978 年，教育部正式批准颁布了《全日制十年制中小学教学计划试行草案》，在所有全日制小学的四五年级，每周至少开设两个学时的政治课，主要是进行初步的中国共产主义的思想政治教育和必要的社会主义政治常识的教育。虽然设置统一形式的小学政治课没有完全改变我国中小学政治和德育课程的政治化倾向，但全日制中小学的政治课到 1981 年就已经完全废止了，因此，它可以看作是一个过渡。在教学计划中明确设立政治课，这是新中国第一次，对于德育走上正轨具有重要的制度化意义。

1979 年 4 月，教育部组织召开了全国中小学思想政治教育工作座谈会，发表了《中国中小学思想政治教育座谈会纪要》，开始对小学德育工作的政治化倾向进行修正，指出中小学生的思想政治工作必须从实际出发，注意学生的年龄特点，有的放矢，讲求实效，防止和纠正形式主义与成人化的做法。① 这些重要指示的提出具有划时代的意义，这表明从政策层面开始注重学生的心理特点和年龄特征，对于防止和纠正我国中小学德育的思想政治化和形式主义成人化的倾向起到了积极的推动作用。教育部又在 1981 年的 3 月正式颁布了《全日制五年制小学教学计划（修订草案）》，在说明中，特别明确指出，按照坚持四项基本的原则，加强对青少年思想政治教育的决议精神。当时，小学思想政治课与学生的思想实际严重脱节，应该以思想品德课取代思想政治课，有效地纠正了小学德育政治化、成人化的趋势，使小学德育转向学生道德素质的培养，也标志着我国的小学德育课程全面步入正轨。

1982 年，教育部正式颁布了我国的第一个德育教学大纲——《全日制五年制小学思想品德课教学大纲（试行草案）》，提出了开设小学生思想品德必修课的教学目标：使小学生具有良好的行为习惯和初步的共产主义道德品质，立志做有文化、守纪律、有道德、有理想的劳动者，为把他们培养成为无产阶级事

① 春泥护花——小学德育有关文件选编 [s]. 北京：中国少年儿童出版社，1997.95-208.

业的接班人打下良好的思想基础。[①]正是围绕这一教学目标，思想品德必修课以小学生热爱祖国、热爱人民、热爱劳动、热爱社会科学、热爱中国特色社会主义的新“五爱”为教育基础，以《小学生守则》为课程制度保障，结合小学生的心理发展和年龄特点，对小学生进行社会主义国家公民道德素质和行为规范的教育。这是新中国历史上首次系统化、科学化地构建小学德育课程内容体系，根据社会发展的要求和形势的需要，对教学大纲不断进行调整和修订，使思想品德课的内容更加符合小学生的年龄特征，更加有利于小学生的道德启蒙和生活。

1994年，《中共中央关于进一步加强和改进学校德育工作的若干意见》中提出要进一步全面规划和完善学校德育体系。为了进一步落实学校德育体系和学校整体规划，1997年，教育部改革委员会正式印发了《九年义务教育小学思想品德课（试行）》，用新的课程标准来代替旧的教学大纲，这在中国教育改革发展的历史上为第一次，充分说明了对德育课程的重视，并且还把小学和普通初中的思想政治德育课程整合为一个教育整体，确定了课程标准对教学目标的具体要求，提出学校要进一步完成在义务教育中，小学的思想品德课与普通初中的思想政治课整体衔接的教学任务。与以往的教学大纲相比，1997年的小学思想品德教育的课程标准在内容上更注重培养学生良好的道德素质和文明的行为习惯，突出了德育的基础性、广泛性和普遍性，在形式上更强调教学的层次性、连续性和教学的渐进性、螺旋性上升。

在这一阶段：第一，逐步确立了小学思想品德课程，明确了其质的规定性，强调了小学开设思想品德课的必要性，形成了小学德育课程初步的系统化和规范化。第二，小学思想品德课更加明确、更加有针对性，符合小学生的身心发展和年龄特征，取代教学大纲的课程标准内容明确，更加具有渐进性和针对性。第三，将小学思想品德课和初中思想政治课作为一个整体来设计，实现了中小学德育的整体衔接。

---

① 20世纪中国中小学课程标准、教学大纲汇编．思想政治卷 [s]. 北京：人民教育出版社，2001.49-127.

（三）发展期（1999 年—2012 年）

步入崭新的 21 世纪，在这个继往开来的时代，一切为了发展，但新的问题又层出不穷。于是，中央在 1999 年开始了新一轮的基础教育课程改革，在此背景下，小学德育课程也锐意改革，不断发展完善。

1999 年，中共中央国务院办公厅颁布的《中共中央国务院关于深化教育改革全面推进素质教育的决定》指出："进一步改进德育工作的方式方法，寓德育于各学科教学之中，加强学校德育与学生生活和社会实践的联系，讲究实际效果，克服形式主义倾向。"[①] 为了进一步加强对德育工作实施有效性改进，2000 年，中共中央办公厅和中共中央国务院办公厅联合向教育界发布了《关于适应新形势进一步加强和改进中小学德育工作的意见》，并明确指出，应坚持从实际出发，深入研究当前学生思想道德特点，修订九年小学义务教育思想道德素质教育的课程标准，进一步改革和完善义务教育的教学内容，努力完善和构建一套适应 21 世纪教育发展形势需要的义务教育小学思想德育的课程体系。为了完善和构建这一课程体系，2001 年，教育部对 1997 年的小学思想品德教育课程标准进行了必要的重新修订，但是随着 2001 年新课程制度改革的实施和启动，新课改把义务教育小学的初中思想品德教育课改变为小学的品德与和谐生活、品德与和谐社会，所以 2001 年的义务教育小学初中思想品德教育课程标准仅仅是起到了一个过渡的作用。

2001 年 6 月，教育部正式的《基础教育课程改革纲要（试行）》中第一次明确提出，应该把九年义务教育的基础课程的改革标准作为一个全新的整体教育课程改革标准来进行制定和设置。2002 年，教育部经国务院批准颁布了《全日制义务教育品德与生活课程标准（实验稿）》与《全日制义务教育品德与社会课程标准（实验稿）》。文件明确指出，品德与生活课程是在小学一二年级开设的，以青少年儿童的生活经验为基础，以教育和培养一个品德良好、乐于学习和探究、热爱生活的青少年儿童综合能力为主要教育目标的一门活动型社会性综合教育课程；品德与社会课程是在小学三到六年级开设的，以品德与儿童的社会性学习和生活教育课程学习为基础的，以促进小学生良好思想品德的形成

① 中共中央国务院关于深化教育改革全面推进素质教育的决定 [J]. 人民教育，1999，（07）.

和其社会性潜能发展的活动型综合教育课程。[①] 也可以这么说，课程更名后，更加地强调了活动性和学习的综合性，更好地适应我国中小学生的综合教育特点，小学德育课程也逐渐摆脱聚焦于政治形势与社会现状的运动式状态，扭转德育课程对于生活的疏离状态，强调关注学生的真实生活状态，发挥德育的个体发展功能。

2011 年，国家发布了“品德与生活”与“品德与社会”课程标准的修订版，即 2011 年版，在内容上更加与时俱进，能够体现时代的要求。坚持德育为先的教育方针理念，并根据实施情况进行删减与调整，逐渐去成人化，打破小学德育课程与学生思想实际的鸿沟，旨在促进学生的德性成长与发展。

进步发展期的小学德育课程具有以下几个特征：第一，小学德育课程特别注重小学生的心理逻辑，关注小学生的天性和个性，顺应了小学生的认知特点和行为需要。第二，强调向儿童的生活回归，构建生活化的德育课程体系，密切联系儿童的生活实际和社会实际，呈现出了社会本位的课程价值取向。第三，注重活动性德育课程，把德育寓于各式各样的活动中，引导学生主体的积极参与和主动的活动与实践。

（四）创新期（2012 年至今）

2012 年，中国特色社会主义进入新时代，对小学德育课程提出了更高的要求，党的十八大报告指出要把立德树人作为教育的根本任务，把德育上升到前所未有之高度。在这种背景下，小学德育更应该抓住机遇，创新课程，走向成熟，迎接挑战。

2014 年 10 月 23 日，中共十八届四中全会审议通过了《中共中央关于全面推进法治若干重大问题的决定》，提出我国要坚持法治与推进道德治国教育相结合，把道德和法治思想教育课程纳入社会主义国民教育的体系，在小学开设道德课程和法治课程。2016 年 6 月，教育部、司法部和国务院中华人民共和国国家普通法办公室在北京联合制定并发布了《青年法治教育纲要》，明确要求重新修订中小学一年级德育教材和课程标准，以引导学生完成其相应的德育教学内容。从 2016 年下半年的秋季学期开始，国家把小学德育教材《品德与生活》、

① 中共中央国务院关于深化教育改革全面推进素质教育的决定 [J]. 人民教育，1999，（07）.

《品德与社会》修改为《道德与法治》，体现出小学的《道德与法治》从顶层的设计上在德育课程中基本实现了统一。自 2017 年 9 月开始，全国各学校的小学一年级的教师和学生统一地使用部编版本的《道德与法治》作为德育教材，并且在学校和社会中取得了良好的反响。2019 年 1 月，教育部开始启动义务教育阶段新的课程标准的修订，因此，“道德与法治”的课程标准目前应该也正在制定中。德育课程注重以育人为本，关注人本身的需要和发展，关注德育的个体享用功能，强调只有在真实的生活中，德育课程功能才能得以实现。小学德育课程的根本目的是促进学生的德性成长，结合学生发展的特点和规律，帮助学生解决各个阶段会遇到的实际问题和真实困惑，学会过有道德的美好生活。

新中国成立的 70 余年间，小学德育课程从无到有，依次经历了萌芽期、形成期、发展期和创新期，从政治课到思想品德课，又到品德与生活、品德与社会，再到新时代的道德与法治课。小学德育课程发生了翻天覆地的变化，如从单一的政治教育到注重品德教育再到德法兼修，从政治教条灌输到建构儿童的道德生活，从满足社会的要求到满足社会发展和个体发展的共同需要，从“一纲多本”、选择使用到“一纲一本”、统编统审统用。但“不变”的是小学德育课程的初心——教育方针中培养全面发展的社会主义建设者和接班人。展望新时代，小学德育课程的发展，应做到三点：第一，把小学德育课程置于“大中小学德育一体化”的整体框架之中，循序渐进、螺旋上升地设计小学德育课程。第二，以儿童为中心，构建儿童的道德生活，包括儿童与自己、他人、社会、国家、世界的交往生活，超越个体，实现个体与社会的融合。第三，构建“大德育”课程内容体系。德育不仅仅是设立政治课，也不只是设立思想品德课，而是包含着道德教育、法治教育、传统文化教育和心理教育等等多个层面的“大德育”。德育内容既要有稳定的一面，也要与时俱进，体现时代性。

二、主要成就

通过这 70 多年的发展，我国的小学德育课程取得了一些重大成就，对大中小德育一体化的建设也已经提上日程，但同时也存在着一些实践中的不足，需要加以改进。

小学德育课程取得的显著成就主要体现在理论构建、课程体系、课程实施三个方面。

（一）德育理论完备

理论指导实践，德育课程的成就离不开德育原理的支撑。经过了70余年的借鉴，吸收，改造和创新，德育的理论已经趋于完备，逐步形成了一套符合中国国情的德育理论体系。

第一，德育观念革新。赫尔巴特将道德教育和教育等同起来，把道德教育泛化固然不对，但也足以证明德育在教育中的重要性。随着时代的发展，我国的德育思想观念已经形成体系，以共产主义、社会主义的道德理想为基础，以辩证唯物主义和历史唯物主义的观点为指导等等，显示我国德育思想观念的独特性和优越性。德育要解决的矛盾就是求善、知善、行善，德育是有规律可循的，发现规律、遵循规律、利用规律，德育不再是杂乱无章的，德育的系统性已经深入人心。

第二，德育相关概念细化完备。德育固然是教育的一部分，但也有自己独有的概念和范畴划分。德育具有独立性，包括政治教育、思想教育、道德教育和法律教育，德育的特点、功能、内容、途径都有着明确的划分，随之繁衍出了德育过程论、德育方法论、德育评价论等一系列的子研究。

（二）德育实施规范

德育课程不是一个空壳子，能否实施才是关键。有科学系统的德育理论和课程理论的指导，德育课程在实施方面得到了贯彻。

第一，教材贴合实际。翻开小学德育的相关教材，主要是《道德与法治》，可以清晰地看到，每课的知识非常贴心又实用。比如一年级上册，随着冬天到了，天气转寒，课本上就出现了冬天的保健这一课，写到了如何保暖，预防感冒的问题。三年级的课本上涉及老师父母，学校家庭的各种问题，五年级的课本上就出现传统文化，祖国的大好河山。可以看出，随着年龄的增长，教材的内容有所改变，语言的叙述上理论性逐步增强，图画图表也渐渐脱离了幼稚。另外，教材的字体较大，背景呈浅黄色或浅绿色，显然是考虑到了学生的眼睛保护问题，排版美观，印刷精美，无一不体现出教材编制和使用的用心。

第二，教师道德水平高。随着高等教育大众化，高层次的人才越来越多，小学教师的门槛也增高了，一些市区的小学教师已经达到了硕士甚至博士学历，高素质的教师潜移默化地影响学生，尤其是在德育方面，更能体现这种作用。对于一些知识性较强的语文、数学等学科，教师的经验或许更为重要，但在德育方面，教师道德能力大于经验水平。有责任心、风趣、幽默、懂得多的高智商、高情商教师更受学生的喜爱，道德与法治这门课在学校中也更受学生的推崇，在实施上更能发挥德育课程的最大价值。

第三，教师的教学水平高。这里体现了课程与教学的交叉部分，课程实施体现在教学过程中，同样，教学过程也是课程实施的过程。由于教师的理论知识扎实，深谙学生的心理特征和年龄特点，能够掌控课堂。这里的教学水平不仅仅指教学能力，还包括课堂管理，课堂时间分配等课上和课下的各个方面。小学德育课程是一门活动性的学科课程，在课上多采用活动式的教学，容易出现课堂秩序混乱、主题偏离等问题，教师教学水平的提高有效地减少了这些问题的发生。

第四，课程与教学的研讨会及时有效。在德育实施的过程中，难免会遇到各种问题，这时候就需要集思广益，寻求解决的办法。研讨会或是教研会的重要程度不亚于平时的教学活动，教师不仅是教育者，更是管理者、研究者，研讨会是提高教师水平能力的重要途径。目前基本上每个县市都会定期开展研讨会，汇总问题，进行讨论和解决，有助于小学德育课程的顺利实施。

（三）德育体系科学

德育课程的发展离不开课程理论的发展。近些年来，我国课程理论已经走出了大课程论或大教学论的误区，一味将课程或教学泛化，会阻碍课程理论和实践的发展进程。课程和教学也并不是相互独立的，而是像锁链一样紧紧地拷在一起，有相互纠缠的中心，也有着各自的边缘界限。在这种理论的支撑下，课程的发展迅速，随着新课改的逐步推进，课程体系也不断完善，随之带动德育课程的改革。由于有着理论支撑，德育课程在课程目标、课程内容、课程结构等方面更加科学，课程编制更加规范。

三、不足之处

成就和不足都是并存的，但成就是第一位的，不足是第二位的，小学德育课程的不足是需要进行改进和解决的，在大的方面有着“教育指挥棒”带来的负面影响，轻易不能够得到解决。但在德育课程实施的问题上，是能够通过教师、家长和学校去解决的。

（一）学校对德育课程不够重视

在小学教师中可以看到这样的现象，往往一位教师身兼数职，教语文的同时代课道德与法治，或者上数学课时顺便教一教道德与法治课。这并非是教师的忽视，而是学校的不重视。由于受应试教育和“唯分数”论的影响，小学的期末考试语文、数学和英语占据很大的比重，就会出现这节明明是道德与法治课却还在上着语文、数学和英语等课程。

（二）资源利用不够充分

第一，学校周边的资源得不到充分利用。现在学校越来越重视安全问题，唯恐出现安全隐患，太过于封闭往往就会影响教学效果。德育课需要开阔的视野，例如在讲传统文化的时候，可以带领学生去周边的博物馆参观，教师实时讲解，更助于学生的理解，收获满满。

第二，教学资源不能够充分利用。并不是所有教师都一样的优秀，有些教师苦思冥想，也想不到一个好的创意，课堂效果差；有些教师才华出众，很受欢迎，如何建立他们之间的互通，进行互帮互助就成为问题。还有每年省里都会举行教师技能大赛，这可以成为一个契机，把优秀的教学设计和讲课资料视频打包传送给每个学校，每位教师，或者将好的创意大面积推广，受益的不仅仅是教师，学生也会受益终生。

第二节　小学德育发展特点

对于新中国成立以来小学德育课程的历史回顾，旨在明确小学德育课程沿革的逻辑特点。将课程政策、教材与教学方法作为小学德育课程的核心立足点，从这三个重要维度来揭示小学德育课程沿革的逻辑特点，有助于理清历史脉络，把握内在发展规律。

一、小学德育课程政策的制度逻辑

历史制度主义主张历史的动态性与制度的动态性。在结构观中，强调政治制度等对公共政策及实施结果的重要作用；在历史观上，强调政治生活中路径依赖和制度变迁的特殊性。在此基础上，历史制度主义认为制度的变迁包括常态期与关键转折点：常态期表现为路径依赖的规律，关键转折点表现为制度断裂时期的突破与再平衡。因此以历史制度主义为视角，结合宏观背景与历史性的脉络梳理，分析小学德育课程政策的变迁逻辑，有助于得出科学有效的结论。

由政治化、社会化的调控转向适用性、人本性的内需。新中国成立初期，小学德育课程以服务于国家政治为根本任务，凸显了政治引领性。改革开放时期成为小学德育课程政策的关键转折点，实现了政策的断裂与再平衡，课程的正式设立恢复了小学德育的重要地位。在改革开放稳步推进的过程中，历史制度主义所指出的路径依赖特征得以显现，小学德育课程逐渐聚焦社会发展形势与国情。小学德育课程以维护社会稳定、促进现代化建设为基本任务。作为对改革开放逐步深化的回应，素质教育的提出满足了改革开放以来提高全民族素质的迫切要求与根本任务，小学德育课程以回归学生实际生活为核心主题的政策倾向显示出对于德育课程适用性的关注，再次成为小学德育课程政策的关键转折点。改革开放不断释放教育的活力，推进了小学德育课程的纵深发展。

提出“接班人”“建设者”“合格公民”等使命深远的培养目标。改革开放初期，学校德育侧重于实现恢复社会秩序的政治价值，直接服务于培养共产主义事业“接班人”这一课程目标。改革开放在始终坚持以经济建设为中心的同时，也对人才培养提出了更高的要求，因此，着重培养社会主义事业“建设者”的目标日益凸显。伴随改革开放背景下建设社会主义民主法制社会的需求，“合格公民”的培养目标被提出。小学德育课程的最终目的指向于为培养合格公民奠定基础，强调在课程内容中加入民主法制教育。法治课程的设立促进了公民素养教育的展开，国民教育体系把法治教育纳入后，公民素养的教育更为凸显，表达更为具体与细化。

二、小学德育课程教材的价值逻辑

德育教材承载着德育课程的核心精神与思想，同时也体现着一定阶段与课程教材的价值关系。“价值关系，是主体与客体之间一种客观的基本关系”。[①] 价值关系基于需要，这种需要的深层逻辑蕴含着其中的规律与相互作用。在不同的历史时期，小学德育课程的教材基于不同的价值取向呈现出不同的逻辑与样态。

由理想教育的革命逻辑转向道德教育的生活逻辑。新中国成立初期关注小学德育课程的政治性功能，强调教材对于国家政治意识形态的承载，教材中的政治线索十分明显，教材强调通过英雄事迹与历史事件对学生进行革命理想教育，以实现意识形态的系统传授。改革开放后的教材编写越来越关注不同年龄段学生的思维发展特点，摆脱知性德育的束缚，体现时代性特征，突出爱国主义教育与国情教育，回应我国进入改革开放与社会主义建设新时期对于教材的新要求，教材基于生活教育模式梳理学生的道德生活，在教材与学生的德性发展间建立有机联系，将这种生活逻辑寓于有神无形的教材呈现中，让教材更加贴近学生的生活，构建学生的道德生活。通过真实的生活事件整合各方面的教育内容，增加课程与学生道德成长的本质性联系。

由成人化的认知取向转向“童本”化的互动交流。改革开放前的教材成人化色彩较为浓厚，道德灌输的痕迹较为明显，无法联系学生的生活实际，将学生作为被动接受知识灌输的工具，导致学生无法理解。素质教育提出后，随着政治教育逐渐在小学阶段被淡化，德育课程开始突破思想政治的教育模式。为了进一步培养学生的综合素质，综合课程改变以往过于强调学科本位与知识逻辑的教材编写原则，对相关学科的内容知识进行统整，体现综合性与融合性。“品德与生活”和“品德与社会”的教材以生活德育为基本理念进行编写，将教材内容进行综合组织，消除知识界限与学科壁垒，极大地促进了教材建设的全面性与立体性，以实现教材与学生的深层交流与互动。当前的“道德与法治”

① 李德顺 . 价值论 [M]. 北京 : 中国人民大学出版社 , 2013:108.

的教材摒弃基于畏惧心理的“法制”教育模式与填鸭式的教学方法，强调法律精神与法律意识的培养，代替法律文本知识的灌输，促进学生将道德法治观念内化于心、外化于行，以实现全面发展。对于低年级的学生，运用与其生活经验直接联系的生活情境渗透法律知识与文件精神，对于高年级的学生，运用其熟悉的生活事件讲解法律的意义与作用。

三、小学德育教学方法的实践逻辑

德育教学是德育课程实践落地的关键手段，应秉承实践本身的客观性、能动性和社会历史性对德育课程的教学方法进行分析。教学方法与相应发展阶段的政策、教材内容有着紧密的关系，综合应然路径与实然路径的深入分析，可以更好地明确德育方法的发展逻辑。

由被动灌输转向主动体验。起初，德育课程教材作为国家政治意识形态的有效载体，偏重于德育的政治功能。这种革命道德的教育囿于教材的革命化特征，教学方法以灌输式的强制方式为主，但教育政策与小学德育实践都促使了对于灌输式德育的反思与改进。这也成为此阶段教学方法的探索目标与方向，以助力小学生的品德发展从传统的外部灌输逐步转向由学习者通过主客体相互作用从内部主动建构的过程。加之重视学生思想道德认识与判断能力的逐渐提高，以及道德情感与行为的培养，因此，灌输式教学方法逐渐受到排斥。基础教育课程改革强调改变死板教条的被动学习模式，倡导学生在课堂中的主动参与。小学德育课程不是对学生进行单向的道德知识与道德原则的传递与接受，应注重提升方法本身的教育性，道德学习应突出其实践性品质，这也是学生本位的小学德育课程应有之义。

由单向传授转向多维对话。新中国成立初期，小学德育政治化的倾向决定了课程以单向传授为主的教学方法。教材中的政治术语成为主要内容与高频词，而小学生凭借有限的生活经验与知识积累无法进行有效反馈与互动，使得单向传授的义务性德育的弊病逐渐显露。小学德育教材需要摆脱说教与灌输式的硬性结构，遵循小学生思想品德形成的规律。因此，启发式教学逐渐成为广泛推崇的教学方法，它注重关心学生的内心世界与精神世界，旨在建立教学方法与学生品德发展的内在联系。灵活开放的教学方法促进了多维互动对话的发展，小学德育课程强调创设以学生为本的德育活动，带领学生进入真实情境，提供对知识与技能的自主探索机会，以实现学生经验的积极唤醒、运用、整理与交流。这些方法基于经验论课程观和建构主义教育理论，旨在增加学生的道德理性认识，丰富其道德情感体验，深化其道德实践感悟。

第三节　小学德育发展趋势

现在社会的发展历程，也是人们对德育认识不断深化的过程，也是小学德育课程逐步走向完善并开拓创新的过程。结合新中国成立以来德育课程发展沿革的特点，德育课程的发展趋势包含三个逻辑。

一、向人本逻辑的方向发展

在道德教育中，人本逻辑是基于人性，以现代人文主义精神为价值取向，从学生现实个性出发，以学生为道德教育的主体，关注学生个性的发展。可以说，关注学生的发展、促进学生的发展、实现学生的发展是人本逻辑的必由之路。

我国小学品德课程在改革开放前一直是一种政治逻辑，即作为政治教育的工具，附庸于政治运动而存在，遮蔽了人的价值。改革开放后，虽然品德课程已逐步“去政治化”，但品德课程依然提到“树立正确的政治方向”，可见仍具有一定的政治色彩。[①] 在发展期，德育课程逐渐摆脱了政治化倾向，培养具有良好行为习惯和优秀品德、热爱生活、乐于探究的小学生，促进学生个体的社会性发展。因此，从品德课程的政策来看品德课程的目标转向，品德课程愈加注重学生作为人的发展，关心学生品德养成，注重学生态度、道德行为、道德意志、道德能力等方面的培养。可见，德育课程实现了由关注政治功能向关注社会中的主体的转向。

---

① 张丽敏，谢均才 . 中国大陆小学品德教科书中榜样的嬗变——人民教育出版社 1999 年版和 2005 年版小学品德教科书内容分析 [J]. 教育学报，2016，（3）.

二、向生活逻辑的方向发展

学校课程的发展应遵循一定的学科逻辑，而小学德育课程的结构安排也不应例外。1981 年，小学德育课程作为一门独立课程出现，随着国家各部门对品德课的规划，品德课程逐渐遵循自身的学科逻辑发展，有了明确的教育目标、教育内容、教育结构、教育体系和评价方式。但是，这种学科化的德育过于注重学科的结构逻辑、叙事的宏大性及道德知识的授受，可能会造成学生自身生命价值的缺失，缺乏对道德内在机理的认识。所以，发展期和创新期的小学德育课程改革面向的是生活逻辑，即德育要回归生活世界，通过各个生活场景的选择来进行德育课程内容的安排。

自改革开放以来，小学德育课程经历了由宏大叙事学科逻辑向生活逻辑转变的转变，主要表现在以下几点。一是明确了生活逻辑的内涵与特征。生活即人为了生存和发展而进行的一系列活动，指人存在的状态，而这里的生活则是指小学生在生活中通过生活而进行生命动态的展开，指向的是人之成为人的过程。生活逻辑是把握生活理路，将自然社会空间中的一切可利用的物质文化、精神文化、制度文化为人所用，从而实现人的价值。二是从德育课程本身来说，课程的生活逻辑向学生呈现出原生态的生活本身，将人从抽象思维中剥离出来，让人在实际生活中感受生活本真。三是从德育课程内容呈现来看，学科之间的逻辑过于严肃化，不符合学生身心发展规律，而生活化的逻辑则将学生作为主体，将时空的排列以人为基点，实现横向纵向的延伸。

三、向实践逻辑的方向发展

德育课程的良性发展如果要凸显出生活逻辑，就必须追求理论逻辑与实践逻辑的有机结合。第八次课程改革中提到，“立足于学生现实的生活经验，着眼于学生的发展需求，把理论观点的阐述寓于社会生活的主题之中，构建学科知识与生活现象、理论逻辑与生活逻辑有机结合的课程模块”，即在“人本主义”理论逻辑的指导之下来实现生活逻辑与实践逻辑的统一。[①] 德育课程发展至今，愈加强调面对学生社会生活实际，落实到学生实际生活中去了解人与环境的相

---

① 林玉忠 . 思想政治课凸显生活逻辑课堂教学策略 [J]. 北京教育学院学报 , 2010（3）.

互关系。

德育课程越来越把握理论逻辑与实践逻辑之间的张力，把可能的道德生活转化为现实的道德生活需要。一方面基于实然的生活，构建一种应然的生活状态，从生活中挖掘有关道德的知识。同时，将德育课程教材立足于学生的生活，通过多渠道、多路径的实践活动，将知识形态的德育转化为生活形态的德育，唯识论向生活经验论转变。另一方面，要在外塑学生主体意识的同时让学生主动参与道德活动，在实践中促进学生学会反思及学生道德精神的养成。

第六章　新中国成立以来小学劳动教育发展研究

习近平在2018年全国教育大会上提出："培养德智体美劳全面发展的社会主义建设者和接班人。"[①] 德、智、体、美、劳，"五育并举培养人"成为新时代各级各类学校的重要使命。但长期以来，劳动教育相对德、智、体、美四方面的教育仍相对薄弱，核心素养提出后劳动核心素养的界定和生成路径尚不明确。小学是基础教育的开端，也是学生形成价值观念、构筑知识框架、初步培养能力、养成生活习惯的关键阶段，在新的历史背景下如何进一步加强小学劳动教育、更好培育小学生劳动核心素养，需要进一步研究探讨。本章梳理了新中国成立以来我国劳动教育的发展历程，试图从中得到有益的启示，并在解析当前小学劳动核心素养的基础上，从学校角度出发讨论小学劳动核心素养的生成路径。

第一节　小学劳动教育发展沿革

新中国成立前夕，《中国人民政治协商会议共同纲领》将"爱劳动"列为公民五项公德之一，劳动也成为教育必须重视的领域，我国在劳动教育领域历时70余年的探索就此展开，其理论和实践成果集中体现为劳动教育方针政策的演变。随着经济社会的发展，我国劳动教育方针政策大致经历了与生产劳动相结合、与素质教育相融合和与全面育人相契合三个历史时期。

① 习近平. 坚持中国特色社会主义教育发展道路　培养德智体美劳全面发展的社会主义建设者和接班人 [J]. 儿童发展研究，2018(03):1-4.

一、1949—1977 年，劳动教育与生产劳动相结合

1949 年，第一次全国教育工作会议提出教育为工农服务、为生产建设服务。从教育方针的高度明确了教育要为劳动和劳动者服务。1954 年，中央宣传部《关于高小和初中毕业生从事生产劳动的宣传提纲》提出要“使孩子们从思想上认识到劳动是光荣、崇高的事业，劳动是一切文明幸福生活的来源，指导孩子们适当地参加有利于智力体力发展的生产劳动，使孩子们在劳动中培养锻炼出健康耐劳的体格、坚韧不屈的意志、遵守劳动纪律的精神和爱好劳动的习惯，以便献身于建设社会主义的伟大事业。要使孩子们明白学习的最终目的就是为了更好地从事生产劳动”。[①] 提纲指出了中国教育的任务和学生学习的目标是生产劳动，强调了劳动教育的重要意义，并初步提出了劳动教育的任务、内容和方式，对劳动教育的发展起到指导和推动作用，引发了教育界对劳动教育的进一步探索。但该纲要更多地强调了对学生思想、认识、观念、意志、精神等方面的要求，而没有更加关注知识技能方面的提升，对劳动教育的形式也没有明确规定，只是笼统地提到适当参与有利于智力、体力发展的生产劳动。在之后一年的劳动教育实践探索中，学校大多利用课外活动时间采取参观、阅读、听报告、体力劳动等方式进行劳动教育，在收到一定成效的同时，也凸显了在劳动知识技能教育和劳动教育课程建设等方面的欠缺。1955 年教育部发布《关于初中和高小毕业生从事生产劳动的宣传教育工作报告》，提出“今后进行劳动教育，除注意培养劳动观点和劳动习惯外，还应注意进行综合技术教育，使学生从理论和实践上懂得一些工农业生产的基础知识”。[②]1956 年，教育部发布《关于普通学校实施基本生产技术教育的指示（草案）》，对劳动教育中生产技术教育的课时量和教学要求做出了明确规定。随着上述一系列文件的出台，教育界开展了多方面卓有成效的探索，推动我国小学劳动教育逐步走向规范化。

1957 年，毛泽东提出把培养全面发展的劳动者作为社会主义教育的根本目标。1958 年，中共中央、国务院《关于教育工作的指示》提出“党的教育工作

① 中共中央宣传部 . 关于高小和初中毕业生从事劳动生产宣传提纲 [J]. 人民教育，1954(06)：7-10.

② 何东昌 . 中华人民共和国重要教育文献（1949—1975）[M]. 海口：海南出版社，1988：450.

方针是教育为无产阶级的政治服务，教育与生产劳动相结合……在一切学校中，必须把生产劳动列为正式课程。学生必须依照规定参加一定时间的劳动”。[①] 由此，全国掀起了教育与生产劳动相结合的教育改革热潮，劳动教育得到普遍重视，生产劳动作为课程得到大力推行。然而在“大跃进”影响下，在劳动教育实践中逐渐出现了崇尚生产劳动、轻视课堂教学的情况，以及将劳动教育简单误读为体力劳动的倾向。这些倾向到了“文革”时期愈演愈烈，劳动教育被赋予过多政治意义，人们对脑力劳动与体力劳动、知识学习与生产劳动的认识出现严重偏差，甚至生产劳动客观上被当作了惩戒和斗争的手段，劳动教育探索出现了偏差。

这一时期，党和国家明确了教育目的是培养社会主义劳动者，确立了教育与生产劳动相结合的教育方针，为劳动教育发展奠定了基础；教育界对劳动教育的内容和形式进行了广泛且深入的探索，为劳动教育实践积累了丰富经验。这一时期的小学劳动教育内容侧重于生产技术教育，实施过程则采取直接与生产劳动过程相结合的形式，在培养劳动习惯和劳动技能方面取得显著成效；但由于当时的劳动教育尚不成熟，教育界还没有形成正确的劳动观和劳动教育观，叠加特殊的政治社会环境因素，导致了对劳动教育内涵的简单误读和以生产劳动代替课堂教学的曲折探索。

二、1978—2018 年劳动教育与素质教育相融合

1978 年，邓小平同志在全国教育工作会议上强调：“我们必须认真研究在新的条件下，如何更好地贯彻教育与生产劳动相结合的方针。”[②] 经济社会发展的新形势、新问题、新特点对人才培养提出了新要求，迫切需要转变重体力劳动、轻脑力劳动的观念偏差，迫切需要改变劳动教育中的种种错误做法，劳动教育领域的“拨乱反正”引领我国教育事业回归正轨，推动改革开放顺利实施和经济社会健康发展。结合新的时代背景和正反两方面的经验，我国劳动教育掀开了新的历史篇章。

① 中共中央，国务院 . 关于教育工作的指示 [J]. 江苏教育 , 1958(18):4-6.

② 邓小平 . 邓小平文选：第二卷 [M]. 北京：人民出版社 , 1994:103-110.

1982年，教育部印发《关于普通中学开设劳动技术教育课的试行意见》，要求根据不同年龄段学生的特点合理设置劳动教育内容和形式，劳动教育课程建设逐步向规范化、科学化、一体化方向发展。1985年，《中共中央关于教育体制改革的决定》指出，教育要为经济社会发展“造就数以亿计的工业、农业、商业等各行各业有文化、懂技术、业务熟练的劳动者”[①]。劳动教育因其在培养劳动者生产技术方面不可或缺的重要作用而受到进一步重视，明确了为提高劳动者素质、促进经济社会发展服务的任务方向。1987年《全日制小学劳动课教学大纲（试行草案）》提出“通过自我服务劳动、家务劳动、公益劳动和简单的生产劳动的教育和实践，提高学生对劳动意义的认识，逐步培养劳动观点，养成劳动习惯，具有初步的生活自理能力，并掌握一些简单的劳动知识技能”。[②]1992年《九年义务教育全日制小学劳动课教学大纲（试用）》确定了劳动课教学目标，即培养基本劳动知识技能、正确劳动观念、良好劳动习惯、热爱劳动和劳动人民的感情。教学大纲为学校劳动教育的实施提供了基本遵循和标准化的参考，通过多年探索，劳动教育的内涵更加丰富、课程目标更加明确、实践方式更加多样化。1993年《中国教育改革和发展纲要》明确将教育与生产劳动相结合写入教育方针。在政策层面，劳动教育已经回归正轨并逐渐走向成熟。但由于在过去相当长的时期内劳动教育被简单等同于体力劳动，而在市场经济下，脑力劳动者相对于体力劳动者在收入、待遇、社会地位等方面的优势日益凸显，社会大众普遍更倾向于从事脑力劳动，传导到教育界，则逐渐形成了重视智育、轻视劳育的倾向；再加上当时的经济社会发展客观上仍然存在水平偏低、分布不平衡等问题，各地区教育资源普遍不足，而劳动教育对设施设备、师资力量等教育资源要求较高，劳动教育在实施过程中遇到了主观和客观上的困难。

1999年，中共中央、国务院《关于深化教育改革全面推进素质教育的决定》强调教育与生产劳动相结合是培养全面发展人才的重要途径，要求各级各类学校进一步加强和改进劳动教育。这是在全国大力推进素质教育的大背景下对劳

① 中共中央．中共中央关于教育体制改革的决定[J]. 师范教育，1985(06)：6-12.

② 国家教育委员会．全日制小学劳动课教学大纲（试行草案）[J]. 人民教育，1988(01)：5-7+25.

动教育价值的再次确认，将劳动教育融入素质教育改革体系，劳动教育迎来新的机遇和挑战。2001 年，国务院《关于基础教育改革与发展的决定》要求中小学“加强劳动教育，积极组织中小学生参加力所能及的社会公益劳动，培养学生热爱劳动、热爱劳动人民的情感，掌握一定的劳动技能”①。把参加社会公益劳动作为加强劳动教育的重要方式，并从情感态度和价值观、知识技能方面对劳动教育提出明确要求。教育部《基础教育课程改革纲要（试行）》明确规定综合实践活动的必修课程地位，通过该纲要关于综合实践活动课教学内容的表述可以看出，其中大部分属于劳动教育内容，由此，在劳动教育具体实施中，综合实践活动课成为其主要载体。在前面两份文件的指导下，劳动教育实践形成了综合实践活动课和社会公益劳动相结合的格局。但在应试教育影响下，相当一部分学校把综合实践活动作为其他课程的补充，在课时量、师资力量等方面尽量压缩，甚至实际上并没有开设这门课程，使综合实践活动课变成了“补课课”或者“只存在在课程表上的课程”；社会公益劳动更是鲜有学校花费时间和资源组织开展，劳动教育实际成效大打折扣。

2010 年，《国家中长期教育改革和发展规划纲要（2010—2020 年）》提出要“开发实践课程和活动课程，增强学生科学实验、生产实习和技能实训的成效。充分利用社会教育资源，开展各种课外及校外活动。加强中小学校外活动场所建设。加强学生社团组织指导，鼓励学生积极参与志愿服务和公益事业”②。纲要进一步明确了劳动教育在学校课程、课外活动等方面的具体内容和形式，并从社会教育资源、校外活动场所建设、学生社团等方面提供开展实践活动的客观条件，为学校劳动教育的实施提供了更加全面和详细的指导，为提高劳动教育实际成效提供了依据和保障，推动劳动教育理论和实践进一步深化。

这一时期，社会主义现代化建设对劳动者素质提出了更高要求，教育与生产劳动相结合的方针得到传承和巩固，劳动教育在素质教育的大背景下得到重塑，以促进劳动者素质提升、推进素质教育为导向，融入了素质教育的育人体

① 国务院 . 关于基础教育改革与发展的决定 [J]. 人民教育 , 2001(07):4-9.

② 中共中央，国务院 . 中共中央　国务院印发　国家中长期教育改革和发展规划纲要（2010-2020 年）[J]. 人民教育，2010(17):2-15.

系。小学劳动教育主要以综合实践活动课程为载体，其目的、原则、内容、方法等逐步规范，在提升小学生劳动意识、劳动能力方面发挥了积极作用；学校组织的志愿服务和公益活动作为劳动教育的必要补充，有助于小学生了解社会现实和社会责任感，从而培养对劳动的正确认识和深厚感情。然而，由于社会大众对劳动教育的误解和对体力劳动的偏见，劳动教育面临一些现实的困难；社会主义初级阶段，教育资源仍相对缺乏，人民平均受教育水平相对较低，高等教育升学率相对较低，导致应试教育倾向较为明显，学校普遍对直接影响学生日后升学的课程重视程度较高，对劳动教育的重视程度不够，劳动教育实施经常受到干扰，有关方针政策一定程度上没有得到充分落实。

三、2012 年至今劳动教育与全面育人相契合

2012 年，党的十八大报告强调要营造劳动光荣、创造伟大的社会氛围，推动我国由人才大国迈向人才强国。劳动教育在培养正确劳动价值观、增强创造意识和创造能力方面具有重要作用，是推动我国人才强国建设的必要途径。2017 年，党的十九大报告提出要“建设知识型、技能型、创新型劳动者大军，弘扬劳模精神和工匠精神，营造劳动光荣的社会风尚”[①]。对新时代劳动者的能力和品质提出了具体要求，再次强调了劳动光荣的鲜明价值导向。从两次党的全国代表大会报告中可以看出，新时代崇尚劳动与创造，新时代呼唤高素质的劳动者，新时代的人才必须具备正确的劳动价值观、积极的劳动精神和适应时代需要的知识技能。在新时代，劳动教育的价值进一步凸显，教育界重新审视劳动教育在教育体系改革发展中的意义和地位，开始着力探讨新的时代对劳动教育提出的新要求，探索劳动教育在新的时代应当呈现出的崭新面貌，劳动教育也随之步入了新时代。

2015 年，《关于加强中小学劳动教育的意见》提出要明确劳动教育的主要目标、坚持劳动教育的基本原则、抓好劳动教育的关键环节、完善劳动教育的保障机制。这是教育部、共青团中央、全国少工委首次联合发布指导意见，体

① 习近平 . 决胜全面建成小康社会 夺取新时代中国特色社会主义伟大胜利 [N]. 人民日报，2017-10-28(001).

现出国家层面对劳动教育的重视提高到前所未有的程度。该意见中四个方面的要求是对劳动教育理论和实践经验的总结提升，对劳动教育各方面问题进行了较为系统、全面的规定，具有很强的指导性意义，勾画了新时代劳动教育的应有面貌。2017 年，教育部《中小学综合实践活动课程指导纲要》明确中小学综合实践活动课课程目标为价值体认、责任担当、问题解决、创意物化，推荐并说明了活动主题、目标、内容、方式等，对课程的规划与实施、管理与保障提出指导意见，为中小学综合实践活动课程教学提供了操作依据，在教学实践中发挥了课程标准、甚至教材和教学参考书的作用。上述两个重要文件的出台，使小学劳动教育在新时代有了明确的指导，使其能够沿着正确的轨道健康快速发展；在经济社会发展水平进一步提高、教育资源更为丰富、人民思想观念更加开放的时代背景下，小学劳动教育面对的主客观条件相对于过去都大为改善，理论研究与教育实践广泛深入开展。

2018 年，习近平总书记在全国教育大会上将劳育与德育、智育、体育、美育并列，认为劳动可以树德、可以增智、可以强体、可以育美，提出“要在学生中弘扬劳动精神，教育引导学生崇尚劳动、尊重劳动，懂得劳动最光荣、劳动最崇高、劳动最伟大、劳动最美丽的道理，长大后能够辛勤劳动、诚实劳动、创造性劳动”①。劳动教育地位和价值得到进一步凸显，目标和任务得到进一步明确。同时，习近平总书记的讲话也点明了弘扬劳动精神对学生思想和行为的影响，成为开展劳动观教育的重要遵循。2019 年全国教育工作会议进一步强调要狠抓劳动教育，从加强引导、找好载体、用好校内外资源等方面提出具体意见。由此，教育行政部门更加着力推进劳动教育改革发展，多个省市相继出台了相应的劳动教育指导性文件，结合当地特色规定了具体的目标、内容、措施和保障机制。如今，劳动教育理论和实践更加丰富和成熟，新的劳动教育改革正在展开。

在这一时期，劳动教育对培养新时代劳动者的独特作用受到高度重视，对促进人的全面发展和建设中国特色社会主义的独特价值受到高度重视，并因其

① 习近平 . 坚持中国特色社会主义教育发展道路 培养德智体美劳全面发展的社会主义建设者和接班人 [J]. 儿童发展研究，2018(03):1-4.

与全面育人要求的契合性，再次从国家教育方针的高度，获得了与德育、智育、体育、美育并列的地位。相对于过去，这一时期的劳动教育对马克思主义劳动观有了更加全面而深刻的把握，更加充分体现了劳动教育对促进人的全面发展的作用；在一系列政策措施的指导下，小学劳动教育内涵更加准确和丰富，实践更加科学和规范，更加注重实际的教育效果，更加注重学生在劳动方面素质的提高，更加注重与其他四育共同实现全面育人。可以说，我国小学劳动教育进入了一个全新时期。

第二节　小学劳动教育发展启示

一、劳动教育价值的独特性

劳动作为最重要的实践，创造了价值，也创造了人本身，改造着世界，也改造着人本身。在劳动中，形成了人类最重要的社会关系——生产关系，推动人类社会发展和变迁。马克思主义认为，教育“就是生产劳动同智育和体育相结合，它不仅是提高社会生产的一种方法，而且是造就全面发展的人的唯一方法”①。这一论断彰显了劳育相对于其他类型教育的独特地位，彰显了劳动教育对社会和人的发展的重要作用，将劳动教育的价值提到了实现教育本质和目标的高度。

（一）劳动教育促进社会发展

劳动教育联系教育与社会，直接体现教育的出发点和归宿。作为人民民主专政的社会主义国家，我国教育以马克思主义为指导，目的是培养合格的社会主义建设者和接班人。在我国育人体系中，劳动教育既是手段也是目的。高素质的劳动者通过自己的劳动推动经济社会发展，推进社会主义现代化建设，通过劳动去创造更加美好的生活，通过劳动巩固和发展中国特色社会主义，从而实现教育的服务功能。

（二）劳动教育促进人的全面发展

劳动教育相对于其他四育，更加体现出价值导向和实施过程上的实践性，

① 马克思．马克思恩格斯文集：第九卷 [M]. 北京：人民出版社，2009:340.

学生能够在劳动教育中获得直接的经验和感受，成为其构建正确思想观念的鲜明底色，也成为其发展其他各方面能力素质的基点和依托。同时，劳动教育过程通常以任务为载体，学生能够综合运用德、智、体、美、劳各方面知识与技能，同时激发进一步学习、探究的积极性。劳动教育无论作为独立课程还是其他课程中的教学方式，都体现着教育的整体性和社会主义教育促进人的全面发展的价值追求。

二、劳动教育内涵的丰富性

新中国成立以来，我国通过长期的探索和尝试，积累了大量的经验教训。通过实践可以看出，劳动教育的目标并不只是培养体力劳动者，劳动教育的内容并不限于生产技术方面的知识和技能，劳动教育的实施更不能直接照搬生产劳动过程、甚至直接被生产劳动所替代，将劳动教育等同于生产劳动的观点和做法是片面的，不利于劳动素养的持续提升，不利于人的全面发展。劳动教育具有其独特而丰富的内涵。

2018 年全国教育大会之后，我国教育界掀起了劳动教育理论研究和实践探索的高潮，在劳动教育研究者的争鸣中，逐渐厘清了劳动教育的内涵。目前，受到较为广泛认可的观点是："劳动教育是以促进学生形成劳动价值观（即确立正确的劳动观点、积极的劳动态度，热爱劳动和劳动人民等）和养成劳动素养（有一定劳动知识与技能、形成良好的劳动习惯等）为目的的教育活动。"① 需要特别说明的是，"劳动素养"有广义、狭义之分。上述概念中的"劳动素养"是狭义劳动素养，主要是指知识、技能和习惯；而广义的劳动素养包括劳动价值观、劳动的知识与能力、劳动习惯等在实践中逐步形成的有关劳动的修养。

从广义的劳动素养概念出发，劳动教育是"提升学生劳动素养的教育活动"。劳动教育的目标是提升劳动素养，将劳动教育目标具体化即可梳理出劳动教育的丰富内涵，包括劳动观点、劳动态度、劳动情感、劳动知识与技能、劳动习惯等方面的各种形式的教育活动，它们共同构成了相互关联、相互促进的劳动

① 檀传宝 . 劳动教育的概念理解——如何认识劳动教育概念的基本内涵与基本特征 [J]. 中国教育学刊 , 2019(02):82-84.

教育体系。

三、劳动教育方式的多样性

劳动教育与社会实践紧密结合，与德育、智育、体育、美育相互渗透，包含了正确劳动观念、必要知识技能、良好劳动习惯等多方面任务，这些特点直接决定了劳动教育不可能也不应该采取单一的方式。在劳动教育 70 余年的探索中，除去“文革”期间直接以生产劳动替代学校教育的阶段，也暂且不讨论将劳动教育因素融入各类学科课程的情况，我国劳动教育大致采取以下几种方式。

（一）直接将农业、工业生产劳动引入学校教学

根据不同年龄段学生的特点和能力，科学设定生产劳动时间和任务，使学生直接参与生产劳动。这种方式的优点是极大拉近了学生与生产劳动的距离，使学生获得直接的劳动经验和情感体验，学生积极性高、劳动教育的效果显著；然而，这种方式也具有明显的缺点，即受区域经济社会发展水平、教师能力素质、生产资料等诸多外在因素限制较大，目标、内容、过程、评价等随意性较强，而且需要占用学生大量时间，影响学校的教学安排和其他课程的学习。

（二）在课程中设置专门的劳动教育类课程

选取部分具有趣味性、教育性、典型性的劳动任务，编制统一的教材或指导手册、提供必要的劳动素材，引导学生有步骤、有计划地学习劳动知识、进行技能训练。这种方式方便教学管理，节约时间和资源，便于进行标准化的要求和评价，学生也具有一定的学习兴趣，教学效果比较明显。缺点是编制教材需要力求不同地区、不同师资水平、不同学生特点的学校都可以使用，造成普遍性有余、针对性不足，在按照教学计划推进教学的过程中，教师和学生往往会满足于完成教学任务，功利性地追求显性指标，因而主要关注达到劳动知识、技能方面的要求，而忽略了态度、习惯等其他方面，忽略了劳动与社会的紧密联系。

（三）将校内劳动作为劳动教育的有效载体

统筹安排学生轮流承担一定的校内劳动任务。这种方式的优点是通过团队合作完成劳动任务，有助于培养责任意识、合作观念和劳动能力，同时由于学

生承担了部分校内劳动，也有利于学校节约办学成本。缺点是校内劳动内容单调，教师相应的重视和引导不足，往往只是简单粗暴地对学生提出任务要求，造成学生在相对简单的劳动任务中很少能够体会到成就感，在重复性任务中难以发挥创造性，现实中大部分学生将校内劳动看作一种必须应付的负担，校内劳动的育人作用没有得到有效发挥。

（四）开发家庭、社会多方面的劳动教育资源

这是近年来在新的劳动教育理念指导下探索的新的劳动教育方式，认为开展劳动教育不能完全依靠学校，而应当发挥各类主体作用。家长要引导学生掌握自我服务、家庭服务、交往服务等多方面的劳动技能，逐渐形成积极主动的劳动意识和习惯。学校要与各类社会组织合作开发劳动教育资源，引导学生参加职业体验、志愿服务、基地劳动等劳动实践项目。这种方式的优点是能够形成学校、家庭、社会等多方面更加强大的劳动育人合力，使学生处于统一的、贯通的、丰富的育人环境之中，更好培养劳动态度，有效激发劳动情感，持续培养劳动能力，从而促使学生提升劳动素养、实现全面发展。缺点是需要协调学校、家庭、社会多个主体，对学校的组织管理和课程开发能力提出较高要求，而在人力、物力有限而激励机制不完善的情况下，难以调动学校的积极性，实际实施过程中流于形式。

四、劳动教育评价的复杂性

劳动教育价值的独特性、内涵的丰富性、形式的多样性决定了劳动教育评价标准、评价主体和评价方式的复杂性。

（一）从评价标准上看具有复杂性

一是由于劳动教育目标直接与经济社会发展相关，而经济社会发展具有鲜明的时代性和区域的差异性，难以进行相对稳定、统一、具体的规定；二是在劳动教育过程中，必须考虑设施设备、师资力量、学生特点等情况，往往在内容和形式上灵活多变，而且随着教学中师生的互动，劳动教育过程具有一定的生成性，难以事先确定评价标准；三是劳动教育包含了情感态度和价值观、知识与技能、行为习惯等多方面内容，也给评价标准的设定带来一定难度。

（二）从评价主体上看具有复杂性

在一些劳动教育发展尚不成熟的地区，劳动教育开展的范围主要在学校内，主要的评价主体还是教师；但在一些劳动教育较为先进的地区，已经对劳动教育评价进行了更多的探索和创新，例如在劳动教育开展较早、改革意识较强的广州，提出“鼓励学生自我评价、自我反思以及与同学之间的相互分享和交流，要将学生在劳动中的各种表现和活动成果作为重要依据开展评价。提倡发展性评价、量化评价与质性评价相结合，自我评价与他人评价相结合，引导家长、社区人士等参与评价”①。劳动教育评价涉及了学生自身、同伴、教师、家长、社区人士等。

（三）从评价方式上看具有复杂性

劳动教育并没有形成稳定、统一、具体的评价标准，评价主体又涉及学生自身、同学、老师、家长、社区人士等多个方面，这就决定了劳动教育的评价方式必须基于教育过程，根据个性化的具体情境确定评价标准、选择评价主体，灵活采用发展性评价、量化评价、质性评价等多样化的评价方式。

---

① 广州市教育研究院 . 广州市中小学劳动教育指导纲要 [M]. 广州：广州出版社，2019：2+12.

第七章　小学语文核心素养及其生成路径

在对小学语文学科的核心素养进行深刻解析之前，需要先从核心素养本身说起。核心素养最根本是在回答“培养什么人”的问题，也就是对培养的人的最本质、最基础、最普遍的要求。[①]

核心素养是我国在新的阶段提出的育人方向，它随着时代的发展而不断更新内涵。它是基于基础知识与基本技能的“双基目标”和知识与能力、过程与方法、情感态度与价值观的“三维目标”的不断延伸，能够帮助我们把握住育人的风向标，也是教师在教学过程中的重要抓手。[②]

在2016年教育部提出《中国学生发展核心素养》之后，基础教育领域也开始了新一轮的改革。从它的构成结构来看，主要是培养有文化基础、能够自主发展、进行社会参与的全面发展的人，具体细化为人文底蕴、科学精神、学会学习、健康精神、责任担当、实践创新。目的是培养学生具有适应终身发展和社会发展需要的必备品格和关键能力。[③]

核心素养的落脚点之一就是学科素养，将学科素养分解到不同学科中去，会带有明显的学科特征。学科核心素养是基于学科知识、生动反映学科内在本质和思想，是学科育人价值的集中体现。

---

① 张亚，杨道宇．基于核心素养导向的小学语文教学 [J]. 教育探索 ,2016(10):21-24.

② 核心素养研究课题组．中国学生发展核心素养 [J]. 中国教育学刊，2016(10):1-3.

③ 周彬．指向核心素养的课堂转型研究 [J]. 教师教育研究，2018.30(02):94-99.

第一节　小学语文核心素养内涵解析

小学语文是基础教育中的一门关键学科，它所承担的任务就是要让学生掌握必要的语文知识，积累丰富的语言，掌握熟练的语言技能，形成良好的学习习惯和行为举止，以及有着深厚的文化素养。“核心素养”的提出，为小学语文学科教学提出了新的要求和教学新思路，它可以体现在小学生的语言的建构与运用、思维发展与提升、审美鉴赏与创造和文化传播与理解这四个方面。

一、语言积累与运用

语言文字是人类重要的交际工具和信息载体，是人类文化的重要组成部分。语言文字的运用涉及我们生活的方方面面。语文课程致力于培养学生的语言文字能力，为学好其他课程打好基础。[①] 小学语文是围绕着中华民族的语言文字而构成的学科，也是培养学生掌握基本的是语言文字知识和提升语用能力的关键学科。

语文知识是指语言文字知识，主要包括语音、汉字、语句、文章、标点符号、修辞手法等基础内容。语用能力指的是对语言文字的运用能力，也就是小学语文课堂主要培养学生听、说、读、写四大基本能力，并且是指向终身发展的能力。

（一）听、说能力的培养

听指的是倾听能力，说指的是表达能力，二者都是口头语言能力。2011 版新课标指出，小学生需要具有日常口语交际的能力，学会倾听、表达与交流，初步学会运用口头语言文明地进行人际沟通与交往。[②]

在小学语文教学中，教师要教导学生认真细心倾听别人的讲话，并且及时理解说话的内容，这是小学生重点培养目标。在普遍的课堂教学过程中，大部

---

① 中华人民共和国教育部 . 义务教育语文课程标准（2011 年版）[M]. 北京：北京师范大学出版社，2012.

② 中华人民共和国教育部 . 义务教育语文课程标准（2011 年版）[M]. 北京：北京师范大学出版社，2012.

分学生都是通过听和说来学习知识，一旦学生听和说的能力不足，会直接影响小学生的语言建构与应用水平。

（二）阅读能力的培养

阅读按照形式可以划分为朗读、默读、诵读等，主要是培养小学生的语言运用能力，不同形式的阅读也会有不一样的要求。例如在朗读中，需要培养小学生对重音、停顿、语调与节奏等方面的阅读技巧。默读主要是针对小学高年级学生训练的阅读能力，在默读时，需要把握阅读的速度，以及在阅读中实现对文本的理解。

首先，小学生阅读能力的培养，要通过文章的字、词、句进行教学，复述和默读的训练能够让小学生们自然地掌握词语，并且理解句子的含义，从而能够给文章分段概括其中心思想。新课标的要求规定，阅读和默读是针对高年级学生的重难点。为了培养学生的阅读能力，教师可以严格要求学生多背诵、多复述。通过反复阅读，从而达到会背诵，为今后的写作打下良好的基础。

其次，小学生需要具有独立阅读能力，学会运用多种阅读方法。有较为丰富的积累和良好的语感，注重情感体验，发展感受和理解的能力。能够阅读日常的书报杂志，能够初步鉴赏文学作品，丰富自己的精神世界。[①]

最后，小学生通过学习能够借助工具书阅读浅易文言文和背诵我国优秀古诗文。

（三）写作（写字）能力的培养

2011 版新课标指出，小学生写作能够具体明确、文从字顺地表达自己的见闻、体验和想法。能根据需要，运用常见的表达方式写作，发展书面语言运用能力。

小学语文教师要指导学生养成“勤观察、勤思考”的写作习惯，并且指导学生学会观察，随时记下周围的变化。在每次写作文之前，教师都带领学生仔细观察，找出其特点，这样会提高小学生的写作水平。将老师所规定的“要我写好”转化为“我要写好”。除此之外，还要让学生学会写“请假条”“书信”

① 中华人民共和国教育部 . 义务教育语文课程标准（2011 年版）[M]. 北京 : 北京师范大学出版社 , 2012.

等应用文，并教会他们写作格式。

在写字方面，小学生的书写要求也是非常严格的，对小学生的写字要求是会写铅笔字和钢笔字并且养成良好的书写习惯。在课堂教学中要求教师指导学生能够正确书写汉字并写得清楚，按照笔顺要求来书写，为以后的学习奠定良好的基础。

在新版部编小学语文教材中，主要分成了识字与写字、阅读、写作与口语交际四个模块。通过不同模块的学习，能够培养学生不同的语用能力。不同的学段对学生语言能力的要求也不一样，在低年级的语文课堂中，以培养小学生最基本的能力为主，教师引导学生认识最常见的汉字，读得懂最简单的文章，能够进行正常的口语表达。随着学生能力的不断训练和发展，对学生的语用能力提出了更高的要求。小学中高年级就需要阅读不同题材的文章，能够用习作清楚地表达自己的观点等。语用能力就是在小学语文课堂中一点一滴的锻炼并发展起来的。

在小学语文课堂中，通过对学生进行听、说、读、写能力的训练，使学生掌握基本的语文基础知识，进一步提升语言运用的能力。在此基础上注重听说读写的相互联系，为实现自我的良好发展奠定基础，从整体上提高小学生的语文核心素养。

二、思维发展与提升

在发展语言能力的同时，发展思维能力。思维与语言的发展是息息相关的。语言是思维的外壳，思维能够促进语言的发展。所以，只有思维得到一定的发展，语言才能得到进一步提升。在小学语文教学中，基于小学生不同的身心发展特点，需要培养小学生独立思考的习惯和逻辑思维能力。

（一）独立思考的能力

现在有部分小学生在学习时有强烈的依赖性，当遇到不会的问题时，会急于求助与教师或者家长。若是不注意这个现象，就会导致学生的思维能力发展有限的问题。所以，养成独立的思考习惯是小学语文必备的核心素养之一。

思维能力的提升不是一蹴而就的，而是在于小学生日常语文学习中的积累和锻炼培养起来的。独立思考习惯是指学生在学习过程中，发挥主观能动性，积极参与教学过程，对所学知识经过自己的思考，提出自己见解的习惯。学习和思考两者不可偏废，特别是在当前倡导核心素养的时代，小学生具备独立思考的良好习惯尤为重要。教师不管是在预习、授课，还是在让学生做练习的过程中，都要注重学生独立思考习惯的培养。

（二）逻辑思维能力

逻辑思维，又称理性认识的思维、抽象思维。具体落实在小学语文学科中，可以分为语文的常规思维、语文的分析思维以及语文的迁移思维。语文的常规思维是指在日常的语文学习活动中，能够自觉地完成语文练习以及培养对语文学习的兴趣和习惯等。语文的分析思维是建立在语文常规思维基础之上的，如小学生通过学习字词篇章去分析理解课文中塑造的人物角色和形象等。语文的迁移思维是体现在课程与学科的关系上，在语文中学到的思维方式可以迁移到其他学科中去。正如“举一反三”所说的道理一样。

在小学语文课堂教学中，学生学习词语的过程，是由形象思维向抽象思维过渡的认识过程，也就是掌握概念的过程。小学语文中有许多看似平常的词语、段落，但体现了一定的逻辑关系，学生稍不注意就容易疏忽。教师必须有意抓住词句、段落，设置疑问，让学生从中理解逻辑关系。小学生的形象思维占主导地位，其抽象思维尚处在不断发展之中。在语文教学中，必须经常采取从分析到综合，由具体到抽象的教学方法，以逐步培养和发展学生的逻辑思维能力。[①]

小学语文课本的编排中有不同题材的文章，学生可以尝试自己对文本进行解读，而不是被动地接受来自教师和书本上的知识，导致过分注重认知目标的达成，而忽视了学生思维能力的培养。小学生在进行文本解读的时候，能够养成独立阅读和思考的习惯，同时在这个过程中不断地进行分析、推断、综合和运用，思维能力的提高也就是水到渠成的功夫了。

① 王秀惠．在小学语文教学中培养学生的逻辑思维能力 [J]. 教育评论 ,2007(03):133-134.

三、审美鉴赏与创造

《义务教育语文课程标准（2011 年版）》在总体目标与内容里第一点就提道：在语文学习过程中，培养爱国主义、集体主义、社会主义思想道德和健康的审美情趣。[①] 由此可见，审美要求的提出由来已久。小学语文学科教学要关注对小学生的审美鉴赏与创新能力的培养。在小学语文课堂教学过程中，教师不仅要达成基本的教学目标，而且还要有意识的在教学过程中加强对学生美感的培养。

（一）鉴赏美的能力

在小学低年级的识字教学中，教师可以借助汉字的字形，让学生体会汉字的结构美、笔顺美，认识到我国的汉字不同类型，如象形字、形声字、会意字等，在字形、字音、字义的相关联中体会汉字带来的不同美感，从而培养学生热爱祖国语言文字的情感。在小学高年级的语文课堂中，学生学习的内容增多，会接触到不同题材的文章，而不同的文章会有不同的美感，一千个读者就会有一千个哈姆雷特，学生在阅读时也会有不同的审美体验。教师就可以借助课文的学习，让学生品鉴文章题材的美，感受古诗的韵律美，感受散文的意境美，感受童话的想象美，感受诗歌的节奏美。

（二）感受美的能力

不同的文章会有不同的形式美，形式美的背后还存在着内容美和情感美。教师在阅读教学时积极引导学生，让学生感受到作品中人性的真善美，从而具有初步的审美体验，在体验过后还可以让学生进行美的描绘，表达出对美的感受。

小学生在鉴赏美，欣赏美，感受美的基础上去创造出自己对美的理解和追求，从而升华对学生美的教育。小学语文教学以“审美鉴赏与创造”为核心素养，让学生体会到文学作品会给他们带来愉悦的情感，在审美鉴赏的过程中培养学生的独立自主性与创造性，从而让学生对文学产生强烈的热爱。

（三）创造美的能力

小学语文中的审美教育是建立在学生会欣赏美、感受美的基础之上的，同

---

① 中华人民共和国教育部 . 义务教育语文课程标准（2011 年版）[M]. 北京：北京师范大学出版社 , 2012.

时还需要培养学生创造美的能力。在教学中要提升语文学科美的创造性，感受到美好事物的影响，学会鉴赏美然后创造美的过程。

审美能力不是一蹴而就的，而是学生在日常的语文学习中潜移默化形成的能力。在日常的教学过程中要培养学生有一双发现美的眼睛，在阅读中，通过感受语言的形式美和韵律美以及内容美之外，可以让学生进行创造，用自己的语言去表达出自己对文本的感受。在创作的过程中，去感受语文的语言之美，内容之美，以及文本之后所表达出的情感之美。

经典的文学作品谓之经久不衰，究其根本在于美感的存在，人物形象的美感和环境、心理的描写之美，都是可以学习和积累的。在语言建构与运用的基础上，鉴赏美然后创造美，是能力的培养，也是精神世界的重塑。

四、文化传承与理解

2011 版新课标指出，小学生要认识中华文化的丰厚博大，汲取民族文化智慧。关心当代文化生活，尊重多样文化，吸收人类优秀文化的营养，提高文化品位。[①] 小学阶段是基础教育的基本阶段，也是小学生人格发展的重要时期。在这一阶段中，引导小学生形成对本民族文化认同与心理归属就显得尤为重要。

当前，我国正处于全球化的信息时代，不可避免地会受来自世界的各种文化的冲击。所以，在小学语文课堂教学中，要引导学生形成对中华民族优秀文化的正确认识，认识到汉字、诗歌等文化是我国几千年来的伟大发明和创造，体会古人在造字时的无穷智慧，形成对中华文化深刻的认同感。

我国是有着五千年灿烂文明的国家，文化瑰宝数不胜数。小学生作为祖国未来的希望，自然而然的需要汲取我国文化宝库中的瑰宝。通过学习优秀的文化，如汉字、诗歌、寓言故事、成语以及不同题材的文章等，从字里行间感受我国文化的美丽，形成对本民族最深沉的文化自信与归属。

小学生在语文学习中不仅要感受中华文化博大精深的内涵，还要在心底形成对中华文明的归属感和自豪感，在文化知识的学习中不断提升自己的文化修

---

① 中华人民共和国教育部 . 义务教育语文课程标准（2011 年版）[M]. 北京 : 北京师范大学出版社 , 2012.

养。在面对着各种各样的文化冲击时，能够坚定地做出正确的选择，取其精华，去其糟粕，借鉴优秀的文化进行自我发展和提升。

文化认同与归属是小学生必备的核心素养之一，只有形成对本民族文化的认同，才能在以后的语文课堂学习中更加自信和更加有归属感。

第二节　小学语文核心素养培养问题审视

教育部在2016年提出要培养学生核心素养的基本理念后，在基础领域就掀起了一股热潮，全国中小学纷纷采取措施来践行这一基本理念。就小学语文来看，它在培养学生核心素养的同时，也不可避免地存在着一些问题亟待解决。

一、语言能力中的问题

在小学语文课堂中需要发展学生的语言能力，也就是培养学生的听、说、读、写的能力，而在实际的小学语文教学中却出现一系列的问题。

（一）语言表达能力薄弱

低年级的小学语文课堂中是以识字写字内容为主，这是属于低层次的语言积累与发展。语言是在掌握汉字的基础上进一步的提升和运用，进行汉字、词语之间的搭配使用。[①]而在实际的汉字教学过程中，教师只注重了学生字词的识记，侧重于把知识直接教给学生，却忽视了对学生掌握汉字和词语等基本过程的讲解与引导，同时缺乏对汉字文化内涵的解析。这就会导致小学生侧重于书写汉字，而不善于表达，在一些农村地区常常会出现学生不敢说、说不对的现象。

语言能力的要求是随着学生年级的增高而不断提高的。2011版的语文课程标准中指出：掌握汉字和词语是基本任务，在此基础上去理解内容，体会情感。[②]总体来说，学生大多表现出语言表达能力较弱的问题，在表达的时候用

① 王喜斌，王会娟．小学语文学科“核心素养”的内涵及其实现路径[J]. 教学与管理,2018(12):81-83.

② 中华人民共和国教育部．义务教育语文课程标准（2011年版）[M]. 北京：北京师范大学出版社，2012.

词不恰当，不流畅，词不达意，这也不利于学生读写能力的发展。

（二）阅读能力不足

古人曾说：“三日不读，语言无味，面目可憎。”可见，阅读在我们的学习生活中占据着重要的地位。得阅读者得语文，阅读在语文学习中占据着半壁江山，不仅语句篇章需要阅读，唐诗宋词需要阅读，阅读也会迁移到其他学科中去，影响着小学生对文本和内容的理解。所以，小学生的阅读能力应是我们亟须培养的重要技能。

但是在阅读教学中，小学生常常会出现对阅读材料或者课文没有兴趣、缺乏良好的阅读技巧和方法的问题，导致他们的阅读能力低下的现象时常发生。

另外，小学生在阅读效率方面也存在着问题，新课标要求三四年级的学生默读每分钟不少于 300 字。经观察发现，大部分学生都没有达到这一目标。另外，小学生在阅读数量和质量等方面都存在着一定的问题。部分小学生的阅读量仅仅局限于课本中的几篇课文，课外的阅读量却少之又少；在阅读质量上，由于识字量不够，对文章的意思也一知半解，阅读时走马观花，只看图片，也造成了小学生阅读能力低下的问题。

总而言之，我们应针对小学生阅读兴趣低下、缺乏阅读方法的指导、阅读效率低以及阅读质量不达标等情况进行反思，提出阅读指导方案，去帮助学生解决在阅读中存在的问题，从而提升学生的阅读能力，感受语言文字的魅力。

（三）写作能力有所欠缺

小学生写作文就是把自己所看、所听、所想和所经历的事情用自己的语言表达出来，作文教学是小学语文教学的重要组成部分，也是一项培养学生综合素质的重要工作。然而在现阶段小学生写作却总是不尽如人意。

小学生在写作过程中，往往会出现以下这么几个问题。首先是题材单一，千篇一律，很多学生拿到一个作文题目后，不知道如何去立意，不会结合自己的生活和经历，只是片面的套用模板，往往会出现语言干瘪，词不达意的现象。其次，作文内容上会出现假大空的现象，表达不出来自己的真情实感。例如一位五年级小学生写的作文片段《呀！土豆》：“呀！土豆，这个不是《米奇妙妙屋》里所喊的口号，也不是某种零食的商标，而是我们餐桌上常见的真真切切的土豆。我特别喜欢吃土豆，不论是溜土豆丝还是炖土豆块，都让我大快朵颐。”从这一个小片段可以看出，他描写的是生活中一种常见的蔬菜——土豆，但是只是在叙述平常，却平淡无味，有很大的提升空间。第三点就是小学生在进行写作时没有掌握必备的写作技巧，例如出现缺少具体的事实，没有细致的情节，存在对所要描述的问题或者事情叙述不完整等问题。

总而言之，小学生在日常的学习活动中离不开语言，语言发展是重中之重，是小学语文核心素养培养中不可忽视的基础问题。

二、思维能力中的问题

（一）思维陷入模式化地步

在小学语文课堂中，一般都是由教师带着学生“走”，甚至会出现“牵”着学生走的现象。这时，学生往往会被动地接受来自书本或者教师传授的知识，这就会出现学生的思维发展简单的问题，学生对一些问题难以独立进行深入的思考，还会陷入模式化的地步。如语文教师在教一篇课文时，往往会从字词识记、朗读、关键语句分析、概括文章主要内容以及体会作者的思想感情这几个方面入手，经过长时间的阅读训练，学生可能就会对不同类型的文本进行“套路”模式分析，这就使得学生的小学语文课堂中的学习方式单调，对不同的语言材料和语言现象的分析、综合、推理和演绎的思维能力欠缺。模式化的思维训练，也会使小学生的思维迁移能力得不到充足的发展，进而阻碍学生思维发散能力的提升，无法满足小学生的语文思维发展能力问题。

（二）独立思考能力欠缺

在小学语文课堂之中，我们常常会发现这么一种情况：小学生在遇到不认识的生字或者不理解的词语时，往往会放在一边，等着老师讲解，这是一种懒惰行为的表现，突出了小学生独立思考能力欠缺的事实。在语文课堂中，有部分小学生不善于回答问题，经常出现注意力不集中，上课走神开小差的现象，不会积极主动的思考问题，等着教师的“喂食”，这些都是在当今核心素养培养的过程中急需重视和解决的问题。

三、审美能力中的问题

小学生是美的，我们需要给他们呈现美好的事物来让他们感知世界的多彩。而在小学语文教学过程中，却往往忽视了对学生进行审美教育。当然，对学生进行审美教育并不是刻意而为之的，我们可以在语文教学的点点滴滴中进行潜移默化的教育。

目前，在小学语文教学中，“审美感知与体验”的过程较为生硬，很多作者或者编者通过作品传达出来美好的东西，小学生感受不到，或者感受的不到位。如在汉字教学中，教师多是让学生通过“拆一拆”“加一加”“减一减”等行为主义的训练方法让学生去记住汉字，无法使其从汉字的本质上去感知体验汉字的美。

在阅读教学中，学生的审美视野比较局限，可能仅仅限于对文章脉络的把握和对文章大意的理解，对于不同的文体，如诗歌、散文、说明文、记叙文等的写作风格把握不好，缺少审美的高度，只会生搬硬套教师教过的“套路”，这就使学生在阅读中难以与作者产生情感上的共鸣。

在写作教学中，由于学生在日常的语文课中缺乏对美的理解和感受，这就导致学生学无法真正感知美、体验美，更加没有办法达到创造美的能力了。所以，小学生把写作当成一件痛苦的事情，语言匮乏，不会写，写的慢，缺少对美的感知，背素材，凑字数，缺乏对美的体验，逻辑混乱，毫无亮点，缺少对美的创造能力。

四、文化修养培养中的问题

中华文明经历了上下五千年，世世代代的华夏子孙在中华大地上传承与发展，积淀成为中华民族的共同气质，引领一代代中国人找到自己的文化认同与归属感。目前我国的小学生大部分都是独生子女，屡屡出现以自我为中心、控制能力薄弱、对长辈不礼貌等不好的习惯，并没有传统文化中孔融让梨的精神，艰苦朴素和吃苦耐劳也荡然无存。这些现象反映了我国传统文化的危机感。在小学教育的课堂中，要重视对小学生传统文化的培养，只有这样才能更好地发扬民族精神，更好地继承优秀传统文化思想，更好地弘扬中华民族的建设。

（一）对中华优秀传统文化的传承意识薄弱

回到小学语文课堂中去，我们发现现代有部分小学生缺乏对中国传统文化的传承意识与兴趣，对我国儒家文化、京剧文化、孝道文化等优秀传统文化知之甚少。在一般的教学过程中，教师往往注重对文本的整体把握，过多地向学生讲解文章大意，而缺乏对文本内容产生的历史背景的关注。长此以往，就会导致小学生只知其然，并不知其所以然，对于文本中蕴含的思想文化，以及是否认同这些文化的判断力和理解力下降。

（二）对西方文化的热情高涨

小学生对西方文化和节日表现出来较大的热情。小学生对圣诞节、肯德基以及好莱坞电影等西方文化产品爱不释手。这在一定程度上强化了小学生对西方文化的认同，而对我国优秀传统文化的继承与发扬意识较弱，难以培养学生丰厚的文化修养和底蕴，使“文化认同与归属”只处于浅层阶段，这也是我们要在小学语文教学中迫切需要解决的问题。

第三节　小学语文核心素养问题原因剖析

我国各地小学在践行核心素养培育的同时，在语言、思维、审美、文化传承等方面都出现了问题。教师是学生学习的引路人和指引者，小学生的语文核心素养的培育存在问题，教师承担着一部分责任。

一、教师个体的差异

（一）教师对“核心素养”理解不透彻

如今的小学语文核心素养的教学目标着力点在于培养全面发展的人，是在原来的“三维目标”基础上改进的，在内涵和形式上都可以称之为“三维目标”的加强版，但是不同于三维目标。很多教师在设计核心素养教学任务时，对核心素养教学目标的理解不够透彻，并不能深刻理解小学语文核心素养的内涵，或者是因为惯性思维，虽然表面上看是基于核心素养设计的教学任务，但是实际上还是沿用“三维目标”，仍然停留在知识、过程和情感的层面上。如果教师对教学目标的认识不够全面，那么在教学设计的时候肯定会出现一些偏颇，不能确保实现核心素养的目标，从而达到理想的教学效果。

（二）教师的教学设计陈旧老套

好的课堂教学效果的实现得益于教师对教学设计精心的安排，小学语文课本主要是由一篇篇的选文所构成，这些选文都具有自己特定的题材，不同的语言风格，不同的语言要素，不同的人文主题，表达出作者不同的思想感情，以及孕育着不同的人生态度和价值观。

不同的文章需要教师对教材进行深入的研究与解析，但是在现实的小学语文课堂中，教师在教学过程中往往出现了“千课一面”的现象，无论是什么题材的文章，教师基本都从词语、关键语句、主旨大意这几个方面去教，教学设计的模式固化，这也成为影响小学生核心素养发展的重要阻碍。

二、教师教学方法不恰当

有很多小学语文教师的教学方法不恰当，仍旧停留在照本宣科的教学模式之中，与《课程标准》所要求的“学生是学习的主体，积极倡导自主、合作、探究的学习方式”相背弃。截取“狼牙山五壮士”教学片段如下：

师：想一想，课文分为几个部分？

生 1：五个部分。

师：第一部分内容概括为接受任务，第二部分内容可以怎么概括？

生 2：痛击敌人。

师：不对，再想一想。谁再来说说？

……

（最后教师概括为“诱敌上山”并板书。）

在这一教学片段中，小学生的回答是正确的，即使学生的答案有失偏颇，教师要做的不是立刻否定答案，而要积极引导学生的思考，启发学生的思维，帮助学生获得解决问题的方法。在日常的语文课教学中都无法采取规范恰当的教学方法，小学生的语文核心素养的培育更是遥遥无期。

三、教育理念落后

目前，在很多小学语文课堂教学中一般还是采用传统的方式，尤其在我国部分农村落后地区比较突出。教师在课堂上用课本在教学生，大部分的知识点还是来源于课本，教师对于课外的内容拓展讲述不多，只是注重把课本上的知识点教给学生。

在核心素养视角下，小学语文课堂教学不仅要注意培养学生听说读写的语言能力，还需注重对学生在思维发展、实践创新、审美鉴赏、文化素养等方面的培养。由于教师教育理念的落后，小学语文教育仍然停留在语言能力的构建上。

问题的根源在于教师没有更新教学理念，造成一边提倡核心素养教学、一边沿袭传统教学方式的现象，导致小学语文教学中“两张皮”的现象，所以核心素养教学的实施情况不理想，没有达到预期的效果。在文化的认可与归属层面，教师要引导学生学习我国优秀的传统文化，从中汲取营养，紧跟我国教育的前沿，培养学生的文化传承与创新意识。

四、缺乏相应的评价标准

自 2014 年教育部提出核心素养的培养目标之后，小学语文学科便开始融入核心素养的教学。但是教学评价仍然是以书面考试为主，没有制定与核心素养教学目标相对应的评价机制。评价标准应该跟随着教学理念的变化而不断更新，才能检验出小学生核心素养落实的具体情况。

由于缺乏相应的评价标准，容易衍生出多种问题，教师不能正确、全面、深入地领会新课标，出现教师片面理解无错原则，盲目鼓励学生、过于注重目标达成，忽略过程、各种类型的评价各自为政、评价语言简单机械、缺乏情感等一系列的问题。

第四节　小学语文核心素养培养路径

为了帮助小学生在学习过程中养成良好的语文核心素养，需要教师的教学观发生转变，让知识成为素养，让知识变成智慧。

教师是学生学习过程中的引路人，在小学生语文学习过程中发挥着至关重要的作用，笔者想就教师这个角度，谈一下教师如何在教学过程中去渗透核心素养的教学。

一、教师个体层面

（一）教师深化对“核心素养”的理解

语文教师是教学活动的直接参与者，要想核心素养教学能够很好地进行下去，首先需要转变教师的教学理念，引导教师对自己的角色形成正确的认识，才能由过去的“教书匠”转变成学生学习道路上的“引路人”。

学生是不断发展的人，每个学生都是独一无二的。教师要采用新的学生观和教师观进行教学，转变以往陈旧的教学方法和模式。因此，只有转变才会更加深入明白核心素养教学的重要意义，这样才能设计出更加贴近核心素养培养的教学方案，切实培养学生的核心素养。另外，教学是一个动态的过程，教师要不断提升自己的专业素养，根据学生的学习状态改变自己的教学思路，尽量让每个学生都可以参与到核心素养教学理念、教师对核心素养的理解中。

（二）对教材进行多元化的理解

教材是教师进行教学的载体，为我们提供了教学内容。但是在部分小学语文课堂中，老师仅仅是在教教材，并不对教材进行深入解读，这是大错特错的。

在进行新课教学之前教师会备课，在进行教材解读的时候，我们应有所侧重，哪些内容适合用来指导阅读，获得阅读方法，提升学生的阅读能力？哪些文章语句适合引导学生发现语言文字的特点，让学生去进行积累？哪些元素可以借助进行语言文字表达的训练，提高语用能力？哪些内容又可以让学生潜移默化地受到情感的熏陶，在过程中形成文化自信？

现在小学语文在用部编本的教材，这是新的语文课本，在对它进行解读时，教师可以立足单元，总揽全册和进行前后联系。现在的部编本教材使用的是螺旋式的双线编排，一条是以学生日常接触到的人文主题为线索，另外一条是穿插在单元中的语用要素，如写作手法、修辞用法、句式等。

在部编本教材的三年级上册一共分为了八个单元，每个单元都有自己的人文主题，如学校生活、金秋时节、童话世界、我与自然等，相应的每个单元会有不同的语文要素，体会习作的乐趣，自己编童话、写童话等。这些语文要素是具体明确，目标清晰的，并且是相互联系，梯度发展的。

在进行教学的时候，语文教师要做到人文主题和语用要素双线融和，整体发展；把握要点，突出重点；明确起点，突出发展。总的来说，对于教材的解读与分解，需要以"学语文""练语言""提语能"为学科素养的基点，提倡个性化的切入。

进行单元教学时，语文教师首先要明确语文要素，在课文中教会学生方法的学习与运用，可以在后面的口语、习作模块进行实践运用方法，让学生进行认识—实践—迁移的学习方法的有效整合，培养学生的语用能力。

（三）有效整合教学内容

首先对目标进行整合，以文本的多元切入为基础，将解读出来的人文主题与语文要素进行内容上的取舍，实现有效整合，形成语文教师授课的内容材料。教师需要摒弃以往一段段、一句句的琐碎分析，以清晰的人文主题和单元语用要素为主线，来确定课上呈现内容。

在进行教学内容整合时，教师可以用内容作为联系点，帮助学生拓展人文的内容，把语文要素作为语用点，培养学生的语言能力，把学习方法作为联系点，帮助学生掌握语用方法，学会在不同的语篇文章中活学活用。例如在部编本教材五年级上册的《父爱之舟》一文中，首先看人文主题，是要抓住人间真爱，侧重于写父爱，然后看语文要素，抓住场景个细节体会感情，去让学生自己表达看法和感受，三是资源整合，对课文重点语段进行取舍，然后对课外资源进行补充。教师从人文主题、语文要素和课外资源等方面对教学内容进行整合，这样更加能够把握住教学内容，实现有效教学。

（四）合理运用教学方法

在小学语文教学中，我们可以运用多种方法，如情境创设法，词语置换法，前后联系法，读写结合法，对比阅读法，想象联想法。教师无论运用哪种教学方法，都要做到合理和高效。

在小学低年级的识字教学中，教师就可以根据汉字的特点进行教学。汉字分为不同的类型，有象形字，形声字、会意字等，结合使用新版的部编教材，采用灵活的方法进行教学。借助字理识字法、字谜猜字法、故事识字法、儿歌识字法等引导学生识字，能够吸引学生的注意力，提高学生的兴趣，可以达到事半功倍的效果。

听说能力的训练，在小学语文的教学过程中常常被忽视，边听讲边做笔记、朗读、回答问题、演讲、讲故事这都是在小学语文课堂中经常出现的方法。课本剧对于培养小学生的语用能力也是一种不错的方法。这种活动是对学生语文能力的一种综合训练，学生的听说能力、记忆能力、心理素质、肢体语言表达都能够得到有效的提升。

阅读与写作，是小学语文教学的重头戏，但是在小学中经常会出现学生阅读困难等问题，只要教师找对了方法，去激发学生的学习兴趣，就能达到事半功倍的效果。教师进行阅读教学时，要分清主次，不可眉毛胡子一把抓，要知道“面面俱到，反而面面不到”。

语文学习要遵循毛主席的“伤其十指，不如断其一指”的原则，根据教学目标和内容选择最合适的教学方法，从而实现有效教学。

（五）实现教学效果的双向迁移

叶圣陶老先生认为，“能力并不是一会儿从无到有的，任何能力的形成，一要得其道，二要经常训练，训练成为习惯，才算有了能力”。叶老所说的这个训练，就是在“实践中运用”，而这里所讲的能力就可以理解为学生的学科素养。

说到“双向”，是指教师学到了就要会用，“双向迁移”指的是“学以致用”“以用促学”，在这个过程中锻炼的是学生的各方面能力，不仅仅是语言能力，还包括思维能力以及审美能力等。

教师可以在不同时段让学生“学以致用”，一是课上的即时运用，让学生在课堂上及时运用所学到的方法进行语言文字的应用，尝试应用的快乐；二是在课下的拓展运用，可以通过给学生布置作业，或者组织相应的语文活动，让学生把课上的方法运用在特定的环境中，根据表达需要，在运用中提升学生的能力。例如在部编本教材三年级上册“大自然的声音”一课时，使用是就是同课异构设计，一是指向阅读积累和方法，这一课是总分结构，让学生去理解这种结构然后去读同样结构的文章；二是指向表达形式和技巧，学生在清楚了总分的写作结构时，然后再去学这样结构的文章。这就达到了我们双向迁移的效果，让学生活学活用，在一点一滴中得到进步。

二、教育管理层面

（一）形成正确的教育观

对于培养小学语文核心素养最大的困难就是教育观念单薄，仍然停留在应试教育的层面。所以，想要从根源上提高小学生语文核心素养的能力，首先应从改变传统观念、树立起正确的教育观做起。

一是在整个社会环境中建立起以素质教育的环境氛围，核心素养的理念以及课程标准中提出的凝练学科标准的要求，都为素质教育指明了方向。

二是学校管理人员需要树立起核心素养培养的观念，积极把应试教育转化为素质教育，为小学一线语文教师积极开展核心素养的培养活动做准备，完善语文课程的设置，在学校内创设培养学生语文核心素养的文化氛围。

三是语文教师自身要转变旧的教育观念，加强自身对核心素养的理解和执行能力，提高自身的教学业务能力，不再把教学目标单纯的指向于学生的学习成绩，而是要着眼于学生语文综合能力的提升，培养全面发展的少年。

（二）实施合理的校本课程

校本课程是以学校为基础开发出来的课程，能够更好地满足学生的兴趣和需要，促进学生个性的发展，也是培养小学生语文核心素养的一条重要途径。

学校实施校本课程可以从两个方面入手，一是借鉴其他学校成功的建设经验；二是创设与自己学校文化相关的校本课程。学校首先需要确立核心素养本位下的小学语文课程校本化的育人目标，找寻根植于自己学校本土文化的课程体系和方向。将核心素养的培养目标与内容结合起来，进行有效的整体优化，进而形成体系。

三、教学评价标准层面

合理的教学评价体系往往会促进教学目标的实现，单一的教学评价是阻碍核心素养培养的一大因素，因为教学评价模式的限制，教师的教和学生的学都带有一定的目的性，很多心思都花在了如何应对考试、如何在考试中取得更好的分数方面，从而忽视了核心素养的培养。

因此，为了切实培养核心素养，需要改变教学评价模式，从原来单一的书面考试转变为多元化的教学评价方式。书面考试可以在一定程度上体现出学生对知识点的掌握程度，但是核心素养对于学生的实践能力提出了更高的要求。因此，教学评价模式应从学生的实践出发，注重学习过程，可以将学生的学习积极性、学习方式、实践能力等列入考核指标。小学语文教学评价实践的有效途径有三条：

一是评价主体向互动化、多元化的方向发展；

二是考查学生的综合素质；

三是关注评价的发展性功能。

综上所述，在小学语文的视角下去看核心素养，就要把核心素养落实到我们的小学语文实际的教学活动中，引导教师从“以教为中心”到“以学为中心“的教学理念的转变，加之教师通过对新版部编本教材的解读，对教学内容的有效整合，对教学方法的合理运用，以及教学效果的双向迁移，在我们的教学过程中做到对学生的审美教育和对中华民族文化的认同感和归属感。

教师是学生成长道路上的引路人，全面培养学生的语言能力、思维能力、审美能力和人文素养，在和谐、轻松、愉悦的小学语文课堂中，鼓励学生参与语文实践活动，积极思考，感受语言文字之美，感受语文之美，感受文化的真正魅力，形成对文化的认同与归属，真正实现我国小学生语文核心素养能力的提升。

第八章　小学数学核心素养及其生成路径

随着新课程改革的不断深入，培养学生的核心素养已成为教育界关注的问题。加强小学数学核心素养生成的教学策略研究有利于激发学生的学习兴趣，调动学生的学习主动性，培养学生解决实际问题的能力。数学核心素养不仅仅是指数学知识或数学技能，它更是一种公民必须具备的品格和关键能力，是能够满足终身发展和社会发展需要的。培养小学生的数学核心素养对小学生的整个数学学习过程具有十分重要的意义。

第一节　小学数学核心素养内涵解析

中国学生发展核心素养研究以科学性、时代性和民族性为基本原则，以培养“全面发展的人”为核心。核心素养分为文化基础、自主发展、社会参与三个方面。

（一）文化基础方面

文化是人在社会生活中的精神支柱。文化基础，注重使人获得生活、社会、科学等各领域的知识和技能，利用人类智慧成果及内在的精神，追求知行合一，让学生发展成为有人生理想和较高精神追求的人，充分发挥文化基础的作用。而文化基础又表现为人科学的、民主的和大众的。科学性表现在文化既符合历史发展的逻辑也符合当今社会发展的潮流，紧跟时代步伐，同时代共同发展，在历史发展进程中，文化也不断进行自身的完善和拓展，社会的发展促进文化的完善，文化的发展又能动的指导社会正确的向前发展。民主的文化表现在人人可以接受文化教育，主要体现在人的个体的主观能动性，另外的文化的知识内容也是民主的，在文化进程中人人可以提出自己的观点，人人都可以质疑当前存在的文化是否具有合理性。大众的文化，文化服务于人民大众，而人民大众又是文化形成的源头活水，文化取之于民，用之于民。文化是一个国家的灵魂和精神，象征着的国家的实力，在实现中华民族伟大复兴的进程中，文化基础有着重要的作用。

（二）自主发展方面

自主发展是人在社会发展中最基本的属性。学生的自主发展，主要在于能否有效进行自我管理，能否认识和挖掘自身的潜力，以此来应对复杂社会，在社会生活中不断同社会进行互动，获取自身发展需要的技能和知识。而自主发展又表现为学会学习、健康生活。学会学习主要是学生在对学习意识的形成以及方式和方法的选择，还有个体的自我构建和学习过程的顺序性和整合性等基本要素。具体要素包括积极主动、勤于思考、统觉、意识活动等。健康生活主要是学生在正确认识自我、发展自己的身心、规划自己的人生等方面的一种综合能力表现。具体包括珍爱生命、健全人格、自我管理等基本要点。

（三）社会参与方面

社会性是人的一种本质属性。社会参与，主要指学生参与社会的各种活动及社会的发展，在社会参与中能够合理处理人际关系，让学生遵守新时代的道德准则和其行为规范，增强社会的责任感和使命感，培养学生的创新能力和社会实践的技能，培养新时代学生的核心价值观，使学生成为社会需要的人，以此推动我国政治、经济、文化、生态和社会的发展，发展成为有自我追求和自我价值观、勇敢面对自我发展的挑战。在社会参与方面，学生要表现出自己的主见，要有自己的观点，使学生切切实实成为社会发展的一员。在社会参与中，学生要把控好个人价值和社会价值的关系，个人价值的实现要得益于社会价值，社会价值是个人价值实现的基础。在社会参与性中，实践创新主可以衡量学生学习的状况和水平，实践创新更能够体现个体和社会的融合度。具体包括知识的发展、技能的发展、技术应用及创新等基本要点。

核心素养综合表现为人文底蕴、科学精神，学会学习、健康生活，责任担当、实践创新六大素养，具体细化为国家认同、社会责任、乐学善学、人文积淀、等18个基本要点。（如图二）因此，从“双基”目标到“三维”目标，从核心知识到核心素养，它的另外一层解读就是从关注“物”到关注“人”，这也是标志着新一轮中小学课程的改革正向深度推进的强烈信号。这也标志着了中小学课程教学的理念从“教书”转变到“育人”的新一次转变。

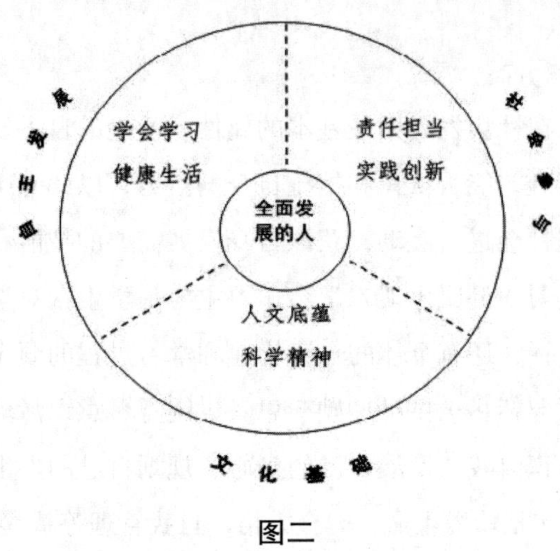

图二

核心素养既是我们制定新的课程标准的重要依据，也是我们进行新的课程教材修订与编写的一个重要依据，它是决定着我们将来进行的课程教学改革的一个主攻领域和方向。核心素养帮助我们更准确地把握和抓住了教学的落脚点和风向标，更有效地帮助我们进行了教学理念和过程的规划设计与实施以及教学活动的组织，起到了教学理念上的引导和推动作用。核心素养实际上是所有的学生都应当具有的最关键、最必要的一种基础素养；学生的核心素养必须有对社会和个人发展的价值，以满足学生发展的条件。

学科基本素养是学生或学习者在从事本学科内所必须具备的基本专业的知识和素质，这些学科基本素养是通过很长一段时间的学习和专业训练的积累所逐渐形成自己的专业理念，通过自己的专业理念可以使自己的专业知识和技能得到提高，从而使学生的专业知识能够促进某门学科的发展，包括“学科基础知识、基本技能、基本经验、基本品质、基本态度等几个方面”。[①] 对学科基本

① 蔡金法，徐斌艳．也论数学核心素养及其构建 [fJl. 全球教育展望，2016（11）.

素养的分解可以应用到不同的学科中，带有明显的学科素养特征。

数学素养，用南开大学顾沛教授的话说："数学素养就是把所学的数学知识都排出或忘掉后剩下的东西。"[①] 关于数学素养的含义，孔凡哲教授认为，"是指当前或未来的生活中为满足个人成为一个会关心、会思考的市民的需要而具备的认识、并理解数学在自然、社会生活中的地位和能力，做出数学判断的能力，以及参与数学活动的能力"。[②] 马云鹏教授认为，"数学素养是人们通过数学的学习建立起来的认识、理解和处理周围事物时所具备的品质，通常是人们与周围环境产生相互作用时所表现出来的思考方式和解决问题的策略"。[③]《义务教育数学课程标准（2011 年版）》明确提出了 10 个核心素养，即数感、符号意识、空间观念、几何直观、数据分析观念、运算能力、推理能力、模型思想、应用意识和创新意识。

1. 数感

"数感"一词来自英文"number sense"，也因为数感可以翻译作数觉或一种数学上的意识，数感主要是泛指关于运算数与数量、数量关系、运算结果估计等方面的认识和感悟。[④] 学生在具有数感的基础上，能够加强同现实生活相联系，并不断的同化。但在小学的教材中没有明确地给出学生数感的基本定义，不同语言版本的小学数学教材，都分别设计了一些有关突出学生数感的知识和教学内容。

数感是数概念产生和扩展中自然产生的一种对于数学的敏感与深刻理解的状态，是培养学生基本的一种数学价值观和素养。建立数感有助于进一步地提高和培养学生的基础数学价值观和素养，学生更好地学会了运用数学正确地分析和思考问题，具有对理解和运用数学解释实际数学问题的基本数学敏感性，是学生具有提高基础数学素养的重要条件和标志。

---

① 顾沛 . 创建数学文化类课程 提高学生数学素养 [J]. 中国高校研究，2014（12）

② 孔凡哲 . 中国学生发展核心素养评价难题的破解对策 [J]. 中小学教师培训，2017（1），1-6.

③ 马云鹏 . 关于数学核心素养的几个问题 [J]. 课程· 教材· 教法，2015（9），36-39.

④ 曹培英 . 从学科核心素养与学科育人价值看思想基本思想 [J]. 课程· 教材· 教法，2015(09).

2. 符号意识

符号意识是指学生能够正确理解并且知道运用数学符号可以表示数、数量关系和变化规律；能够知道并且使用数学符号可以直接进行数学运算和抽象的推理，得到的数学结论必须具有一般性。① 简而言之，数学过程中符号的一个重要意义和作用就在于使得抽象的数学概念有了具体的数学表现形式，使得具有一般数学意义的推理和数学运算、抽象的数学概念和思维方式能以直观、简约的数学形式充分表现出来。数学的符号意识具有多种的功能：抽象性、明确性、可操作性、简略性和符号的通用性等。特别是小学和初中阶段学生在从事数学研究和学习的过程中，数学符号时常运用在日常学习的生活中。所以，符号在数学学习中起到关键的作用，是我们学习数学的基本要素，关系到学习数学的水平和能力。

3. 空间观念

空间观念是指根据对物体的特征进行抽象出几何图形，根据几何图形可以想象出所需要描述的实际存在物体；想象出物体的存在方位和相互之间的位置关系，依据语言的描述画出的图形等。

4. 几何直观

几何直观是学生分析数学问题的基本的因素，在数学学习过程中可以把复杂问题简单化，有助于数学思维的建立和发展。数学的几何知识可以帮助教师的教和学生的学，无论是在理论学习和实践中都发挥着重要作用。②

5. 数据分析观念

数据分析观念是指在对实际社会现象做调查，然后进行数据分析得出结论，通过分析数据得出的结论有较高的效度和信度，该方法主要体现在定量研究方面，基于数据进行教学或实验的改革。但是，数据分析也存在多种分析方法，需要根据问题的实际情况进行分析，分析要符合客观性和主观性的统一。

① 陈六一，陈刚 . 核心素养，诗意地奠基——兼论小学数学核心素养的课堂实现 [J]. 教育科学论坛，2016(10).

② 蔡宏圣 . 几何直观：小学数学的视角 [J]. 课程教材、教法，2013.33（05）109-115.

6. 运算能力

运算能力是指学生能够根据法则和其运算律正确地进行其运算的意识和能力。运算能力的培养有助于学生对数学基本知识的掌握，学会寻求运用合理简洁的运算方法和途径解决实际问题。[①] 小学阶段“数的运算”包括数的运算意义和四则运算之间的关系、获得运算的结果（估算、精算）、运算律和运算性质，以及运用运算解决实际问题四部分内容。运算不仅是数学课程中“数与代数”的重要内容，“图形与几何”“统计与概率”“综合与实践”也都与运算有着密切的联系，是不可或缺的内容。[②]

7. 推理能力

推理能力的培养和逻辑发展过程是相统一的。推理能力是我国现代数学学习的重要方式，也是我们在日常生活中经常使用的一种基本的技能。数学推理一般可分为包括合情推理和演绎推理。[③] 在研究和解决数学问题的理论实践过程中，两者的功能不同，相辅相成。合情推理一般用于分析问题探索正确的思路，发现正确的结论；演绎推理一般用于证明结论。

8. 模型思想

模型思想的具体建立和应用是帮助学生进一步体会和掌握理解数学与生活相互联系的基本方法和途径。模型思想建立和求解数学模型的方法和过程主要包括：将数学问题抽象，用数学的符号建立方程、不等式、函数等表示数学问题中的各种数量关系和变化规律，求出其结果并讨论其意义。

9. 应用意识

“应用意识有两个方面的含义，一方面是教师有意识地利用数学的基本概念、原理和方法解释现实社会和世界生活中的数学现象；另一方面，认识到在我们的现实生活中蕴涵着大量与数量和图形有关的问题，这些问题都可以将其抽象成数学的问题，用现代数学的知识和方法对其予以分析和解决”。[④] 在整个数学教育的发展和实践过程中都要求教师应该注重培养和提高学生的实践应用

---

① 陈敏．聚焦数学核心素养——第六届中国小学数学峰会综述 [J]. 人民教育，2015(23).

② 陈祥彬．在小学数学教学中渗透数学思想方法 [J]. 课程· 教材· 教法，2010(07).

③ 崔允漷．追问“核心素养”[J]. 全球教育展望，2016(05).

④ 刘伟．初中生数学建摸能力培养研究 [D]. 曲阜师范大学，2020.

数学意识，综合开展的实践应用数学活动是教师培养其应用数学意识很好的途径和载体。[①]

（10）创新意识

创新意识的培养是现代数学教育的基本理念和任务，应该深刻体现在数学教与学的整个过程之中。引导学生自主探究学习并发现问题，这是数学创新的前提和基础；通过归纳学生概括得到的猜想和运算规律，并通过实践加以验证，是数学创新的重要实现方法，在数学学习中要注重自身的独立思考。由于儿童的可塑性高，数学创新意识的培养应该从小抓起，贯穿于数学学习的整个过程始终。[②]

第二节　小学数学核心素养生成路径

“小学数学核心素养”如何在“小学数学学科教学”中形成和落地呢？首先要找准核心学科素养的基本学科定位和属性；其次，将其与自己的特长和教学的实践紧密对接。在一个学科的教学中，要努力地帮助我们的学生更好地掌握学科的基础知识，形成学科基本技能，积累基本的经验、培养基本的品质、反映生活态度，从而在实践中生成基本的价值观和学科核心素养。

核心素养的培养，在其本质上与以人为本或以促进学生综合素质发展为最基本的教育理念要求是一致的。[③]为了更好地便于学生的理解，我们在实际上可以将这个核心素养的概念抽象为这样几句简单的话：因为这个核心素养的概念是后天可以习得的、与特定的情境条件有关的，而不是随时随地都可以表达出来的一种东西；核心素养是通过每一个人的行为表现出来的，因此是可监测的知识、能力和态度；涉及人与社会、人与自己、人与工具三个方面，最终的目标是要落实在每一个人即受教育者身上。

在当前教育学科素养的发展大环境下教师的角色要逐渐转变先前对教学的

① 张先波．中学数学思想的培养研究 [D]. 曲阜师范大学，2020.

② 孔企平．国际数学学习测评：聚焦数学素养的发展 [J]. 全球教育展望，2011(11).

③ 刘庆昌．人文底蕴和科学精神——基于《中国学生发展核心素养》的思考 [J]. 教育发展研究，2017(04).

看法和认识，教师不再仅仅是我们课本上所学知识的一个搬运工，而是整个课程的教学实施者，还是课程的教学设计者，创造者，开发者。所以教师的培养角色要由“教书匠”向“学科专家”的培养方式转变。所以教师的角色要基于自己学科核心的素养，设计课程主题下的教学任务，整合课程的教材内容，开发、创设课程教学的情境，变革学习方式。这需要对教师的关注和培养发生转向，即从关注对知识点的掌握和落实转向关注核心素养的养成，从转向关注“教什么”的发展到转向关注引导学生“学什么”。本研究将从培养数感策略、培养符号意识策略、培养空间意识策略、培养几何直观策略、培养数据分析观念的策略、培养运算能力的策略、培养推理能力的策略、培养应用意识、创新意识十个方面展开对小学数学核心素养生成路径的探析。

一、培养数感的策略

数感的含义及其特征，决定了学生数感的重要性和教育的价值。2011 版《课标》把数感列为十个要素中核心的概念之一，是数学教学的重要内容。在学生数感的建立方面，教师在教学的过程中一定要特别重视低学段的学生对数的认识和感觉的系统建立，建立的数感有助于提高学生对基础数学知识的自我理解和构建。

数感是关于数概念的网络结构，数概念网络结构的形成和稳定过程是学生进行数感自我建立的基础和关键。数感的自我建立有助于加强学生对有关数学知识的自我理解和构建。数感使学生在进行数感自我建立的实践过程中，有很多的机会可以接触和体验现实的问题，与他人一起交流对于有关数的问题的各种个性化理解和看法，用不同的方式引导学生思考和解决同一类的问题。这都说明数感有助于培养学生的自主创新精神和参与实践的能力。

关于学生数与数量的感悟，教材特别提倡在教学活动中注重培养学生的数感，在具体的教学情境中帮助学生建立良好的数概念。紧密结合教学中和现实生活的情境和教学实例，培养了学生良好的数感。数感的培养不是一蹴而就的，教师一定要充分利用学生身边的数学素材，通过丰富多彩的数学生活和情境，努力唤醒和培养学生已有的数学生活知识和经验，让教师引导学生在动手操作、观察、猜测、交流等各种教学活动中，自己动手去感知、发现，从而使学生建立良好的数感。[①]

关于对数量关系的认识与感悟，教材中为学生安排了与估数，猜数，比大小等相关的内容。让中小学生多经历有关测量和计数的实际活动和过程，逐步地积累丰富的数感经验。

关于对运算和结果的估计和对数学的自我感悟，教材特别安排了一系列与估算、笔算、口算相结合的数学教学内容。估算实际上是一种对数学的想象，是运用个人的数学思维在其中探索和理解数学的规律、本质时的一种计算策略。数学估算的目的是能使学生缩短研究和解决数学问题的过程和时间，能使学生获得充分进行对数学探索和发现的空间和机会，能充分锻炼对数学的思维，能充分培养学生的数感。这样会使得学生逐步从自己的感受认识到要结合自己的具体情况正确选择合适的数学计算方法和策略，从而灵活地研究和解决数学问题。要充分引导教师知道学生在充分交流中可以引发学生的数感，数感实际上是一种生理和心灵的感受，学生在充分的交流中同样可以培养和发展学生的数感。在教学中，教师要充分应用这些数感素材，力求充分培养和激发学生的数感。

二、培养符号意识的策略

对于符号意识，无论是在对知识运用技能的培养和学习中，还是在对数学思维的培养过程中都非常应该对此加以充分重视。在培养小学生对符号的意识时，教师一定要注意引导学生在具体的情景中充分利用已有的经验，引发学生的符号意识，对于很多学生来说，数学的符号并不是他们到小学时才刚刚开始接触的，从他们开始记事的时候起就已经在生活中对具体的符号意义有了初步的理解和认识，比如儿童玩具游戏中的各种符号积木、快餐的各种代号等等。但是，学生们并不会将其认识上升到“符号”的高度和意义。在课堂教学中，教师可以通过充分利用学生的这些已有数学经验，结合学生的现实数学情境，增强和培养学生的符号意识。从如何结合学生自己所熟悉的数学情境出发入手，

① 郭民．小学生数感的发展与特征研究 [D]. 东北师范大学，2009.

能够充分调动他们已有的数学知识作为基础，引发学生符号的意识。[①]

体会数学符号的重要性，同时也加强了学生的符号语言与其他的数学语言的互译和表达。在解决数学符号问题中，教师也一定要注重培养学生经历符号具体化的教学过程。尤其在进行小学低年级“解决问题”的具体化教学中，鼓励教师引导学生用自己的符号语言代表具体的事物，画图解决具体问题，以进一步增强其运用数学符号的意识。

对于数学表达符号不仅要“懂”，还要学会“用”。数学的表达实质上就是以数学对象符号或数字作为表达媒介的一种数学语言表达。用符号来发展学生的符号思维意识最重要的方法就是引导学生运用符号思维意识进行对数学的思考，这种方式是最具现代数学教育特色的符号意识思维表达方式。通过培养学生的符号意识，发展学生的数学表达能力，成为当今课堂关注的目标。

借助于数学符号发现问题，经历一个解决问题的过程，发展学生的符号运用意识，符号运用意识的培养仅靠一些单纯的推演训练和对模仿活动的记忆训练是难以达到其预期效果的。数学教师首先要有意识地引导教师让学生有意识地经历一个发现数学问题、提出解决问题、分析处理问题、解决实际问题的数学实践全过程，在这一数学实践过程中让教师引导学生通过积累和运用数学符号的各种数学理论活动和实践经验，更好地认识和感悟数学符号所蕴含的各种数学思想的本质，从而进一步培养和发展其对符号的意识。

三、培养空间意识的策略

空间观念的形成和培养与其发展实际上是一个长期的、需要不断地坚持的教学过程，我们必须要把这一教学目标始终贯穿于在“图形与几何”这个领域空间教学的整个过程中。[②]

教师在课堂教学中可以多层次地引导全体学生动手观察、感知形体的实物和几何图形。同时加强了实验的操作，让全体学生通过测量、折叠、画图掌握了形体的基本特征，在引导学生动手实验操作的课堂教学过程中进一步发展了

① 刘伟 . 初中生数学建模能力培养研究 [D]. 曲阜大学，2020.

② 张先波 . 中学数学思想的培养研究 [D]. 华中师范大学，2019.

学生的形体空间和数学观念，在此基础上去通过比较、分析、综合、猜测、想象形成初步的形体空间和数学观念。

对于许多小学生而言，他们的教学思维以具体形象思维的方式为主，他们缺乏亲身经历的、亲眼看见的、直观的、形象的教学材料，有利于其课堂学习的顺利进行。因此，在课堂教学的过程中，教师一定要多给教师和学生提供一些自己动手学习和操作的时间和机会，在“做一做”“想一想”“说一说”等活动的过程中，让教师和学生多种感官地参与教学活动，多方面获取信息，促进引导学生主动独立思考。这也是教师发展和培养学生的空间思维观念的一种有效途径之一。

空间和想象观念的形成和发展必然离不开观察和想象，因此，在沟通教学中要为教师和学生自己提供一个足够的时间和想象空间让学生去进行观察和创造性的想象。在沟通观念转换的教学过程中发展和培养学生的主体和空间观念。

四、培养几何直观的策略

画图的技能和对图形的变化是几何直观的理论基础。在学生画垂线、平行线、角、三角形、三视图、对称图的操作过程中，在用几何学具对图形进行的平移、旋转中，不仅直观上能够极大地加深学生对几何直观知识的掌握和理解，而且直观上能够为其完成几何直观的理论发展过程积累活动的经验。

运用“数形结合”的方法来培养教师和学生对几何直观的能力和意识，教学中，教师和学生要充分数与形的结合，一方面融会贯通对数学知识、技能的整体认识和理解，另一方面要充分彰显直观的意义和好处，使教师和学生产生几何直观的意识，教师在课堂教学中把对几何直观的意识运用发挥得越充分，直观的表现效果越明显，学生的直观表现意识就一定会越强烈。

培养教师引导学生用这些图形和工具来正确阐述和掌握解释一些数学物理问题的概念和方法，一方面，日常的教学中任课教师一定要特别注重和引导培养学生“画图”，学生自己的图——只要是能对理解概念、理解问题、分析问题、解决问题有帮助即可。另一方面，培养教师引导学生正确掌握一些重要的数学图形和工具。

五、培养数据分析观念的策略

数据分析观念就是我们如何让学生真正体会和认识到一个数据本身是蕴含信息的，信息本身是完全可以被任何人收集和提取的，最终这个信息本身就是为了人们提供服务的，所以我们的教师应该从小开始培养和引导学生对数据分析的观念。

设计问题情境使学生体会需要收集数据，要使学生接受统计特有的观念，最有效的方法是让他们真正投入产生和发展统计观念的全过程[①]。因此，教学中应该更加注重为学生设计一个贴近于学生实际生活的问题情境，使他们亲身经历了收集统计数据、整理统计数据和分析统计数据的整个过程，逐步地形成对统计观念的意识。

六、培养运算能力的策略

1. 注重培养良好的学习习惯。培养学生具有良好的学习习惯是《标准》对数学提出的重要要求。第一，培养学生自己动手解题的习惯。培养学生动脑子动笔、自己动手来计算，并且勤加练习。第二，培养生学仔细认真的习惯。对阿拉伯数字、运算符号严格要求、规范书写。第三，培养学生自觉验算的习惯。让学生意识到验算的重要性，在课堂上有意识地进行引导。

2. 讲清算理、培养数感。在讲计算原理时，可以让教师先讲，学生复述，然后带着算理去计算，之后用算理检验，一遍一遍中熟能生巧。进而，通过把书本与生活情境结合的方法和动手实践的方法培养学生数感。

培养与发展运算能力要实现算理、算法的统一，运算能力不仅包括学生能根据计算法则正确计算，而且包括能理解运算的道理。算理为法则提供了依据，法则又使算理可操作化，即要进行“理法交融”的学习。总之，运算能力的形成不是一蹴而就的，需要教师日复一日地让学生多加练习。

七、培养推理能力的策略

数学不仅非常需要演绎推理，同样也非常需要合情的逻辑推理。教学中教

① 苏会生 . 数学教学中培养学生数据分析意识的策略 [J]. 现代阅读 [教育版]，2013(03).

师应该大胆地尝试引导每个学生通过观察、实验、归纳、类比等多种方法运用来大胆地进行猜想，然后通过演绎推理的各种方法运用来逐步证明一个学生所选择猜想的对象是否正确。

引导学生经历数学活动或依据平日积累的数学知识和方法，发展推理能力教学中，我们应该经常操作、实验、观察等活动，发展学生推理的能力。此外，在教学运算律时，不少教师不仅出示课本中的例题，还启发学生自己编制有关算式，通过观察、比较、分析、交流，来发现并归纳出相关的运算律。这些都有利于学生推理能力的提高。

教师引导学生把自己推理的内容和过程清晰地表达出来，首先，教师要注意引导学生清楚地理解和表达自己推理的过程。这使学生在清晰有条理的语言表达中，锻炼了学生思维的有序性。其次，鼓励教师引导学生大胆地猜想，通过心理实验或者是推理的方法来验证猜想。这些学生为了能清晰地表达自己的心理思考和过程，通常都需要用实物、图画、举例等多种方式准确地验证自己的推理和猜想。

为了发展学生的推理能力，教师应努力对学生的推理进行恰当的评价，同时激发学生间的评价。

八、培养模型思想的策略

模型教学思想的建立是一个循序渐进的过程，真正的目的是使教师和学生在实践中有所发现和感悟。这就需要经历一个长期的实践过程。所以，教师在模型教学中要特别注意根据学生的年龄和特点逐步地渗透，引导学生不断地感悟。

第一学段在模型教学中引导低年级学生有意识地借助直观的模型思想解决实际的问题，用低年级数学模型的概念和思想教学方法来组织和指导低年级数学的教学。不同的模型在年级、内容、学习的对象之间应该可以体现得出一定的相似性和差异，但也可能存在着很大的关联性，根据低年级的学生对数学学习的要求和特点，由具体、形象的实例教学开始，借助实际操作予以系统性的内化和创造性的强化，最后通过对思维的发散和抽象的联想方法加以创造性的扩展和推广，赋予低年级学生更多“模型”意义，初步渗透了低年级的数学意识和建模教学思想。对模型教学意识的培养和对建模思想教学方法的研究和指导，要根据教学的具体内容和具体年级的要求有更深层次的研究和进行。

第二学段的教学中引导教师让学生在观察和解决实际的问题中充分感悟模型的数学概念和模型的思想。在第二学段中，教师可以通过一些具体的问题，引导教师让学生通过观察或者分析，抽象出更为一般的教学模式进行表达。总之，模型对思想的感悟渗透应该是需要多方位的。模型思想的渗透应该是蕴含在对概念、命题、公式、法则的感悟教学中，并且应该要与学生对数感、符号数学意识、空间数学观念等的培养活动结合在一起来。

九、培养应用意识的策略

传统应用数学的教学往往只是重视教师传授的知识，然而，教师要想更好地培养和提高学生的实际应用数学意识，不能只是关注数学知识，还要更加注重把握数学知识的来龙去脉。另外，还要结合具体情境为学生呈现数学知识的形成过程。要想让学生知道数学知识“应用到哪里去”，就要在课堂教学时真实反映生活中数学知识的实际应用和发展过程。这使得学生真正地体会到了数学有用。只有学生真正地认识了生活中数学知识的实际发生、发展的过程和其内涵，才能真正做到会用数学，提高应用意识。

教师在教学中应将培养学生应用意识作为数学课程的重要目标，融于“数与代数”“图形与几何”“统计与概率”和“综合与实践”不同领域的所有内容中去。在教学时，应联系学生生活实际，同时关注生活情境数学化和数学问题生活化，并设计一些需要实际操作的内容和具有现实生活背景的习题，让学生体会生活中有多种包含数学知识的不同问题，而同一个问题可能有多种不同的数学解答。另外，教师可以引导学生在面对实际问题时，要主动尝试从数学的角度运用所学知识和方法去寻求解决问题的策略；面对新的数学知识，要主动寻找其实际背景，并探索其应用价值。

十、培养创新意识的策略

鼓励学生对问题提出质疑是培养学生创新意识的好办法，问题是创新的基础，发现和提出问题是需要氛围的，让学生在这样的环境中活跃起来，敢于提问，敢于发表自己的观点，敢于讨论，敢于坚持。因此，教师要善于营造能够让学生质疑的学习环境。

“做数学”是培养学生创新意识的重要途径，创新意识不是教出来的，而是“做出来的”，是学生在各个教学环节中不断亲身经历、不断锻炼、不断积累而形成的。教师要坚持在“做”的过程中去培养学生的问题意识，从而逐步提升学生的创新意识。最有趣的是学生在做的过程中，自己发现了问题，并及时改正。对知识的理解是在自己做中学会的，同时在做的过程中创新意识有了提升，而学生做的过程其实就是知识再创造的过程。

总之，小学阶段正是对数学学习的重要启蒙阶段，小学生在数学核心素养也正是这个阶段需要长期地积累和培养起来的，不是一朝一夕就可以养成的，此时我们需要更加有意识地培养和引导学生用数学的思维和眼光观察世界，用数学的思维和角度分析世界，用数学的方法和语言表达世界。

第九章　小学英语核心素养及其生成路径

世界各国教育改革的焦点开始转向公民核心素养后，我国也积极组织开展适用于本国指向核心素养目标的教学，并制定了相应的教育政策，实行以“学生核心素养”为统领的课程体系和评价标准。2017 年教育部印发实行新一轮的《普通高中英语课程标准》，明确英语学科教学培养学生的语言能力、文化品格、思维品质和学习能力四个核心素养的指向。英语学科核心素养在具体的生成过程中，呈现出可持续性、应用性、复合性和批判性的特征。小学生英语核心素养的生成有三方面的路径：教师观念的转变、教学目标的精准定位、教学活动的合理设计。

第一节　小学英语核心素养内涵解析

最初，我国英语学科课程标准在小学阶段指向“双基目标”，即之前教案设计常见的基本知识和基本技能，重在培养学生知识的掌握和技能的获得能力。2011 年课程改革后教学目标聚焦于“三维目标”设计，即“知识与技能”“过程与方法”“情感态度与价值观”，增加了关注学生情感态度价值观方面的成长。但随着经济带动教育日新月异的发展，教学的三维目标也有不尽完善之处。人们越来越意识到，“知识型学习者”将不再适应未来社会的发展需求，未来的公民必须具备必备的品格和关键能力，才能以不变应万变。世界各国教育改革的焦点开始由提高公民素质的提法转向“培养公民核心素养”，许多国家和国际组织已经提出并践行了适用于本国围绕核心素养培养的教学指导和教学建议，并制定了相应的教育政策，后来我国也开始转向以“学生核心素养”为统领的课程体系和评价标准，各阶段和各学科都有详细的划分。

一、小学英语核心素养的内涵

学科核心素养是学科育人价值的集中体现，是学生通过学科学习而逐步形成的正确价值观念、必备品格和关键能力。[①]英语学科核心素养是核心素养的具体化，也是欧盟教育目标框架中八大核心素养之一。核心素养背景下的小学英语教学目标从掌握语言运用能力向培养英语学科的核心素养转变，具体划分为语言能力、文化品格、思维品质和学习能力。

（一）语言能力

语言能力指在社会情境中，以听、说、读、看、写的方式理解和表达意义的能力，以及在学习和使用语言的过程中形成的语言意识和语感。英语语言能力是构成英语学科核心素养的基础要素。英语语言能力的提升包括文化意识、思维品质和学习能力的提升，有助于学生拓展国际视野和思维方式，开展跨文化交流。[②]

获得语言能力是进一步提升文化品格、思维品质和学习能力的基础和依托，也是培养小学英语学科核心素养的重要一环。英语学习要求学生在英语课程的学习过程中逐渐储备英语语言的基本知识和发展英语的语感；并获得在特定的语言情境中整合运用所学的语言知识的能力；能够准确地理解口语和书面语篇内容中传达出来的意思；习得英语语言中恰当的表达手法和方式；流利地使用英语口语和书面语传递意义并能够与人用英语进行无障碍交流。

（二）文化意识

文化意识指对中外文化的理解和对优秀文化的认同，是学生在全球化背景下表现出的跨文化认知、态度和行为取向。文化意识体现英语学科核心素养的价值取向。文化意识的培育有助于学生增强国家认同感和家国情怀，坚定文化自信，树立人类命运共同体意识，学会做人做事，成长为有文明素养和社会责

① 中华人民共和国教育部 . 普通高中英语课程标准 [M]. 北京 : 人民教育出版社 .2017.

② 鲁子问 . 小学英语教学设计 [M]. 上海 : 华东师范大学出版社 .2018.

任感的人。①

这里培养的文化意识的核心素养，不仅仅指了解不同国家优秀传统文化现象和形成一定的情感态度与价值观，还包括在学习英语的过程中获得的对语篇内容呈现出来的文化传统和社会文化现象进行评价与批判的能力和自主性，学生能够经过长时间的积累，对语篇反映出来的传统文化和社会文化现象进行解释与说明，能够对语篇表现出来的文化进行选择与归纳，从而在此基础上积累自己的基本文化态度与立场、对优秀文化的认同感和对“美”文化的欣赏与鉴别能力。学生能够通过学习与感悟，对中外文化的异同有基本的理解，对国外优秀文化有简单的认知和判别，形成在世界大的全球化背景下表现出来的包括认知、情感、态度和行为的总的品质。还要能够掌握一些基本的跨文化的知识，如国外的主要节庆活动等，形成对于世界文化，尤其是以英语为母语的国家的文化的理解以及对中外文化差异的批判性理解。

（三）思维品质

思维品质指思维在逻辑性、批判性、创新性等方面所表现的能力和水平。思维品质体现英语学科核心素养的心智特征。思维品质的发展有助于提升学生分析和解决问题的能力，使他们能够从文化视角观察和认识世界，对事物作出正确的价值判断。②

小学英语学科思维品质的培养与英语知识的学习紧密关联，比如理解一些英语的专业概念词汇的内涵与外延，就是以学生语言能力和思维能力为基础的；基于原有的认知基础辨析新的语篇、语段中包含的新语言知识和不同文化习俗；将英语学习中一些专业的概念性名词与现实生活相联系；根据已知的特殊信息提炼抽象事物的共同本质特征，借助英语学科的学习形成新的认知体系，加深对世界的理解和认识；能够分析、推断出英语信息的逻辑关系，理性地表达自己的观点。

（四）学习能力

学习能力指学生积极运用和主动调适英语学习策略、拓宽英语学习渠道、

① 张鲲，吴晓威．英语学科核心素养的特征与培养路径研究 [J]. 吉林省教育学院学报，2019,35(10):19-23.

② 杨志成．核心素养的本质追问与实践探析 [J]. 教育研究，2017,38(07):14-20.

努力提升英语学习效率的意识和能力，是构成英语学科核心素养的条件。学习能力的培养有助于学生做好英语学习的自我管理、养成良好学习习惯、拓宽学习渠道、提高学习效率。[①]

学习能力包括学习动机、学习兴趣、学习态度、学习习惯、学习方法、学习策略和意志等诸多维度表征。学习能力高的人能够并且习惯深入地分析语言现象、积极地探索语言规律及特征，具有较强的主动参与英语实践活动的意识和习惯；习惯适时地反思和评价自己的学习效果，具有基础的元认知能力，会在完成教师引导的活动后自己制定新的学习目标与计划，形成自主学习、合作学习和探究学习的好习惯；也会在学习之外探讨如何利用多种渠道来获取英语学习资源等。小学生在英语课程方面发展的学习能力应该是逐渐主动的学习能力，学生要逐渐学会根据需要调整学习方法与学习策略。

相比之前，英语学科课程标准在语言能力方面关注较多的是听、说、读、写四项基本技能，通过四项基本能力的培养发展学生的综合运用能力。而现在的英语学科核心素养在听、说、读、写技能的基础上增加了对“看”的要求，这里的“看”和“读”不一样，“读”侧重于在阅读过程中对文本的理解和思考，“看”是指将所看到的各种知识应用与场景都纳入已有的知识经验，拓宽学习渠道，更加强调学习的情境性。

梅德明教授在对英语核心素养四大要素阐释时指出：“语言能力是基础要素，文化意识是价值取向，思维品质是心智特征，学习能力是发展条件，四要素相互渗透，融合互动，协调发展，共同服务于英语课程总目标。”[②] 这四个核心素养相辅相成，共同促成英语语言综合运用能力的形成与发展。以语言能力、文化品格、思维品质和学习能力四个方面构成的培养目标，既体现了英语学科的工具性，也体现了其人文性；既有利于学生发展使用语言的能力，又有利于学生开发其思维与智力，从而全方位提高学生的综合素养。

结合《普通高中英语课程标准（实验）》设定的课程目标，“2018 世界英语教师协会 TESOL 大会”描绘了核心素养背景下的中国英语教育教学的新境界：

---

① 刘永凤 . 国际“核心素养”研究的最新进展及启示 [J]. 全球教育展望 ,2017,46(02):31-41+98.

② 张华 . 论核心素养的内涵 [J]. 全球教育展望 ,2016,45(04):10-24.

教育工作者和广大教师要把“学习英语”转变为“通过英语来学习”。聚焦语言、关注内容、培养思维、创造思维。把世界带入课堂，让课堂与生活相连。帮助学生们更好地融入蓬勃发展的社会，在自我实现的基础上也积极发挥其社会功能。

二、小学英语学科核心素养的特征

英语学科核心素养在具体的生成过程中，呈现出可持续性、应用性、复合性和批判性的特征，每一个部分也都不是独立存在的，而是相辅相成的共同体，这四个特征不仅体现出英语学习过程的四个特点，也为教育教学工作指明了设计的方向和要求。

（一）持续性

英语语言的学习是一个逐渐积累的学习过程，小学英语学科核心素养的生成也是一个逐渐积累和不断推进的过程，语言能力、文化品格、思维品质和学习能力的生成不是一蹴而就的。英语学科核心素养的可持续性特征是在全球终身教育观念发展的需要下，学生通过学习形成各自的价值观念、知识储备、关键能力与行为习惯，简单来说就是学生要学会学习。从小学到初中、高中、大学都是紧密衔接、层层递进的，能力发展的阶段和程度也是层层递进的，英语是我们各阶段都接触而且都需要学习的基础学科，但不同年级的知识安排和难易程度是持续发展的，核心素养的生成也是一个需要长期规划的工程。

（二）应用性

英语作为世界上使用最广泛的语言之一，其实用性全世界有目共睹，往小了说，日常生活中常见的一些小商品带的产品介绍；往大了说，各领域内的一些研究性会议或者公司会议都涉及与国际人才的交往。在《全日制义务教育英语课程标准》（2011 版）中，我国英语学科的课程性质就是工具性和人文性的统一[①]。就其工具性而言，它是人类在生存活动中最外显的、最基本的表达工具，也是人类进行思维发展依赖的内部工具，更是我们日常生活中交流传达信息的工具。语言使用的人文性是指人类文化历史进程中的先进部分和核心部分

① 程晓堂，赵思奇．英语学科核心素养的实质内涵 [J]. 课程、教材、教法，2016,36(05):79-86.

都是直接或者间接地通过语言保存和传承至今，并逐渐内化为各国的先进的价值观及规范。就语言的发明者是人来说，人文性也可以理解为是人性与文化性的整合，包括爱国精神、道德情感等精神财产的方方面面。

英语学科核心素养在生成过程中还反映出应用性的特征，主要体现在英语作为一门语言的本质上，即在特定的语言交际场合或者情景对使用英语语言进行交际或非语言交际的活动中。英语学科核心素养中的语言能力和学习能力是与人交往、自我实现的关键能力，是个体主动地应用最频繁的自我生存技巧。吴一安教授认为："语言能力应用既是英语教育的起点，又是英语教育的终点，如此循环往复。"[①] 由此可见核心素养自始至终贯穿并被应用在个体成长发展的过程中。

（三）复合性

语言能力、文化意识、思维品质和学习能力还显示出核心素养的复合性特征。从英语学科的本质来看，英语的运用能力一定是具有整合性的。在一门语言的使用过程中，使用者不仅要熟悉掌握这门语言的惯用语法、语用技巧，还要理解特定的、相关的文章或语篇所呈现出来的基本语用信息、文化背景、内容本身的思维逻辑、科普知识及蕴含价值等等。这里的复合并不是指将原来的五维教育目的简单地重组或合并，而是基于语言知识和语言文化角度思辨考量的升华，是英语作为一门语言其工具性与人文性相得益彰的再现。

就其四者的关系而论，语言能力是掌握基础的语用知识与技能的基础要素，文化意识蕴含着英语学科的价值取向，思维品质体现着英语学科核心素养的认知发展表征，而学习能力又是促进个体自身成长发育的前提条件，所以这四个方面是相互覆盖、彼此融合、协调发展地共同服务于英语学科课程的培养总目标，学生缺少以上任何一项都不能是成功的学习者，所以这四个维度是共生共存的统一体。

（四）批判性

英语学科核心素养的生成还呈现出批判性的特征，其主要表现为注重培养学生基于文化层面的批判思维和思辨能力。就学生的批判思维和思辨能力而言，

① 李艺，钟柏昌．谈"核心素养"[J]. 教育研究，2015,36(09):17-23+63.

一方面强调的是学生在全球化大环境中的能力，包括对基本的文化现象的认知、正确的情感态度与价值观的获得，对于英语语篇反映出的文化传统和社会文化现象能否正确地或者有创见地进行评价和解释，对英语语篇反映的文化内涵能否正确地比较和归纳，进而形成自己坚定的文化立场、认同感及鉴别能力。另一方面强调的是学生在思维发展的逻辑性、创新性以及批判性这三个维度所表现出来的水平和特点。在英语学科的学习过程中，学生会接触到不同文化的背景中发生的事件，日常生活或学习生活中传递出来的情感、态度和价值观等因素。所以学习英语有助于提高学生思维的流畅性和逻辑性，可以极大地丰富学生的思维方式，促进其思维的多元发展，进而全面提升学生的思维能力和批判思维。

第二节　小学英语核心素养生成路径

立足中国的国情和英语教学实际，从时代发展对人才培养的新需求出发，为充分研究中国英语学习者的特点及需求，深入促进中国英语教育的发展，探索中国英语教育的理论模式和实践路径，2018 年在上海举行了第一届“世界英语教师协会大会——TESOL 中国大会”。世界英语教师协会是世界权威的英语学科的教师教育研究机构，协会成立四十多年来一直将“引领英语教师国际化”作为奋斗目标，致力于提高世界英语教师的教学水平和教学质量。期间专家和学者们提出，英语教学应该从单纯的语言知识教学转变为促进国际文化交流和学生全面发展的学科。英语教学的根本目的是促进学生的全面发展，即通过英语学科的教学培养学生的语言能力、思维品质、文化意识和学习能力素养，使学生得到全面的提升与发展[①]。为实现这一目标，无论基础教育阶段的英语课程，还是高等教育阶段的英语专业课程，都应该整体设计教学活动，以人文通识内容为载体，整合语言应用与思维训练的活动，让学生在学习语言知识、获得语言技能、使用语言工具的同时，也能获得思维能力、文化素养和学习能力

① 刘森 . 基于学科核心素养的英语教学——2018 TESOL 中国大会带来的思考 [J]. 教师教育研究 ,2018,30(05):56-60.

的提升。

一、教师观念的转变

要想在有限时间内高效地培养学生的英语核心素养，作为教的主体，英语教师首先要对英语学科核心素养的本质内涵有深入的分析，才能在培养过程中有的放矢，从而帮助学生获得各个方面的能力。也就是说，如果教师的学生观、教学观、课程观、教育观、知识观等不能根据核心素养的焦点而发生转变，那学生的核心素养培养就无法真正落实。教师核心素养观的建立主要通过教师的职前的学习和职后的实践与培训两个途径，因此，要实现教师观念向核心素养的转变，就要在教师专业发展的培训活动中加强对英语学科核心素养和学生核心素养方面的知识与技能讲解，让教师理解核心素养的本质，掌握英语学科核心素养的生成路径，从而建立起以核心素养为框架的教学基本理论。除了培训，教师还要具体参考学生的基础经验水平，逐步建构学生能力培养的教学模式与方案。

同时，英语教师自身核心素养是教师从事教育教学工作所需要的关键、必要的基础性素养之一，是教师通过教育科学的专业学习和教育教学的实践及专业培训逐步形成的，综合了教育学、心理学、课程与教学论等多种基础教育理论与教学实践经验，是系统、全面的素养体系，并且伴随着教师自身专业的成长而不断进步发展。

二、教学目标的精准定位

英语学科核心素养的生成路径探讨，要考虑到小学英语学科核心素养落实到英语课堂教学课堂的各种可能性实施路径。只有不断地探索生成途径与活动设计，才能够真正把英语学科核心素养落实到课堂教学的实践中。北师大王蔷教授在谈到如何在英语教育教学中渗透核心素养时，主张以主题内容的意义探究为目的，以语篇内容为载体，在具体理解和表达的活动情境中，融合知识的学习和技能的发展，通过感知、理解、运用、分析、综合、评价、创新等思维活动的层层推进，构建学生头脑内部的英语结构化知识体系，在分析问题和解决问题的过程中发展学生思维能力及品质，形成对中外文化的理解，塑造学生正确的人生观，具体到小学英语教学中可以从四方面目标的精心设计来落实。

（一）语言能力目标

首先，语言能力目标包括知识目标和技能目标，所以教师在设计语言目标时不应只局限于知识目标，例如语音、词汇和语法等，还应包括语用的技能目标的设计，比如语法的使用，语句之间的衔接等。其次，在设计技能目标时，不仅要强调语言知识的基础，还要特别注重知识体系之间相互建构和语句意义表达的过程中语言知识所起的作用。老师既要在讲解时让学生知道语篇表达的具体内容，还应该在读完某篇文章之后引导学生，让学生能够对其内容进行是非判断和价值分析等思维活动。

除此之外，还要注意对语言能力目标进行表述时要考虑到不同层次的思维活动。例如，英语教材中的阅读理解练习体现了对记忆、理解、应用、分析、综合和评价至少六个层次的认知思维能力的培养。在不同的学习阶段，教科书的阅读理解能力练习各有侧重，教科书内容对认知思维层次的要求也是由易到难。因而是否能够根据不同阶段思维发展的要求对于进行目标设计也十分重要。最后，要强调语篇中隐含的人际意义目标。教科书内语篇的人际意义就是作者在创作文本时，都会直接或间接地体现从自身角度看待问题或者自己的价值，也会为期待的读者刻意设置或者添加部分角色或价值表达。为此，在引领学生阅读理解的过程中，教师应设计一些能促进学生与文本深入交流、与文本的作者互动的活动，进而实现教材编写者或作者与学习者之间的交流与沟通。

（二）文化意识目标

小学英语学科要达成的文化意识目标就是指学生通过英语课程的学习逐渐理解中外文化的差异，形成对优秀文化的认知，在全球化大环境中储备知识、价值判断、观念态度和行为素养等优秀品质。掌握一些基本的跨文化知识，如主要外国国家的主要节庆活动，形成对于世界的丰富文化，主要是英语国家文化的理解以及对中外文化异同的价值判断。从某种角度来看，文化意识的内涵超越了以前关注的跨文化意识和跨文化交际能力。所以，教师在设计文化意识的目标时不仅要让学生了解基本的文化现象、形成情感态度及价值观，还应该让学生自行对文化传统和社会文化现象进行价值判断，并形成自己的坚定立场与态度、文化认同感和鉴别力。

（三）思维品质目标

小学英语的思维品质目标设计要指向其辨析现象的目标，通过设计分类、概括类活动，引导学生建构新的概念；要设计分析和推断信息间逻辑结构的活动；要设计评判各种思想表达的活动，引导学生理性看待、表达自己的观点。语言学习与思维发展的关系是相辅相成的，学习和使用语用知识既要以思维为基础，同时又可促进思维的发展。所以在设计思维品质目标时教师要牢记，要涉及一些与英语学习紧密相关的思维活动，既基于常见的思维活动，又要综合语言能力中的理解和表达能力。除此之外还要注意因材施教，即在教学过程中不仅要建立普遍的思维水平，还要关注到学生逐步形成某方面独有或擅长的思维方式。

（四）学习能力目标

小学生在英语学科发展的学习能力应该是逐渐形成的主动学习的能力，逐渐学会根据学习需要调整适合的学习方法与学习策略。需要注意的是，教师在设计学习能力目标时，不能仅局限于设计学习方法和策略目标，还应该注重英语学习的认识目标和态度目标。例如让学生学会表达自己的观点，要详细阐述同意或不同意的理由；让学生能够从课本中了解丰富的生活实际，从而丰富自己的课外生活，始终保持对英语学习的兴趣和积极兴致。还要在此基础上加强对学生元认知能力的培养，让学生监控、调节和评价自己的学习过程，能够有效提高其学习效率与质量。

三、教学活动的合理设计

小学英语教学活动是为达到小学英语课程与教学目的进行的教与学活动的综合。教学活动进行的基础是学生自主地积极参与，主动地发现、变革、研究自己的英语学习与运用相关经验，以学生英语学习兴趣和学习的内在求知需求为动力，最终促成学生核心素养综合发展的总目标。过去传统的单一教学方法和模式已经不适合现代教育对学生核心素养的要求与节奏。因此，为了能够更好地培养学生，英语老师们要给予足够的重视，对小学生们学习英语的现状和特点进行充分的了解和掌握，在此基础上不断创新出其他教学模式和方法，充分调动与利用学生学习英语的积极性，进而促进学生能够基于兴趣主观能动地学习英语、学好英语。在运用不同的英语教学方法时，老师要结合具体的核心素养培养目标和小学生们特有的年龄特征来进行培养。

（一）语言能力活动

英语学习要求学生在学习的过程中逐渐发展其意识和语感，并获得在现实语境中运用知识的能力，为达成语言能力的教学目标，在进行英语语言能力类教学活动设计时要遵循如下三个原则。

一是要基于隐形的语言知识进行教学设计活动。小学英语语言知识教学的重点在于发展学生的语言意识和语感，而不在于语言知识的讲授。所以无论是 let’s learn、let’s spell、let’s talk、read and write 还是 story time 模块，都应该采用隐形的语言、语法进行渗透，而不是费心让学生死记硬背。以小学阶段字母组合 ea 的发音教学为例，教师不应该直接告诉学生读作什么发音，而是要让学生在学习歌谣的过程中重复地感知。再以现在进行时时态的学习为例，讲课时最好不用现在进行时、现在分词等专业概念进行讲解，而要通过些简单的内容呈现和日常交流互动让学生形成此部分知识的应用意识和语感。二是基于学生能力的逐步提高和发展设计活动。以一般过去时用法为例，小学生可能在小学四年级第一次学习一般过去时，此时我们只是要求全体学生理解一般过去时的语义、部分学生能够初步运用；到五年级学生再次学习一般过去时的时候，我们可以要求全体学生理解一般过去时的语义、更多学生能够初步运用、部分学生能够准确运用；到六年级时，我们就可以要求全体学生理解一般过去时的语义，大部分学生能够初步运用这一结构。三是要基于认知规律综合设计活动。如一、二年级，主要开展语句整体感知教学；到三、四年级，让学生观察语句结构的特征，尤其是动词时态变化等；到五、六年级，则可以适当地引导学生进行语句结构的抽象归纳，但如果发现这种归纳不能帮助学生学习，则应该选择通过案例等形象思维方法进行学习。

常用的语言能力教学活动有语言接触类活动，如听、看、阅读英语语段、图片、视频、说、写等；语言学习类活动，如理解、模仿、训练等；语言运用类活动，如真实情景中的语言运用、运用英语的认知活动等。

（二）文化意识活动

小学英语文化意识教育目标要求英语学科作为全过程教育的组成部分，要主动承担德育及美育的责任，这不是要求小学英语课程承担起全部教学任务，也不是要我们放下语言能力目标，转向发展文化意识，而是要求我们在英语语言教育中，抓住有利的渗透机会，开展文化意识和美感教育。所以小学英语文化意识教学活动设计要遵循两大原则。一是要进行实际的、合理的跨文化知识教学，抓住有利时机，开展跨文化知识教学。二是要注意潜移默化的品格养成教育，这是一个长期的系统工程，包括课堂的展示、家长的引领、社会的培育等等。

在小学阶段培养文化意识的常用教学活动也包括三大类：基于教学内容的跨文化教育活动；基于活动的跨文化教育活动，如重要的英语节庆活动、学校英语节等；身教为主的品格教育活动，如设计日常行为规范；随机的品格教育活动，如课堂与校园生活中适当地文化渗透与品格养成。

（三）思维品质活动

教师在设计培养学生思维品质素养的教学活动时要把握好两个基本原则：发展性原则和语言性原则。作为促进思维品质发展的活动，首先必须具有思维发展的特性，而且只有恰好处于学生思维发展的最近发展区的活动，才能真正具有思维品质的发展性。活动除了要能促进学生思维发展，还必须是基于语言的，而且促进语言应用是第一位的，发展思维是第二位的，所以更应在语言学习中发展思维品质。

小学常用的促成学生思维品质发展的活动包括基于教材设计的、基于学生思维能力设计的两大类。在日常教学中基于教材设计教学活动，我们可以通过提问、解释、分析等方式，组织学生展开讨论、解决问题，促进学生思维品质发展。基于学生思维能力的教学活动，我们可以设计一些文字活动，如把英语字母、单词设计为不容易辨识的状态或者 word puzzle 等形式，通过观察和发现，让学生自己按照类似的方式设计；还可以设计数字活动、识图活动和创造活动等。

除此之外，在小学英语课程教学过程中，老师们要重视对小学生们英语实践能力的培养，不断将道德教育融合到小学英语具体实践性教学活动中，不断培养和提升小学生们的核心素养，让小学生们能够以积极的心态和乐观的性格来更好地学习英语。

（四）学习能力活动

小学生学习能力是逐渐发展的，而且需要较长时间的引导和坚持。所以，要注重培养学生在学习能力养成过程中的学习习惯与学习方法，使其逐渐学会根据学习需要调适学习方法和学习策略。设计发展学习能力的活动首先应该考虑到学习能力发展的渐进性，如单词记忆，我们应该根据学生记忆能力发展规律、记忆规律、记忆内容设计相应的活动，如一二年级以看图、做动作记忆为主，三、四年级以看图、动作记忆和适当的语义和词性记忆为主；五、六年级基本采用词性记忆。

除此之外，还要注意到学习的个性化行为。小学生的能力发展具有明显的差异性，即使是学习成效相同的学生，其学习能力也可能存在差异，所以小学英语学习能力发展活动应该尊重差异性原则，让学生根据学习需要选择感兴趣的、合适的活动。教师在设计活动时可以随机地进行能力培养或者以专题形式进行学生学习能力的培养。

本研究凝练出小学英语学科核心素养的可持续性、应用性、复合性、批判性四个基本特征，阐释了英语学科核心素养是具有不同特性的相辅相成的统一体。同时，根据英语学科核心素养在学生不同学习阶段的异同，从转变教师观念、设计英语学科核心素养的培养目标和挖掘英语教材内容设计教学活动三方面，探寻小学英语学科核心素养的有效培养路径，这对于当下我国小学英语教师培养学生英语学科核心素养具有十分重要的实践意义。

课堂是教师的主战场，是学生学习的主阵地，要使核心素养真正落地生根，需要教师在课堂中不停地实践与探索。如上所述，英语教师应当转变教学理念，根据核心素养可持续性、应用性、复合性、批判性四个特征，加强英语学科核心素养相关知识的学习与研究，真正把英语当成一门语言来教，引导学生把英语当成一种工具来学，凸显英语学习的四个特性。英语教师应当改善学生的学习环境，把知识变成能力，把能力变成素养，真正做到能力与素养并重，思维与文化共存。

第十章　小学科学核心素养及其生成路径

新课程改革以来，提高学生的核心素养已成为我国基础教育的重要目标之一。在基础教育阶段，核心素养在不同学科中又体现出不同的培养需求。具体在小学科学这一学科，在《义务教育小学科学课程标准》中就突出强调了对学生科学素养的培养，要求学生掌握科学的思维方法，提高批判性思维能力、创造性思维能力以及与他人合作交流的能力等。因此如何在小学科学教学中有效培养学生的科学素养也成为科学课程改革的重点。基于此，本章将紧扣小学科学核心素养这一研究问题从国家以及学科的角度对核心素养进行剖析，并从小学科学核心素养的原点出发探讨小学科学核心素养的生成路径。

第一节　小学科学核心素养内涵解析

科技与创新是一个国家发展的核心，是实现生产力再生产以及提高就业竞争能力的根本措施，也是经济可持续发展和社会稳定进步的根本保障。科技的发展依赖于新时代对高科学素养人才的培养，因此世界各国均将培养高科学素质的未来人才作为提升综合国力和国际竞争力的重要措施。随着信息通讯、计算机以及电子技术的迅猛发展，21 世纪已经进入了信息时代，在信息时代人类的某些职业逐渐被计算机、电子设备等所取代，人类的发展也不仅仅依靠以往的单纯认知性发展以及手工作业，而是依靠新知识、新思想以及新技术的发展。与以往教育着重对知识与技能的培养目标相异的是，在知识社会的背景下教育不仅仅为职业培养人才，更重要的是要培养具有适应 21 世纪未来发展的未来人才，培养具有创新能力以及富有责任心的人才。能够适应21世纪信息时代公民生活、职业世界以及个人自我实现的新特点以及新需求的就是21世纪素养，也就是我们今天一直提到的核心素养。因此具有广泛迁移性的核心素养也成为当今教育的重要目标。作为核心素养的重要组成部分的科学素养是培养学生科学创新思维以及探究能力的重要素养之一。对高科学素质人才的培养与小学基础阶段所受到的教育密切相关。作为科学素养培养的起始阶段的小学教育对核心素养的培养有着举足轻重的地位，而小学科学课程是培养小学生科学素养的主要途径。小学科学教育与传统学科显著不同之处就是它注重对孩子天性的激发，挖掘孩子天性中的好奇与兴趣。对培养学生的创新创造能力具有重要意义。加强小学科学核心素养的有效生成是对“为未来社会培养未来人”政策的贯彻落实，是提高国民素质的有效途径，更对国家培养创新型人才具有重大意义。为充分体现信息时代个人发展和社会发展的新特点、新需求，教育部一方面立足我国“立德树人”的根本要求，另一方面充分借鉴国际课程改革的先进经验，确立“核心素养”这一观念，将之作为课程改革的出发点和归宿。因此在小学阶段小学科学核心素养的培养也成为这一阶段教育过程中的首要目标。

核心素养是什么样的素养，它与传统的基础素养有什么差异，近年来为什么核心素养越来越热？培养学生的核心素养到底是培养学生的哪些能力？为什么不同的学科有不同的核心素养要求？小学科学核心素养又包括哪些内涵？我们怎样认识小学科学核心素养？这些问题是我们致力于提升小学科学核心素养不得不面对的问题。

一、核心素养内涵剖析

（一）词源学分析

为了认识核心素养这一概念，首先我们从词源学角度进行分析。“素养”一词，其英文为competence或competency，其拉丁文词根为competere，从词源学上看，它是指各种能力或力量(powers)的聚合，以使人恰当应对情境。①

① Doll，*W.E.Developing Competence*.In Doll，W.E.Pragmatism，Post-Modernism，and Complexity Theory.Edited by Donna Trueit.New York: Routledge，2012: 67，76.

其中，com 是指“聚合”(together)，petere 是指“追求、奋力向前”(to seek，drive forward)，合起来看，competere 即指“合力奋斗”(to strive together)。[①] 这里清晰表明“人为适应环境而合力奋斗”的原初意涵。简言之，“素养”最初是指人恰当应对情境需要的综合能力。它本质上是人的存在状态 (a state of being) 或能力。一个有素养的人，就是当他或她置身于特定情境的时候，有满足情境需要的“恰当性、充分性或态度”。

（二）时代背景分析

在词源学分析之余我们还需要探讨核心素养产生的时代背景。核心素养又称 21 世纪素养，如果说“20 世纪素养”对应的是工业时代，那么“21 世纪素养”对应的则是信息时代。随着信息通讯的高速发展以及计算机与电子通信技术的突飞猛进，与 20 世纪工业时代的鲜明特性相比，21 世纪可以说是迈入了信息高速发展的时代。在信息时代人类的社会经济运作模式以及职业等正在急速发生变化。人们正在加速进入一个知识社会，在知识社会中常规的认知工作以及手工作业的商品性正在逐渐被削弱，取而代之的是人的知识、思想以及技术，它们将逐渐占据商品的主要地位。这种变化将使社会对新时代人类能力要求有所改变。面对着信息时代科学技术的突飞猛进和不停涌现出的新职业，社会对 21 世纪人才的素养有了更加严格的要求。因此 21 世纪的教育将围绕着时代的变化而发生改变。素养不只是知识与技能，它是在特定情境中通过利用和调动心理社会资源 (包括技能和态度)，以满足复杂需要的能力。例如，有效交往的能力是一种素养，它可能利用一个人的语言知识、实用性信息技术技能，以及对其交往的对象的态度。教育将不仅仅指向培养具有知识与技能的人才，更为重要的是培养适应未来社会发展的具有一种以创造与责任心为核心的更加高级的心智能力的人才。这种适应 21 世纪发展的对于人类能力素养的要求就是核心素养要求。

（三）国内外对比分析

在了解了核心素养的背景与内涵之后，我们将对国内外关于核心素养的看法做一个概括。国外荷兰学者沃格特等人在对世界上著名的八个核心素养框架

---

① 陆谷孙 . 英汉大词典 [M]. 上海 : 上海译文出版社，1993:346.

进行比较分析以后得出以下结论：1. 所有框架共同倡导的核心素养是四个：即协作，交往，信息通信技术素养，社会和文化技能、公民素养；2. 大多数框架倡导的核心素养是另外四个：即创造性，批判性思维，问题解决，开发高质量产品的能力或生产性。①

相比国外，国内对于核心素养的概念也是众说纷纭，近年来关于核心素养的提法也越来越热。关于核心素养的主要观点主要有以下几种：有学者认为“核心素养是学生在接受相应学段的教育过程中，逐步形成的适应个人终生发展和社会发展需要的必备品格和关键能力”。② 那么这种关键品格和关键能力又是指向什么呢？在此基础上，研究人员又将培养“全面发展的人”作为核心素养的基本要求。此外钟启泉教授认为核心素养是传统的基础素养在新时代背景下的变式，是基础素养不断升级后的结果。这种说法并没有将核心素养与传统素养割裂开来。通过对国内核心素养的分析发现它并不是崭新的词汇，而是被赋予了新时代精神内涵的基础素养的新形式，是时代变化所形成的自我适应的素养要求。钟启泉教授还指出培养学生的核心素养就是培养学生的“真实性学力”。与应试能力不同，真实性学力是指学生靠真实性学习来获得的能力，也就是学生的核心素养能力。此处的真实性学力是指学生在真实性学习的背景下学到的素养的合理而并不是单纯的知识，更重要的是能力的发展。中国学生在听写算方面的学习已经排在了世界前列，但是与之形成反差的是中国学生在创造力和思维力的发展上与发达国家还存在差距。扭转这种差距的关键就是我们必须进行教学改革来培养我们学生的核心素养，以此实现国家对创造型人才的需求。通过对上述观点的梳理，我们不难发现虽然不同学者对核心素养的定义还存在着一些争议，但是大部分学者均认同核心素养是目前我国教育发展的重要核心。核心素养以发展全面的人为核心，通过对学生各方面素养能力的提升，实现对未来社会培养未来人的教育需求。

---

① Voogt, J. & Roblin N. A comparative analysis of international frameworks for 21st century competences: Implications for national curriculum policies[J].*Journal of Curriculum Studies*, 2012, 44: 3, 299 - 321, 309.

② 林崇德 . 21 世纪学生发展核心素养研究 [M]. 北京 : 北京师范大学出版社，2016.

二、核心素养的认识特点

（一）核心思想素养的建设具有普遍关注性

核心素养的建设受到了当代世界的普遍高度重视，是当前各国际教育组织与各国的政府在共同进行现代化教育改革与现代化课程教学改革时密切关注的问题与热点。虽然各国际教育组织与各国政府在“核心素养”的具体意义表达方式上仍然存在一定的差异，但其核心思想观点是基本共通的，即都高度重视培养本国公民关键的、必要的、重要的核心思想素养。虽然各国核心思想素养的具体意义界定虽然总体上一致，然而各国政府仍然存在一定的具体意义差异，在不同的程度上充分体现了其各自的民族与文化和国家的特色。

（二）核心素养的概念是一个具有多维度、多功能的培养概念

作为核心的素养在本质上是一种知识、技能、态度以及情感的集合，具有整体性，不能孤立地对核心素养中的一个方面进行单独培养，各个素养相互联结，不可分割。[①] 尤其是当核心素养作为其课程目标时，更加强调课程的综合性和整体性。核心的素养还是一种能够同时发挥多项功能的素养，是对每个人都来说具有重要教育意义的综合性素养。一方面，核心素养的目的可以是帮助每一个人充分满足各个人的生活和社会领域的重要技能需求，有助于社会个体的升学、就业、融入国际主流的社会、终身的发展与自我实现以获得成功的生活；另一方面，它还是帮助社会个体与其他人进行广泛的社会参与和与异质性社会群体的互动，以帮助个体达成共同的目标，促成我国人类核心价值理想的形成和实现的素养要求。

（三）核心教育素养是一个协同形成发展的过程

核心素养是在一个人与经济社会的协同发展相互作用下循序渐进形成的。各国际高等教育组织与各国政府所共同提出的培养和核心教育素养的内涵虽然都存在着较大的差异，但均认为具有相互的融合与优势互补之处，并且都特别强调培养和核心教育素养的形成和获得过程是一个持续的、终身的学习教育过程。个体也可以通过不同的手段进入终身教育和学习的阶段，有效地培养并创

---

① 辛涛，姜宇，林崇德．论学生发展核心素养的内涵特征及框架定位 [J]. 中国教育学刊，2016:3-7.

造性地提升自身的培养和核心教育素养。

三、小学科学核心素养内涵解析

在核心素养的概念与特点下我们接着探讨为什么不同的学科有不同的核心素养以及不同学科核心素养的独特性到底在什么地方？首先，我们给学科核心素养一个画像，重新对学科进行定位。学科核心素养顾名思义是学习者在学科学习过程中发展的素养，是学科所特有的心理素质与能力。学科核心素养就像是一个桥梁，能够把过去的内容标准也就是我们所说的知识和学习方法在课堂上有效地连接起来使之落地。教师引导学生学习知识的目的不仅仅在于让他们学习知识本身，更为重要的是要让他们在获取知识的过程当中养成一些素养。学科素养是学习者在学科学习的基础上学习学科基础知识并掌握学科必备技能，以及运用学科的理论知识在现实生活操作中解决现实情境中问题的能力。在科学素养、技术素养与人文素养并称为现代公民三大基本素养的时代背景之下，小学科学课程以培养学生的科学素养为总目标，秉承了为学生继续学习、成为合格公民做铺垫的基本课程理念。① 在新版小学课标中指出科学素养是指明确科学技术知识，以及明确科学技术知识对人类社会产生的巨大影响的素养。人类社会在科学的影响下发生进展。学生应该学会运用基础的科学方法认清事物的科学本质，运用科学的思想来思考现实中的真实情景中的具体问题，以及崇尚对科学真理的探索，并坚持不懈对真理进行检验。将科学理论联系于实际，贯通各方面知识的灵活运用逐渐形成自己的科学素养。基于核心素养而提炼出的不同类别的学科素养，将为我国学科教育体系的重建以及跨学科课程体系的形成提供机遇。②

小学科学核心素养具体就是指学生在接受小学科学教育中循序渐进形成的适应学生终身发展和社会发展所必需的必备品格与关键能力。③ 是学生在小学科学学习过程中，学习与获得的知识与技能、过程与方法、情感态度与价值观

① 冀思琪，刘军.2017 版小学科学课程标准解读 [J]. 教育实践与研究，2017（13）：4-6.

② 钟启泉. 基于核心素养的课程发展：挑战与课题 [J]. 全球教育展望，2016，45（1）：3-24.

③ 核心素养研究课题组. 中国学生发展核心素养 [J]. 中国教育学刊，2016(10)：1-3.

等各个方面的要求的综合体。《小学科学课程标准（2017 年版）》将科学素养界定为“了解必要的科学技术知识及其对社会与个人的影响，知道基本的科学方法，认识科学本质，树立科学思想，崇尚科学精神，并具备一定的处理实际问题、参与公共事务的能力”。[①] 通过对这一概念的深入理解，我们可以将科学素养大致划分为有基本的科学知识素养，能运用科学的方法探索科学的本质，能用科学的思想看待身边的事物，对事物有一个科学客观的认识，而且能够树立科学的精神来认识事物、解决问题。在中国学生发展核心素养的框架中文化基础模块中，主要包括人文底蕴与科学精神，其中科学精神的培养是小学科学核心素养培养的重中之重。在《中国学生发展核心素养》中，科学精神被细化为理性思维、批判质疑、勇于探究三个要点。理性思维就是学生能够崇尚真知，能理解和掌握基本的科学原理和方法；尊重事实和证据，有实证意识和严谨的求知态度；逻辑清晰，能运用科学的思维方式认识事物、解决问题、指导行为等。批判质疑是指学生具有问题意识；能独立思考、独立判断；思维缜密，能多角度、辩证地分析问题，做出选择和决定等。勇于探究是指学生要具有好奇心和想象力；能不畏困难，有坚持不懈的探索精神；能大胆尝试，积极寻求有效的问题解决方法等。科学精神的这三个方面相辅相成，并且这三个要点有一定的梯度，理性思维是基础，在小学科学教学中，寻求学生理性思维的发展，是培植科学精神的重中之重。其中，理性思想的重点包括：崇尚真知，理解和掌握基本的科学原理和方法；尊重事实和证据，有实证意识和严谨的求知态度；逻辑清晰，能运用科学的思维方式认识事物、解决问题、指导行为等。批判质疑要基于理性思维，学生要养成敢于批判的科学精神，敢于质疑课本上的知识，养成独立思考的良好习惯。勇于探究是科学精神的最高阶表现。勇于探究是学生对知识形成浓厚兴趣并通过探究过程进行假设与验证从而获取科学的结果将知识内化为自己的学习结果的过程，是基于理想思维与批判质疑基础上实现的小学科学素养有效养成的重要科学精神之一，也是最高阶的表现。

通过对小学科学核心素养的内涵探析，我们发现小学科学核心素养生成并

---

① 中华人民共和国教育部 . 义务教育小学科学课程标准 [S]. 北京：北京师范大学出版社，2017：1，61.

不只关注于小学科学的学习结果。与之相反，它更多的指向过程。注重学生在学习过程中的体会与感悟。另外一个具备科学素养的公民不仅应该掌握足够的科学知识、科学方法，更需强调科学的思维和科学的精神。通过对小学科学核心素养的具体分析，我们还可以说小学科学核心素养的生成也就是学生通过小学科学课程的学习养成科学学科特性的品质的过程。这些品质主要包括科学观念与应用、科学思维与创新、科学探究与交流、科学态度与责任等方面。

第一，科学观念与应用是其他素养的基础，没有科学的观念就没有基础的科学知识也就无法进行思维与探究。科学观念与应用主要是指小学生能够对具有一般的科学观念知识，并能够用科学的眼光来看待身边的自然现象，将生活与科学观念密切联系起来，从而能够对身边的具体事物有一个科学角度的剖析。能够在小学阶段运用科学观念通过思考与探究来解决他们现实中遇到的问题。在小学阶段的科学素养要求中明确提出学生要能够掌握核心的科学观念并且能够灵活运用。

第二，科学思维与创新是指能够从科学视角对客观事物本质属性、内在规律及相互关系的理性认识的一种思维方式。根据小学生的认知发展特点，小学阶段是学生从形象思维过渡到抽象思维的重要阶段，也是学生理想思维形成的重要时期。理性思维是指学生能够用批判与质疑的眼光经过对事实证据的总结以及推理得出的创造性见解的能力。质疑创新是我们强调的核心素养，其核心是科学创造力，青少年科学创造力的概念、结构、发展、影响因素和培养已有比较系统的研究。[①]思维是学生发展的不竭动力，是学生实现创新的必要条件。也是核心素养的核心要求。教育并不是培养知识的容器，而是培养学生的科学思维与创新意识的能力。

第三，科学探究与交流。探索才能有所发现，交流才能得出真知。探究与交流是学生核心素养中的重要素养要求，也是学生学习过程中的重要手段。它是指学生要具有科学探究的意识，从一定程度上说，表达与交流的实质是一种更深入的探究。“表达与交流”在科学探究中并不是一个形式化的环节，它对于学生理解什么是科学、科学所具有的性质和特点，以及科学的发展过程等都有

① 胡卫平．青少年科学创造力的发展与培养[M]．北京：北京师范大学出版社，2003.

着十分重要的现实意义，而认识到这种意义是使它们成为现实的前提，真正理解到“表达与交流”的意义与价值，才会使“让学生像科学家那样进行科学探究”。引导学生对真问题进行探索和交流对学生科学素养的培养具有重要的意义。这个真问题就是在真实情景中的科学问题。在探索中建立科学的猜测和科学的假设，并通过对信息的处理得出结论进行表达交流。

第四，科学态度与责任是科学素养的一个重要组成部分。首先科学态度是一种隐性的知识，不同的角度科学态度也有不同的内涵。它可以是对科学人物的态度也可以是对科学事物的态度。在科学史中科学家是科学的创造者与传播者，要对他们的品质抱有一种学习与敬畏的态度，时刻鞭策自己向科学家们看齐，用严谨求实的态度要求自己不断进步。它是指对科学和技术抱有的严谨态度以及责任之心。在科学面前严谨求实，主动地去学习科学知识探索自然的奥秘。对待科学有严谨求实的态度以及坚持不懈的探索精神，敢于向权威提出质疑并在探索过程中不断反思。能够具有社会责任感将自己的发展与社会的发展放在一起，勇于探究，主动保护社会环境促进社会的可持续发展。

四、基于 STEM 教育对小学科学核心素养内涵的剖析

在 2017 版小学科学课程标准中我们能够发现在小学科学课程中新增了技术与工程领域内容。基于当前 STEM 教育（STEM 教育中 S 代表 Science——科学，T 代表 Technology——教师，E 代表 Engineening——工程，M 代表 Mathematics——数学）的结构体系来看也新增了“T”和“E”——技术和工程。该项课程目标的增加，不仅指出技术和工程领域是小学生在科学知识的学习中不可缺失的重要组成部分，凸显了小学科学领域对技术和工程领域的重视程度，同时也遵循了标准中“反映国际科学教育的最新成果”的课程设计思路。

在各国致力于培养学生创新思维与创新能力的背景下，STEM 教育一时风靡学校。STEM 教育从根本上讲并不是课程而是一种科学的课程理念。作为一种理念，STEM 教育对小学科学的课程标准产生了深刻的影响。STEM 教育致力于“问题能力、逻辑思维能力、批判性思考能力和创新创造能力”为核心的科学素养。在 2017 版小学科学课程标准中就指出，科学、技术、工程和数学是

一种以项目学习、问题解决为导向的课程组织形式。它既是分科的，又是整合的。它一方面是科学、技术、工程、艺术和数学五个独立的学科领域，同时它又是整合的，又可被看成是一个整体。是跨学科学习的一种学习方式。STEM教育将科学、技术、工程、数学的有机融合为一体，有利于学生创新能力的培养。[①]因此，科学课教师可以尝试运用于自己的教学实践。小学科学与STEM教育在培养学生的核心素养方面有哪些共同之处呢。将如何利用STEM教育的观念培养小学生小学科学核心素养呢。首先小学科学和STEM教育都强调培养学生的解决问题能力。让学生动手操作，经历探索、验证的阶段培养学生解决问题的能力。与传统课堂学习知识的形式不同，STEM教育让学生在做中学，在做中思考。这对小学科学利用实验操作来验证假设这个过程有同样的培养学生素养的作用。其次，STEM教育强调对学生逻辑思维能力的培养，这也是小学科学核心素养中的重要组成部分。

STEM教育运用跨学科的学习方法，创设真实情境进行教学。并不是单一学科的学习，而是综合科学、技术、工程、数学为一体的学习方法，这对学生的逻辑思维能力是一个有效的培养方式。STEM教育重点是加强对学生五个方面素养的培养：分别是科学素养、技术素养、工程素养、数学素养、艺术素养。STEM强调掌握科学的思考方法而不是让学生掌握具体题目的知识点，是培养学生举一反三，发散思维的教育，它可以应用到不同领域。小学是奠定学生科学素养，培养学生对科学学习兴趣的关键阶段，为中学阶段的科学学习打下基础。但是目前在小学教育阶段的小学科学教学上还存在着诸多问题。学生对科学的兴趣和需求，得不到发展和满足。在STEM教育中或许能得到改善的方案。基本路径：发现问题、设计解决方法、利用科学、技术、工程和数学等知识解决问题、运用理性方法验证解决效果。小学科学学科要与小学其他学科密切关联，尤其是数学、语文、综合实践活动等课程。倡导跨学科学习方式，运用STEM教育体系将科学、技术、工程、数学有机地融合在一起，有助于学生科学素养的培养。科学教育工作者应尽可能理解、内化并指导自己的科学教育

① 余胜泉，胡翔.STEM教育理念与跨学科整合模式[J].开放教育研究，2015，21（4）：13-21.

实验，科学教师亦可以尝试将其运用于自己的教学实践之中加深对小学科学核心素养的深入认识与运用。

第二节　小学科学核心素养培养问题

通过对当前小学科学核心素养的研究发现，目前关于小学科学核心素养的培育还存在着诸多问题。在宏观方面主要表现为：国家的政策的不清晰、不明确。中观上表现为：学校整体情况不容乐观；微观上表现为：支援力量不到位，学生意识有待加强；此外，在实践过程中也出现了许多困难。

一、宏观上国家的政策不清晰、不明确

学生发展核心素养与学科核心素养之间的转承关系较为模糊。1. 从培养“完整人”的角度，学生发展核心素养与各学科核心素养内在的关联路径尚不清晰，各学科核心素养在学生发展核心素养中所发挥的作用仍不明确；学科核心素养重要概念也缺乏与学生发展核心素养较为一致的内涵表达。例如，如何理解“小学科学核心素养”，其究竟是从学生出发，学生发展核心素养在学科层面的转化与具体化？还是从学科体系角度出发，每个学科应着重培养的学生应具有的素养？ 2. 学科教学系列更新周期滞后于时代发展，督导体系尚未充分发挥作用。3. 社会人群对科学教育关注程度较低，社会对小学学科的认识还停留在对语数外的认知基础之上，对小学科学这门科目的认识性不高，关注度较低。

二、中观上学校整体情况不容乐观

首先，学校内部对小学科学核心素养培养的关注度不够。1. 不论校长、教师还是家长都对科学教育认识理解得不够深入；2. 校长、教师、家长对核心素养认识不透彻，教师自身科学素质不高，无法在教学过程中很好地进行小学科学课程教育与核心素养的培养。3. 小学科学的重要性没有得到正确的认识，导致小学科学学科被边缘化。学校与家庭无法对科学教育做一个准确的定位。科学教育是发展国家核心竞争力的关键，但是学校与家庭本着分数至上的原则，

容易出现只重视升学率与只重视成绩的状况。其次，教师的专业素质有待提高，岗前、在职培训缺乏；在大学中设立专门小学科学教师教育的专业较少，一般小学科学教师都是主科教师兼教，对教师学科素养要求不高，岗前不会专门进行培训，教师专业素养不高。再次，教学方法过于传统，满足不了学生的需要。与传统学科不同，小学科学是一门具有综合性与实践性的课程。小学科学的教学需要学生在其他学科的基础之上将知识融会贯通，并且需要学生通过实验来学习验证科学知识。它的课程性质要求有灵活的教学方法引导学生进行思考与学习。而现实的小学科学教学过程中方法仍旧传统单一，不能满足学生的学习需求。

三、微观上支援力量不到位，学生意识有待加强

（一）器材配备不足

作为科学学科，实验是小学科学课程设置的基本环节，而实验的进行需要实验仪器的设备支撑。但是在目前的小学学校中实验设备与仪器的配备程度还远远不够。学校的重视程度不够导致仪器配备情况令人担忧。在经济比较发达的城市还有可能配备一些专业的实验室和实验器材，但是对于经济相对落后的农村地区来说，实验器材配备情况不容乐观。存在学校器材陈旧落后的现象甚至有些地区根本没有配备小学科学课实验器材。

（二）实验器材设备与教材不同步

小学科学教材的编制是根据新课程改革的步伐在变动而非一成不变的。随着最新课程标准的内容改变，小学科学的课程内容在随着时代的发展不断改变。这对不关注更新的学校来说，就会造成教学仪器的采购与教材更新的脱节情况。造成教学与设备无法同步匹配

（三）设备使用率不高

有些学校虽然器材的配备比较完善。但是对小学科学设备的使用频次却不高。本来在科学教育专项上投入的资金就不是很多，学校往往会将科学器材视若珍宝而不予以实际利用。学校对器材的使用率不重视，将其作为迎接检查合格的条件。还存在学校对设备的维护保养工作不到位的状况，致使大量仪器设

备被损坏而失去利用价值。

（四）学生方面

主要体现为以下三个方面：

1. 小学生缺乏探索精神

核心素养注重的是对学生学习能力的培养，传统的科学教学方式通常以知识传授为主，缺乏引领学生探索的过程。学生在学习中主要是通过掌握具体的知识点并在考试题目中体现出来，这就是学习的全过程。这样的学习方式忽视了科学的课程特点，在教学过程中老师只注重传授课本知识而忽略对学生科学兴趣的培养，造成学生缺乏科学探索精神。小学生逐渐养成被动接受知识而不主动求知的欲望，这样会逐渐磨灭掉学生主动探索学生的兴趣，最终影响到学生的小学科学核心素养的提高。小学生通过学习小学科学课程能够激发自己的探索思维。在问题情境中增强自己对身边科学现象的了解。只有在真实的情境中通过对真实性问题的探索，在探索中发现才能够将知识内化为促进自身发展的动力。儿童早期科学体验就是儿童在学习、游戏以及日常生活中，通过观察、接触自然界及生活中的各类事物而获得的关于自然事物和现象发生、发展及变化规律的直接体验。较早对儿童进行科学教育，培养儿童早期科学体验，无论在理论层面还是实践层面都具备一定现实意义。

2. 小学生缺乏创新精神

创新是社会进步、国家发展的力量源泉，没有创新社会将寸步难行。在未来社会，创新将占据更加重要的地位。新知识、新思想、新技术的出现将改变一个社会乃至一个国家的命运。因此创新能力的培养是教育培养学生核心素养的重中之重。尤其学生年龄小的时候，就应该注重学生创新能力的培养。科学是一门关于创造性的学科，然而现实生活中小学科学教学方式僵化，学生在枯燥的教育教学中逐渐被磨灭掉学习热情并失去了对创新创造的乐趣。

3. 小学生缺乏实践能力

实践是进行知识学习的最终目的。在现在的小学科学教学过程中由于评价体系仍然只注重对于学生学习成绩的评定，而忽略掉了学习过程的重要性，造成只重视学生知识的学习而忽略实践能力的培养的情况。大多数学生进行实践动手操作的机会很少，试验设备与资源只是学校为应对检查而准备的工具。这种只追求书本知识死记硬背的状况往往导致知识与实践的不挂钩，造成教师盲目追求教学进度，学生学不到真正的东西。因此要培养学生在“做中学”的意识，动手是充分挖掘小学生探索精神的最有效途径。相对于课本上枯燥的知识，通过引导学生实践更能够激发学生学习的兴趣。

四、具体实践过程中亦困难重重

在实践过程中也存在着一些问题，具体表现为：1. 由于学生发展核心素养体系与学科核心素养体系间转承困境的存在，在客观上产生了两体系间相互隔离、脱节的情况，导致在实践层面产生了价值认识上的混乱；2. 以学校为主体所进行的核心素养实践应用虽勇气可嘉，但由于缺乏整体的理论思考与实施方法设计，具有很大程度的盲目性。上述状况给省级层面的课程、教学和评价实施带来了极大的挑战，特别是在义务教育阶段的新课程标准出台目前还未有期限的情况下。如何从对“完整人”的培养角度，以学科课程教学为主要载体落实学生发展核心素养，引领学校和教师向可行的现实目标迈进是当前面临的极其重大而迫切的问题。

针对以上问题，我们需要明晰小学科学核心素养具体指向的是哪些方面，我们需要对它进行一个深度的研究，找到它的本源，寻找培养核心素养的更好方式与路径。

第三节　小学科学核心素养生成路径

通过对小学科学核心素养培养的现存问题进行分析发现，在我国小学科学的教学中有效地培养和提高学生的核心素养时我们必须要明确学生的核心素养并不是某一个具体的学生素养衡量指标，也不是等同于几个具体的素养指标的简单相加，而是各自的素养在适应学生面对具体的问题和情境时培养和发挥的一种合力。基于此核心素养的重要性和培养一定必须要时刻基于保持“全面发展的人”思考，不能只是看见“部分”而完全忽略了“整体”。现代教育应该研究如何促进每个成年人的全面健康发展，应该研究如何使每个人能够借助于小学时期我们所受的传统教育，形成一种独立自主、富有创造性和批判精神的价值观和思想意识，以及如何培养自己的思考和判断能力。基于此核心素养的重要性和生成发展路径认为包括以下几个主要的方面：

一、基于挖掘研究学生的积极性核心驱动力

教师应最大限度地注重挖掘和研究学生自我成长的内在潜质和发展可能性，注重学生理想信念和实践能力综合素养的教育和培养，关注如何提升学生的整体生命教育质量和人生的价值。作为教师要努力成为能够引导学生自主学习的伙伴和引导者，甚至还是与其学生共同成长和学习的好老师和伙伴。让学生能够成为课堂的主体，教师仅仅应该是学生的帮助者与好的伙伴。要想作为一个好的教师培养学生核心素养还需转变课堂教学的理念、提高自身的素养。作为教师不仅要注重培养我们的学生自主掌握课堂基础知识的兴趣和能力，还要注重让我们的学生真正学会如何尊重自己的生命，提升学生的责任感与人生幸福感。在课堂教学中，教师要以培养学生自己为主体，致力于充分培养自己的学生在其学习和研究过程中的主动和参与性，把自己的学生引向他们的“最近发展区”，使他们的学习和思维状态始终保持处于积极活跃的思维状态，为培养学生以后的学习和自我发展能力打下扎实的理论基础。

二、学生核心素养培养与实施的关键在于如何培养教师

基于对学生核心素养评价的现有理念与指标的内隐性与素养要求的动态性等，对于现在的教师也提出了一些新的要求。教师们要主动充当基于学生核心的素养改革课程教学的理念与实践研究的主动参与者。这要求现在的教师们既要主动学习继承已有的核心素养课程改革的理念与实践研究成果，做基于学生核心的素养改革课程核心教学资源的开发与综合利用的主动与行动者。也要主动将课堂基于现有的学生课程中核心素养转化成“可教”的核心素养内容。因为教师要主动做好核心素养下的原有课程与教学的有效衔接，因此现在的教师们也要主动结合起来，做好基于教师和学生自身核心的素养改革与原有课程的

教学核心素养理念与方法和目标的制定与研究的缔造者，而非基于学生核心素养原有的理念与课程教学核心素养的教学理念与目标的制定与执行者。因此教师们也要主动做基于课堂教学核心素养评估理念与指标的制定与改良者，基于教师和学生自身核心素养发展的课程核心素养、学科素养与发展课程核心的素养及其评价方法相应的课程是评价的主要衡量标准，对基于全体学生的核心科学素养及其评估的方法和课堂现有核心的素养评价指标及其内容评价方法进行改良和综合优化。开展个性化学习的诊断与“学会学习”专门的指导。另外由于探究素养教学对于教师的核心素质评价能力要求很高，我们也要求核心素养教师必须努力提高自身的核心科学素质，通晓基础素养科学与探究素养学科的关系，只有具有核心素养的教师才能更好地去组织和引导全体学生积极实施对核心素养的探究教学。我们的教师在从事小学教育与科学这门综合性课程的教学和研究过程中，一定程度上要努力改变其过于传统的课程教学方式，采用一些更能充分体现和突出我国小学生在其学习的过程和实践中的社会主体性和地位的课程和教学方式，吸引更多我国小学生能够积极主动地参与到其教学的过程中，在教学过程中的参与能够帮助学生积极进行思考。教育活动的设计应由“知识本位”走向“素养本位”。[①] 能够帮助学生形成分析问题、解决问题的能力。而学生分析问题及解决问题能力的发展，在一定程度上又是有助于培养学生实践创新能力及科学探究精神的重要前提。

三、小学科学核心素养的培养还需将课本知识与生活联系起来加强学生对知识的建构

知识来源于生活却又高于生活。知识并不是孤立存在的，而是与生活有着密切的联系。但是目前我国小科学教师往往忽视知识与生活的关系，在教学过程中主要以教材上的相关内容为教学内容，而不会将我们生活中常见的问题情境引入教学作为教学内容的呈现方式。这种将教学与生活相剥离的教学方式会让学生产生学习知识并没有实际用途的感觉，让学生渐进失去学习的内在动力。

① 钟启泉．学科教学的发展及其课题：把握“学科素养”的一个视角 [J]. 全球教育展望，2017，46（1）: 11-23.

所以，教师要引导学生在日常生活中通过观察与思考寻找有待解决的真实问题情境，给予学生更多对生活思考的机会，在此基础上完成学生小学科学知识的建构，这样才能有效培养学生的核心素养。

四、教师要通过对问题情境的设置来实现对小学生小学科学核心素养能力的培养

核心素养在小学科学课程中主要表现为学生的科学素养，而科学素养的培养或者是发展更多依赖的是个体的实际操作。真实的问题情境是学生深入理解知识形成的有效途径。在真实情景中引导学生对问题进行思考与动手验证找到解决问题的办法，这个过程其实就是核心素养逐步养成的过程。

五、教育评价是使核心素养完全落地的重要路径

评价是教育效果与学生学习效果的呈现，是对教育进行及时反馈与改善的方式。教学和学习的性质取决于评价，评价同时还可能限制更多创新教学模式的使用。对学生的评价是决定小学科学课程应该如何设置的关键，与西方国家对学生评估形式多样化相比，中国在教育评价上还存在着单一性特点。而且在教育评价中往往是考试评价占主导地位，且考试方式单一、考试内容多以学科知识为主，尤其体现在中考和高考中。对学生的评价可以是内部的或外部的、形成性的或终结性的，并且结果可以用于不同目的。小学科学核心素养是指小学生适应个人终身发展和未来社会发展所需要的必备品格和关键能力，这种素养不是狭隘的素养而是相对宏观和宽泛的。为了促进对小学科学核心素养的培养可以在教育评价上做以下努力：1. 完善终结性评价，落实国家监测 2. 采取多样化的形成性评价手段 3. 基于真实情境的评价。创新传统评价方式，发展真实性评价。[①] 另外，要运用和发展真实性评价。真实性评价是通过观测到学生在特定情境下的行为表现，可判断出学生在一些跨学科素养上的达成程度。

① 李芹．核心素养如何落地——基于欧盟核心素养的实施与评价的启示 [J]. 教学研究 ,2017，40（4）: 18-23.

六、信息技术是为落实核心素养的技术支撑

加强对信息技术的开发能有效提高评估的效率。信息技术能改变评估的方式，通过“互联网+”教育来实现对学生评估信息的大数据处理，使学生评价信息变得简单且科学。比如利用信息技术对学生的评价存储方式以电子学习档案袋的形式进行评价。这种方式可以收集关于学生的各种信息且可供存储的形式也多样化，例如视频、音频、图片和文本等等。对学生的评价不再将是静态的文字语言，在信息技术的支撑下对学生的学习效果、在学习过程中表现出来的动机和情感态度以及采用方式等都以动态的方式进行存储，能够获得更多的信息支撑以完善对学生的评价，让评价更加科学可靠。“互联网+”为教育提供了丰富的资源以及高效的信息化教学方式，推动了教学模式改革，让教育行业看到了更为广阔的发展前景。[①] 此外，随着信息技术的发展能够对海量数据高速处理的情况下，它可以准确灵敏地反映出整个教育系统的运行状态，基于这样的证据所做出的决策，其科学性和可行性是有所保障的，以此能为我国核心素养的实施和评价提供完备的技术支持。

七、教师教育教学观念以及能力的自我提升是落实小学科学核心素养的主要途径

教师是教育教学的践行者，是教给学生知识与技能的直接来源，因此教师的观念以及能力是小学科学核心素养能否养成的关键。教师如何通过自身实现对小学科学核心素养的培养主要包括以下几个方面。

第一，教师教学面向全体学生，要突出全体学生的主体地位。首先，教师必须要始终具有正确的主体学生观，教师应当以毫无差异的态度对待学生，虽然每个学生都存在着各自地区、民族、经济、文化背景和智力等各个方面的巨大差异，但是教师必须要充分肯定每一位学生的成长和价值，为每个学生的成长提供一个适合的、公平的进行学习和发展的机会。要将教师和学生的成长放在自身发展的主体和重要地位。教师要为学生的健康发展和成长留下一个足够的发展空间。

① 余胜泉，王阿习．“互联网+”教育的变革路径 [J]. 中国电化教育 ,2016,(10):1-9.

第二，优秀的教师必须要组织和引导学生积极进行探究式的学习。探究式的学习是在教师的主动参与指导下，组织学生积极主动参与的体验，经历一种科学探究的成长过程的一种学习教育方式。它对于学生获取所需要的科学知识，领悟和发展科学的思想以及形成小学教育中科学核心的素养具有重要的指导性作用。

第三，学校和教师要为广大学生和教师创设良好的探究式学习活动环境，为广大学生和教师提供更多学生自主选择的学习活动空间和充分的探究式自主学习的机会。教师要充分利用广大学校、家庭、社区等各种的资源，创设良好的学习活动环境，引导广大学生主动参与探究，启发广大学生积极的思维。教师要高度重视学校师生之间的互动和生生互动，引导广大学生对自己所学的知识和方法能够进行初步的总结与自我反思，使学生逐步地学会如何调节自身的学习，能够独立和团结合作地学习。强调做到教中学和学中思，通过师生合作式的探究，逐步地培养广大学生对教师提出的科学研究问题的独立思维能力、收集和分析处理科学信息的能力、获取新科学知识的能力、分析科学问题和解决科学问题的能力，以及引导学生交流与开展合作的能力等。

通过对小学科学核心素养的分析，我们深知培养学生科学素养是提高国民科学素养水平的基础，是国家未来创新可持续发展的根本保证。作为基础教育阶段的小学科学教育是培养学生小学科学核心素养的关键时期。通过对目前小学科学核心素养的分析，小学科学课程担负着提高儿童的科学素养、培养学生敢于创新的科学态度、形成坚定不移的科学精神的重任，是为祖国的明天培养创新创造型人才的必要课程。基于小学科学核心素养的重要性，国家已经开始采取措施重点加强对其的培养。但是在具体的落实过程中还存在着种种问题。社会、学校、家庭对科学素养的认识水平还停留在原始阶段，甚至存在一些学校将小学科学课程作为“应付性课程”来处理，无法形成合力共同促进小学科学核心素养的生成，这深深地违背了国家课程标准中的提升素养的初衷。基于此，我们在社会、家庭、学校以及学生本身寻找小学科学核心素养的生成路径并对这些路径进行详细分析。基于对小学科学核心素养的理解以及路径的生成措施可以对小学科学教学改革有新的启示与思路，相信通过对小学科学核心素养培养政策的不断深化，核心素养的培养将贯彻到具体的小学科学教育教学之中，能够为未来社会培养更多的创新型人才，促进国家的进一步繁荣与富强。

第十一章　小学道德与法治核心素养及其生成路径

教育部在 2014 年发表的《关于全面深化课程改革落实立德树人根本任务的意见》中，首次提出了“核心素养”的概念，“学生发展核心素养，主要指学生应具备的，能够适应终身发展和社会发展需要的必备品格和关键能力”。[①] 小学道德与法治课程在基础教育中占据重要的地位，课程旨在提高学生的品德和法治意识，落实“立德树人”的教育任务。因此，小学道德与法治课程成为培养小学生核心素养的关键环节。为有效落实道德与法治课程的核心素养，对道德与法治进行教学分析，提炼核心素养是首要环节。

第一节　道德与法治的核心素养内涵解析

基于新版道德与法治教材的分析、现有的课程标准的分析以及小学生道德品质的特点分析，从中提取了小学道德与法治课程的核心素养，并概括了小学道德与法治核心素养的特点。

一、小学道德与法治课程的核心素养

小学道德与法制课程的核心素养是指培养儿童必备的文化、道德、法治等生存能力，使儿童健康成长并逐步融入社会生活，小学道德与法治课程的核心素养正是小学道德与法治课程标准和具体的教育实践之间的桥梁，通过道德与

① 教育部关于全面深化课程改革落实立德树人根本任务的意见 . 中华人民共和国教育部 [引用日期 2017-01-09].

法治课程的学习，使学生具备相应的核心素养。小学《道德与法治》课程的核心素养包括文化基础、独立自主、道德修养和公民意识四个方面。

（一）文化基础

文化基础是使小学生能够运用人类创造的优秀文明成果尤其是中华优秀传统文化，丰富自己的精神世界，成长为知识渊博、有高尚的追求的人。

当今，我国正建设社会主义文化强国，要求小学生继承人类优秀文明成果，包括我国独特的传统文化和其他民族优秀的文化。学习中华民族的优秀文化不仅有利于实现中华民族的复兴，而且有利于帮助小学生坚定文化自信，助力其成长为合格的接班人；学习其他民族的优秀文化不仅利于文化的交流和借鉴，而且有利于激发本民族文化的创新活力。全球化的今天，中华民族的发展不仅面临着机遇，同时也面临着更多的挑战，提高文化基础不仅有利于学生对历史虚无主义和民族虚无主义提高警惕，而且有利于帮助儿童认同本民族文化，并能够在中华文化的熏陶下成长为合格的新时代青少年。因此，提高学生的文化基础成为道德与法治的一项重任。

（二）道德修养

道德修养就是儿童在社会生存所必须具备的品德，例如诚实、守信、礼貌、勤奋、节约、乐观、友善等基本的道德修养。

当代中国大力弘扬和践行社会主义核心价值观引领国民的道德，倘若一个民族失去道德修养也就意味着该民族失去了社会主义和谐社会，也将无法实现国家和民族的兴旺，因此必须提高儿童的道德修养，使儿童具备基本的道德修养，并对真、善、美产生正确的认识，养成诚信、乐观、友爱的好习惯。增强儿童的道德修养素养有利于儿童在道德知识的学习、传统美德的熏陶、社会公德的教育中形成道德底线思维，坚定自己的道德信念，避免错误的道德行为，成长为有道德修养的合格公民，提高新一代国民的道德素质。

（三）独立自主

独立自主是指儿童学会学习、学会生活，养成遇事“自己想办法”的习惯，逐渐成长为一个有独立意识，自主能力，并能够独立自主生活的新青年。

我国实施人才强国战略，儿童期是培养全面发展新青年的基础期，当代新青年首先应是一个独立自主的人，独立自主是一个人立于社会最基本的能力。因此，随着儿童的成长，家长和老师也应慢慢学会放手，教师和家长应由无微不至的关怀向培养其独立自主能力转变。提高学生独立自主的素养有利于使儿童由需要他人周全照料的孩子成长为独立生活的小大人，在生活中发挥自己的自主性，多做自己力所能及的事情，为其未来的发展打下坚实基础。

（四）法治精神

法治精神包括规则意识和公民意识。法治意识多体现在规则的教育，使学生形成正确的规则意识，由初步懂得遵守规则到形成能够用法律条文维护自己的权益，履行自己的义务的法治意识。公民意识是指学生在社会生活中拥有对国家的归属感、对民族的自豪感、对法治的敬畏感、对人对事的责任感等基本的公民感。

当前，我国努力实现民族复兴的中国梦，这是全体中国人心中共同的梦想，需要每一个中华儿女增强自己的公民意识并为之做出努力，这份努力表现在每一个中国人都要做一个合格的公民并做出正确而有意义的事情，尽自己微薄之力为民族发展凝聚力量。道德与法治课程恰好能有效激发儿童的爱国情怀，增强儿童对祖国的归属感；增强儿童遵法、守法的意识，自觉用相应规则规范自己的行为，提高学生的法治精神；明确学生身为公民应该自觉履行的义务，正确进行自己的公民生活，提高学生的公民意识。总之，提高学生的法治精神素养有利于增强学生的小主人翁意识，自觉做一个知法守法的公民。

二、小学道德与法治核心素养的特征

（一）发展性

发展性是指学生所形成的必备品格和关键能力不仅能够适应自己终身发展的需要而且能够满足社会发展的需要，使学生道德修养、法治意识、文化基础、独立自主能力都能得到提升，并且这四个素养的提升是终身持续不断地提升，这四个素养将共同助力学生的生活和成长，在小学道德与法治课程中所学到的是基础，是一个起点，未来还有初中、高中阶段的学习，并且核心素养的内涵在终身学习中不断完善。

（二）生活性

核心素养源于儿童直接的现实生活，核心素养的落实也是为儿童未来的生活做准备。教学内容也具有生活性，都是从儿童的生活中选择的能够促进儿童社会化的教学内容来培养学生的核心素养。教学方法的选择具有生活性，教学方法适应儿童身心发展水平，多采用情境教学法、角色扮演、模拟游戏等方式，通过用贴近儿童生活的真实情境带学生感受、理解、运用知识。

（三）社会性

小学道德与法治是一门关于社会常识规范教育的综合课程，其宗旨在于实现儿童个体的社会化。儿童的社会化也就是儿童通过获得当前社会需要的知识、技能，内化社会价值规范，融入同伴群体与生存环境并逐渐适应现实社会生活的过程。小学道德与法治核心素养的落实应始终是围绕“社会”这个基本点选择教学内容、组织教学内容，运用合适的教学方法开展教学活动，促进儿童社会性发展，并能够为儿童一生的社会化发展奠定基础、指明方向。

（四）思想性

小学生正处于成长的关键时期，世界观未定型，可塑性极强，所以应格外重视儿童的思想教育。小学道德与法治的教学中，学科的思想性重于学科的知识性，学生的德育重于学生的智育，道德与法治的教学要培养“有道德的人”，学生学习知识不仅是为了掌握知识而是为了提高自己的思想道德水平。道德与法治的学习是基于知识的学习，通过对知识的感悟，获得正确的道德认知，并逐步将正确的道德认知转化为相应的道德行为，是一个思想不断提升、行为不断规范的过程。

三、小学道德与法治的教学分析

要想有效进行一门课程的教学，首先应该做好教材的解读，宏观把握该课程的教材所涵盖的内容，微观挖掘教材的内涵；其次，教师应该借助该学科的课程标准，明确课程的性质、课程的基本理念、课程的设计思路等相关内容，增强对课程的认识；最后，教师应研究学生，摸清学生的品德发展特点，抓住学生的特点并有针对性地进行教学。

（一）基于新版教材的分析

新版本的小学道德与法治教材和儿童的生活紧密联系，从宏观上看，十二本教材按照与儿童生活的远近程度安排了涉及学生个人、家庭、学校、社区、国家和世界六大领域。从微观上看，每一领域的内容又根据学习难度的不同和学生心理发展阶段的不同采用螺旋上升的形式的编排。新教材具有以下特点：

1. 价值观引领

社会主义核心价值观贯穿小学道德与法治六大领域的始终，教育主题突出，主要是日常生活中的基本文明素养教育、规则意识和民主法治教育、爱国爱党教育和革命传统教育、中华优秀传统文化教育、生态伦理教育、国家领土主权教育、开放的国际视野教育，由近及远、由浅入深，引导学生认识和践行社会主义核心价值观，做到内化于心，外化于行。

2. 生活化取材

新版道德与法治教材以生活主题整合学习内容，从生活中选择典型的实例当作素材。新教材通过创设情境，将相应的学习内容恰当地融入学生随年龄增长不断拓宽的生活领域、逐渐丰富的实践经历和日益丰富的社会关系，引导学生运用生活中的经验。例如：六年级下册的第一单元第二课“学会宽容”，新教材选取了挤公交被踩脚的常见生活画面当作素材，让学生各抒己见，自己被人踩了脚怎么办，引导学生拥有一颗宽容的心。

3. 开放性构思

新教材的构思重视教学过程的开放性，注重学生知识获取方式的转变，多采用参观访问、调查研究、交流分享、讨论辨析等方式，调动学生的积极性，引导学生的思维，使学生在开放性的活动中获取正确的观点、践行正确的行为。例如：小学道德与法治五年级下册第一单元第三课“弘扬优秀家风”，活动设置为学生对长辈做一次访谈，了解我们的家风，分析其中蕴含着的中华民族的传统美德，引导学生在这种开放式的活动中探寻优秀家风。

（二）基于现有课标的分析

小学道德与法治课程改名至今没有相应的课程标准，此课程相关的最新版课程标准是 2011 年北京师范大学出版社出版的课程标准，包括适用于小学低年级阶段的《义务教育品德与生活课程标准》和适用于小学高年级阶段的《义务教育品德与社会课程标准》。《义务教育品德与生活课程标准》明确指出“品德与生活课程是以儿童的生活为基础，以培养品德良好、乐于探究、热爱生活的儿童为目标的活动型综合课程”。[①]《义务教育品德与社会课程标准》明确指出“品德与社会课程以社会主义核心价值体系为指导，以满足学生的身心需要为目标，以学生社会生活为基础，注重学生在主动学习的过程中，以学生社会生活为基础，注重学生在主动学习的过程中，初步掌握认识社会事物和现象的方法，提高道德判断和行为选择能力，发展学生主动适应社会、积极参与社会的能力”。[②] 2011 版的品德课程的课程标准有如下几个特征：

1. 植根于真实生活

课程标准植根于学生的真实生活，生活性贯穿于小学品德课的始终，以学生的实际生活为基础进行课程的组织和实施。尤其注重按照学生的生活特点进行教育，这在一定程度上就如陶行知所认为的生活即教育，认为儿童的生活是宝贵的课程资源。儿童在生活中会遇到的典型问题或者是在某一特定年龄迫切满足的需要都是课程资源，将这些资源从生活中提取出来，教师有目的、有计划、有组织地引导学生适应生活、学会生活、创造生活。

2. 促进学生社会性

课程标准关注学生的成长，教育目标旨在促进学生的社会性。品德课程的教学应关注学生的认知、能力、情感价值观的提升，使学生在课程的学习中学会做人、学会做事。首先，应树立正确的自我认识，形成正确的自我概念，为成长为合格的社会公民打基础；其次，应培养学生关心、爱护他人的意识，具备良好的思想品德，积极地参加社会活动，促使学生更好地融入社会、参与社会，促进学生的社会化。

3. 着眼于长远发展

课程标准着眼于学生的长远发展，课程的实施并不仅仅是完成当前限定的

---

① 中华人民共和国教育部 . 义务教育品德与生活课程标准 (2011 年版) [M]. 北京 : 北京师范大学出版社 , 2011:1-24.

② 中华人民共和国教育部 . 义务教育品德与社会课程标准 (2011 年版) [M]. 北京 : 北京师范大学出版社 , 2011:1-28.

目标，课程的教学目标应如斯宾塞所认为的“为未来完满的生活做准备”，因此，课程标准强调课程的综合性、实践性和开放性，这就决定了品德课程不应该仅局限于校内的课堂教学，而是应该多挖掘课堂以外的教育资源，使品德教育涉及生活的多领域、多方面，为学生的长远发展奠定基础。

4. 以学生为本

课程标准认为童年是一段非常之宝贵的时光，小学对于学生很多方面的发展来说都具有奠基性的影响，尤其对学生品德的发展至关重要，因此，应该充分利用小学宝贵的时光。首先，学校和教师应该创设一个良好的校园环境，使儿童自信快乐地成长和学习；其次，课程要求尊重儿童的权利与自由，培养主人翁意识从小慢慢抓起；最后，应充分注意学生的个人特点，有针对性地进行教育，充分发掘每一个学生的潜力，这都充分体现了以学生为本的理念。

（三）基于小学生品德特点的分析

教师进行课程的教学必须深入掌握学生情况，品德课程的教育应深入探究小学生品德发展的特点，在此基础上循序渐进地提升学生的品德。小学生的品德发展主要包括四个方面的内容：一是道德认知，包括道德观念的发展、道德信念、道德判断和评价能力的发展；二是道德情感，包括责任感、集体感、爱国感等；三是道德意志，包括勇敢、坚强、自觉等心理品质；四是道德行为，包括助人为乐、尊老爱幼、热爱集体、见义勇为、关爱他人等行为。这四个方面的品德发展分别呈现出以下特点：

1. 小学生道德认知发展的特点

小学生对于道德观念本身的理解具有不全面性和不准确性，例如，有的同学做事情非常的谨慎，在体育活动中表现得很小心，但是在其他同学看来这是胆小，很明显将“谨慎”和“胆小”混为一谈。但是学生的道德观念随年龄的增长由直观的、表面的、肤浅的理解向抽象的、本质的、深刻的理解转变。小学生的道德判断和评价能力的发展呈现出一定的规律性，表现为由他律到自律、由效果到动机、由片面到全面、由律他到律己的转变规律。小学生道德信念的发展有一定的阶段，一二年级的学生未形成道德信念，三四年级学生初步形成道德信念，五年级学生的道德信念开始表现出一定的独立性和自觉性。

2. 小学生道德情感发展的特点

学生升入小学以后，慢慢融入自己的班级和学校，本身所涉及的活动不断丰富，所接触到的道德情感内容不断增加，学生逐渐产生集体荣誉感、责任义务感等。同时，小学生道德情感的深刻性也在不断增加，小学低年级的学生道德情感是很肤浅的，仅仅是对某一特定的人和某一具体的事的感受，小学高年级学生的道德发展逐渐深刻。我国心理学家揭示了小学生道德情感发展的规律，“小学三年级是道德情感发展的重要转折期，学生的道德情感发展具有不平衡性，道德情感体验从强到弱依次是义务感、荣誉感、良心和爱国主义、幸福感”。①

3. 小学生道德意志发展的特点

随着年级的升高，小学生道德意志的自觉性逐步增强。小学低年级学生做出某一正确的道德行为，往往需要教师或者家长的督促，比如著名的祖母效应，要想让学生尽快完成作业，需要家长或者教师用高概率的事件强化低概率的事件，例如只有当学生能做到诚实守信时，家长才能给学生买玩具。小学生的毅力随年级的升高不断增强，在小学低年级，往往禁不起诱惑，缺乏做出正确的道德行为的毅力，例如，有的同学看到其他同学摘了花坛里的鲜花玩得很开心，自己明知道那是不对却还是经不起诱惑摘了鲜花，但是随着年级的升高，学生能够经得住诱惑不去采摘鲜花，并且还可以劝阻其他同学也不要采摘。

4. 小学生道德行为发展的特点

小学生的道德行为发展的特点可以从小学生的言行关系和道德行为习惯两个方面来分析。小学生的言行关系往往随年龄增长表现出言行不一，年龄越小，言行的一致程度越高。朱智贤教授认为学生的言行不一有四个原因：“第一，出于模仿，正如班杜拉的波波玩偶实验显示的一样，学生容易模仿做出明知不正确的事情；第二，出于无意，小学生往往无意识地做出错误行为；第三，面对不同的对象表现出不同的行为，是否言行一致因面向的对象而异；第四，因毅力不够只说不做。”② 小学生的道德行为习惯处于初步形成阶段，是容易变化的，

① 协作组.《中小学生道德情感发展的研究》[J]《心理发展与教育，1989（3）：1-6，

② 朱智贤：儿童心理学 [M]. 北京，人民教育出版社，1980，385-387.

小学生的道德行为习惯的发展水平呈马鞍型，低年级和高年级的学生水平较高，中年级的学生水平较低。

第二节　核心素养生成中存在问题及原因

核心素养自2014年提出以来，各中小学都在基于核心素养的落实而做出努力，在具体的学科中落实核心素养，小学道德与法治也在不断落实核心素养，核心素养在生成过程中也毫不例外地存在一些问题。

一、核心素养生成中存在问题

（一）“道德与法治”课程边缘化

小学道德与法制课是一门与小学生发展密切相关的重要课程。目标是要让儿童会做人、会做事。当前，有些小学道德与法治的执教教师为兼职教师，这些兼职教师在道德与法治课程之外还承担了一门主课程，甚至有的教师还兼职班主任工作。教师的精力主要倾向于语文、数学、英语这些主课程。随着全国思想政治教师座谈会的召开，教师们都明白立德树人落实核心素养的重要性，但是实际操作起来却是力不从心。道德与法治的课时经常被语文、数学、英语学科占用，尤其1—2年级更为突出，教师不按课程表上课，道德与法治课程成为有时上有时不上的课程，立德树人的主载体学科被边缘化，这就从根本上降低了道德与法制的教学效果。

（二）学生上课积极性不高

教学过程是师生的双边活动，学生是整个活动中的主体，只有充分调动学生积极性才能使学生有足够的学习动力，使其自觉参与到学习过程中并在此过程中表现出积极的状态。尤其是“道德与法治”的学习，教学目标更多的指向学生内在的思想变化，只有学生积极参与到学习探究之中，对所学知识产生共鸣，从内心真正的认可知识、内化知识才能外化为正确的行为。但是，就目前道德与法治的课堂来看，学生课堂状态并不积极，学生学习的动力单纯来源于老师所布置的作业任务，对课程内容的掌握仍然是局限于知识的掌握而非是道德的提升。在道德与法治的学习中，学生处于被动的地位，被动听取教师的言语讲授，被动地接受应有的是非曲直，学生的积极性被磨灭。因此，道德与法治的课程任务很难完成，课程的核心素养也很难落实。

（三）知识教育缺乏思想性

赫尔巴特主张教育性教学，教学应兼顾思想性和知识性。目前，我国小学道德与法治的教学仍然侧重于知识的传授，教师在上课时更重视学生的“双基”落实，至于核心素养的落实就不到位了。教师主要是以知识训练为重，传授知识的方法机械单一，注重知识点的死记硬背。如学习六年级上册“感受生活中的法律”一课，教师将教学目标设置为三维目标，其中情感态度与价值观目标：培养法律认同感，培养法律意识；能力目标：能够使用法律常识规范自己的行为，能够简单区分各种行为对应的法律；知识目标：认识到生活时时处处有法律，我们是生活在法治社会中的，认识和了解刑法、民法和行政法，能够判断一种行为对应的是什么法律。但在实际的教学中教师常采用传授的方式讲述刑法、民法和行政法分别是什么，学生直接记忆并区分知识点，教师重点落实的只是知识与技能目标，教育缺乏思想性。

二、核心素养生成中存在问题的原因

核心素养生成过程中存在的问题大致可以归结为三个原因，第一，缺乏专业的道德与法治教师队伍；第二，没有相对应的新版课程标准的指导；第三，教师缺乏对核心素养的认识。

（一）缺乏专业的教师队伍

自习总书记召开全国思想政治教师座谈会以来，小学里也越来越重视道德与法治课程，但是，仍未实现专业的教师教对应的课程，小学需要大量的道德与法治教师。道德与法治的教师多为兼职教师，教师身兼多个学科，将主要的时间和精力放在了自己所教的主学科，现有的道德与法治课堂的课时得不到保障，被挤出时间学习其他的学科，导致学生的品德教育仅仅停留在表面上。学校和当地教育局进行的所有教师培训、技能展示也多围绕三大主科展开，对于道德与法治课程的教师给予关注较少，教师提升自己教学能力的机会相对较少，道德与法治教师的边缘化直接导致了道德与法治的教学缺乏应有的价值。

（二）缺乏相应课程标准的指导

课程标准是能够凸显课程的性质、课程的基本理念、课程的设计思路、课程目标，指导课程实施的纲领性文件。自新版道德与法治教材投入使用以来，道德与法治教师参考的依旧是 2011 年出版《义务教育品德与生活课程标准》和《义务教育品德与社会课程标准》，尽管这两个课程标准具有很高的参考价值，但是，新版教材较原教材有一定的变动，需要相对应的新版课程标准指导教学。道德与法治的课程标准是指导道德与法治教师解读教材，在此基础之上进行恰当的教学，达成相应的教学目标，落实相对应的核心素养的有力抓手。

（三）教师缺乏对核心素养的认识

教师尚不明确核心素养是什么？核心素养与知识之间是什么关系？核心素养应该如何落实？尽管核心素养早就提出，关于核心素养的报告会和座谈会也是经常开展，但是关于核心素养的落实多集中在主课程和高年级。小学道德与法治的核心素养到底是什么，教师对此的认识大都停留在单纯的提高道德水平；落实道德与法治核心素养与学生掌握知识之间的关系也被简单画上等号，认为道德与法治核心素养的落实就是知识的学习；对于道德与法治核心素养如何落实更是缺乏恰当的方法。教师对道德与法治的核心素养缺乏深入的认识，真正落实起来更是困难重重。

第三节　核心素养生成的对策

一、提高重视程度

（一）严格制定课程方案，保证开课课时

各级教育部门和学校必须采取有效措施，包括督导、检查、问责等一系列措施，保证小学道德与法治课程有开课、开足课。学校必须认识到道德与法治绝不是可有可无的课程，道德与法治课程是国家要求的必上科目，是学生受义务教育不可或缺的课程，是承担学生健康成长、成为品德高尚的合格社会人的重要学科，道德与法治课程应提到与语文、数学和英语主课程相同或者比前三者更高的位置，杜绝出现道德与法治课时被占用以及授课老师不专业的现象。学校应严格按照上级制定的课程方案，保证道德与法治课程的实施，并采取切实的行动保证师资、提高课程地位、提高育人效果。

（二）配齐建强教师队伍，保证师资力量

教学包括三个最基本的要素：第一，教师；第二，学生；第三，教学媒介。由此可见，教师是其中一个重要的因素，教师是整个过程的引领者，提高“道德与法治”课程的教学效果，落实“道德与法治”课程的核心素养，建设优质教师队伍刻不容缓。教育行政部门首先应保证道德与法治任课教师与当前教师需求相匹配，并关注当前教师的离休情况，以根据具体情况适时调整师资。教师是现实社会中的人，教师自己的价值观念、人生信念、社会理想都会在教育过程中有意识或无意识的影响学生，因此可通过公开课、示范课、教师论坛、专家讲座等多种交流学习的途径，引领教师的价值观念，提高教师的质量，配齐建强师资队伍。培育一批政治强、情怀深、视野广、思维新、自律严、人格正的小学道德与法治任课教师，增强小学道德与法治课堂的“思想性、理论性和亲和力、针对性”，为落实核心素养打好基础。[①]

（三）改革考核评价方式，提高分值比重

将道德与法治课程的考试评价提到与语文、数学、英语三大主科同样的位置，树立学科公平的理念，使道德与法治课程能够充分发挥自身的价值。小升初考试中应增加对于道德与法治课程的考核，虽说道德与法制教育没有固定的考核标准，但是德育可以设置开放性的题目，答案无对错之分，重点看学生德育处于什么水平。这样可以从学校、家长和学生三方面提高对道德与法治的重视程度，根据学生所处水平进行有针对性的教育。只有从分数上增加压力，才能使道德与法治课程真正被重视起来，这是改进道德与法治教学最迫切、最有效的举措。

---

① .李中国，孙海英．政治性与学理性统一下思想政治理论课教师的素质提升 [J]. 思想教育研究 ,2019(12).

二、理解核心素养

（一）认清教学目标新阐释

当前，教学目标的论述已经由 2001 年提出的三维教学目标向 2016 年正式颁布的核心素养转变，教师作为教学活动的主导者应迅速做出相应的调整。“教师的教学应由‘为了知识的教学’向‘基于知识的教学’转变”，[①] 知识不再是教学唯一的目的和归宿，而是教学的一种资源，知识和知识教学过程的目的指向于培养学生的核心素养。同时，基于知识的教学也不能忽视了知识的学习，知识是学生核心素养形成的基石，教学不可能脱离知识单独存在，但是，真正有意义的教学又不能只停留在知识的灌输层面，教授知识所达到的效果应高于知识本身，使学生在知识学习中汲取有意义的养分，助力自己的健康成长。学生的学习也应理清学习者与知识的关系，“由‘一个人在学习学科知识’向‘一个学习学科知识的人’转变”，[②] 课堂应由原来三维教学目标的实现转向核心素养的落实，教师在教学准备阶段应充分考虑学生特点、研读教材和课程标准、选择合适的教学方法为落实核心素养服务。

（二）理清核心素养的指向

要想切实落实核心素养，教师必须明确落实核心素养的指向是什么？其指向一定是学生主体，落实核心素养要有学生立场。核心素养应该指向于学生学习的全过程，重点抓学生思想方面的提升。党的十八大报告和党的十九大报告分别提出和强调了“立德树人”是教育的根本任务。习总书记在思想政治教师座谈会上指出思想政治课教学应从娃娃抓起，凸显立德树人工作的实效性和全面性，小学阶段的思想政治教育课程表现为道德与法治课程，那么立德树人则是道德与法治教育应取得的最终价值。道德与法治学科核心素养培育的目标当然也必须指向于学生的发展，也就是促进学生全面、持续、健康发展。学生的全面发展不仅是学生智力的提升，而且是涵盖德、智、体、美、劳等各方面内容的全面提升；这里的持续发展是能遵循教育规律及学生身心发展规律的终生发展过程；这里的健康发展是使学生从内心感受到学习是快乐的、积极向上的、

① 余文森．从“双基”到三维目标再到核心素养——改革开放 40 年我国课程教学改革的三个阶段 [J]. 课程、教材、教法 ,2019,39(09):40-47.

② 周彬．课堂密码 [M]. 上海：华东师范大学出版社 ,2009.

值得的，德性的不断完善是极其有价值成就的。道德与法治学科在落实学科核心素养时，应实施对学生全面、持续、健康发展有利的教学行为，核心素养的落实真正指向于学生的发展。

（三）通过教参领悟核心素养

教师在制订相应课时的教学目标时应有意识地领悟本课内容所蕴含的核心素养有哪几个。首先要学习课程标准以明确课程标准要求，目前可参考 2011 版的《义务教育品德与生活课程标准》和《义务教育品德与社会课程标准》，还可借助以课程标准为参照编写的教学参考书。教学参考书中有对课程标准的整体解读，有对教材使用的整体建议，更有对教材单元内容的解读和使用建议，内容详尽，观点高屋建瓴，是部分专家深入领会课程标准基础之上的集体智慧的结晶。不仅如此，还提供了很多优秀的教学案例，更重要的是会给一线教学的教师们带来启发和思考，可以根据本班学生实际，结合本校实际进行有选择的取舍和借鉴。教学参考书是教师领悟核心素养有价值的资源，可以为教师提供教学参考，包括教学方法参考和教学案例等多方面的参考，教师深入钻研教学参考书不仅有利于加深教师对教材内容的理解，而且有利于准确把握教学目标，更有利于“道德与法治”课程的教学准备和教学实施，从而打好落实核心素养的基础。

教育部还应加快新版课程标准的发表，为教师提供最新版的教学参考资料。首先，相对应的课程标准的编写应该深入解读新版教材，实现新版教材与新版课程标准的思想对应；其次，应认真参考原有的《义务教育品德与生活课程标准》和《义务教育品德与社会课程标准》进行编写、同时还应参考 2016 年出台的青少年法制教育大纲凸显道德与法治课程的法治精神；再次，应该深入把握小学生的身心发展特点，把握小学生随年级增长不断变化的特点，为教学提供有针对性的指导思想；最后，道德与法治课程标准需要明确提出道德与法治的核心素养，并对其进行详细解读，以期在教学中真正能够落实核心素养，培育一代又一代的接班人。

三、采用情境教学

兴趣是调动学生学习的积极性，促使学生由被动学习转向主动学习的一种内部动力。在传统说教式的道德与法治课堂中学生被动地学习，无疑是降低了学生学习的积极性，因此，必须转变教学方法，情境教学则是一个值得探索的好方法。“所谓‘情境’，就是可以产生更强学习动力、可以使人获得更好学习智慧的一种时空和主客体条件。”[①] 情境教学能带给学生参与的兴趣，促使学生产生内在的学习动力，学生的这种内在学习动力也将有效提高课堂效率。

采用情境教学法应该注意以下三点内容：

（一）立足学科特点

“道德与法治学科情境教学重知识与社会的关系性存在，但它首先应该是道德与法治”。[②] 也就是说“道德与法治”课程的落脚点应该是提高学生的文化基础、独立自主、道德修养和公民意识这四个促进学生社会化的核心素养，以知识为媒介落实核心素养，促进儿童的社会化。为此，情境教学过程中的情境设定应该立足于儿童的生活，关注儿童在生活中会遇到哪些具体的生活问题和道德问题。学生的生活问题可以关注学生的学习存在哪些典型的困难，学生的成长带来了哪些典型的烦恼和困扰，学生的同伴关系和家庭关系存在哪些新的变化，将学生的这些典型生活问题当作教学案例的切入点，融入课堂教学，在道德与法治的教学中帮助学生解决烦恼。学生的道德问题可以借助柯尔伯格的三水平六阶段理论来分析不同年级的儿童其道德处于什么水平，了解学生道德发展的具体特点，根据不同年级学生道德的具体特点因材施教，耳濡目染、循序渐进地落实核心素养，促进儿童的社会化。

（二）关注学习过程

道德与法治的教学过程是一个促进学生品德发展矛盾积极转化的过程，儿童现有的道德水平有限，社会对儿童的道德提出一定的新要求，两者之间的矛盾构成了学生学习的动力，学习过程应更多的关注学生道德的提高，有针对性地处理好德育客观要求与学生品德现状的矛盾。道德与法治课程的学习过程实质上是一个学生自我教育的过程，学生自我教育能力包括自我认识、自我期望、自我调控、自我评价，学生只有在学习过程中获得很强的自我教育能力，才会对日常生活中

① 吴康宁 . 情境教育是什么 , 从哪里来 , 往哪里去 [J]. 人民教育 ,2019(17):74-77.

② 孟庆楠 . 杨秀莲 . 学科情境教学 :TIMSS&PIRLS 经验与启示 [J]. 中学政治教学参考 , 2019 (29):43-46.

的问题积极反思，有意识地提高自己的品德水平，同时这种力量才是最持久、最自觉、最有效的内在力量。道德与法治的教育过程应是晓之以理、动之以情的过程，是一个以理服人、以情服人的过程，儿童正处于发展的快速期，这个时期的儿童也拥有极强的自尊心，他们希望自己能够被尊重，如果这时候儿童渴望被尊重的诉求和需要得不到满足，不管多少道德知识都无济于事。教师应多关注道德与法治教育的过程，在教学过程中循序渐进地落实核心素养。

（三）深化实践活动

正如叶圣陶所说那样，"品德教育在于实做，而不是能说会道"。[①] 道德与法治课程教学的目标最终落脚于学生的道德实践活动，例如，开展课前演讲、法治知识竞猜、举办辩论赛、展开角色扮演等活动，道德与法治的教学过程是教学做合一的过程。这个过程中的教师应该是学生学习的引导者而非传授者，教师应有意识地用恰当的教学实践活动引导学生感受真善美、内化应有的价值评判标准；这个过程中的学生是在教师引导下的积极学习者、积极体验者，在积极的体验和感受中学习和成长，使学生成为积极的修炼者。实践活动的初衷指向于知行合一，学生的学习和生活会不断遇到新的问题，道德与法治课程就是要让学生在教师有意识引导的实践活动中去经历未来可能遇到的问题，获得解决问题的办法，因此，深化实践活动应首先注重学生的知；学生在实践活动中获得的经验是为学生未来的为人处世做准备，因此，深化实践活动应该重视学生的行。所以，教师组织实践活动落实核心素养应遵循教学做合一和知行统一的原则。

总之，落实小学道德与法治的核心素养，首先应提高对道德与法治课程的重视程度，使道德与法治核心素养的落实有课时和师资队伍的保障；其次，在受重视的情况下领悟核心素养的内涵，使教师具备落实核心素养的能力基础；最后，根据学生实际情况和教师自身的风格特点合理组织情境教学，提高核心素养的落实效果。通过重视程度的提高，对核心素养理解程度的提高和组织教学能力的提高，来提高道德与法治的教学效果，基于知识教学落实道德与法治的核心素养，必将学生培养成全面发展的新青年。

---

① 沈权 . 基于叶圣陶实践性德育思想的导行策略 [J]. 中学政治教学参考 ,2019(17):38-39.

第十二章　小学劳动教育核心素养及其生成路径

劳动教育的内涵是以提升学生劳动素养为目标的教育活动。《中国学生发展核心素养》中直接与劳动有关的有“劳动意识”和“技术运用”两个要点，其具体表述为核心素养下的劳动教育明确了目标任务，即培养学生“尊重劳动，具有积极的劳动态度和良好的劳动习惯；具有动手操作能力，掌握一定的劳动技能；在主动参加的家务劳动、生产劳动、公益活动和社会实践中，具有改进和创新劳动方式、提高劳动效率的意识；具有通过诚实合法劳动创造成功生活的意识和行动等”，“理解技术与人类文明的有机联系，具有学习掌握技术的兴趣和意愿；具有工程思维，能将创意和方案转化为有形物品或对已有物品进行改进与优化等”。[①]

第一节　小学劳动教育核心素养内涵解析

由于劳动教育与其他四育相互融合、相互贯通，具有树德、增智、强体、育美的作用，因而劳动教育除了直接培养劳动意识、技术运用方面的核心素养以外，对人文情怀、审美情趣、理性思维、勇于探究、乐学善学、勤于反思、信息意识、健全人格、自我管理、社会责任、问题解决等核心素养也具有重要作用，推动着学生的全面发展。但如果将上述要点都列入劳动教育核心素养，却可能造成劳动教育目标的模糊、内容的杂冗、形式的混乱。因此，以《中国学生发展核心素养》中“劳动意识”和“技术运用”两个要点的表述为主要依

① 核心素养研究课题组 . 中国学生发展核心素养 [J]. 中国教育学刊，2016(10)：1-3.

据更便于厘清劳动教育的内涵、任务和主要内容，并以此为依据探索更加有效的劳动素养生成路径。

一、小学劳动教育核心素养三要素

参照《中国学生发展核心素养》有关表述和我国劳动教育发展经验，可以将小学劳动教育应当培养的核心素养大体分解为劳动态度、劳动能力和劳动习惯三个要素。

（一）劳动态度

劳动态度即个体对劳动中的人、观念、情感或者事件等所持的相对稳定的心理倾向，这种心理倾向来源于主观评价，并引发一定的行为倾向。由此可见，劳动态度与认知层面的劳动观念和指向行为的劳动精神紧密相关、不可分割。为了便于理解和表述，可将在劳动方面的主观认识、心理倾向和行为倾向统称为广义的劳动态度，不再加以细分。劳动教育应当培育积极的劳动态度，具体而言包括：正确认识劳动及其对人类社会发展、个人成长的重要意义，形成尊重劳动过程、劳动成果和劳动主体的价值态度，形成以辛勤劳动为荣、以好逸恶劳为耻的荣辱观，产生学习掌握劳动知识和技术的兴趣和意愿；自觉向劳动模范学习，懂得劳动最光荣、劳动最崇高、劳动最伟大、劳动最美丽的道理，产生通过诚实劳动获得幸福、服务他人、奉献社会的意愿。

在小学阶段，应当引导学生做到：初步认识什么是劳动、不同类型的劳动和职业，了解劳动对于自身、他人、社会的重要作用和技术与人类文明的联系，认识劳动的光荣、伟大和幸福，从而尊重劳动者、尊重劳动成果、崇敬劳动模范；在劳动中体验劳动的不易和喜悦，对掌握技术产生初步的兴趣；懂得勤劳、诚实劳动的价值，形成积极主动参与家庭、学校、社会劳动的心理倾向。

（二）劳动能力

劳动能力即个体在从事劳动时所体现出来的探索、认知、改造水平，是在完成劳动任务时所体现出来的综合素质，可以划分为劳动知识、劳动技能、劳动创造性三个方面。劳动教育应当培养必要的劳动能力，具体而言包括：掌握在工作、学习和生活中需要用到的劳动知识，能够正确认识劳动任务，制定科学的劳动方案；掌握一定的劳动技能，能够自主制定方案并将其转化为有形物品，较好地完成劳动任务；在劳动过程中，善于发现和解决问题，具有创新劳动方式、提高劳动效率的意识和能力。

在小学阶段，应当引导学生做到：养成初步的生活自理能力；了解常用劳动工具的结构和用途，能够识读一些简单的图样；具有一定动手操作能力，能够合理选择和正确使用一些生活中常见的劳动工具，利用工具对材料进行有效加工，完成劳动任务；初步培养自我服务、交往服务及社会服务等能力；能够从劳动中发现问题，有创意地解决问题，树立初步的工程思维、创新精神、协作能力。

（三）劳动习惯

劳动习惯即个体长期以来在劳动过程中形成的自动化的、不易改变的行为倾向，其形成与长期相对稳定的劳动情境、有关劳动技能的重复练习密不可分。劳动教育要注重为学生创设适宜的、稳定的劳动情境，并在劳动教育内容安排上适当重复、螺旋上升，引导学生在劳动实践中培养积极的劳动态度、必要的劳动能力，在经常性的劳动行为的基础上逐步形成良好的劳动习惯。

在小学阶段，应当引导学生做到：坚持参加自我服务劳动，体验如何为自己的生活和学习负责，形成良好的作息规律，提高“自己的事情自己做”的意识和能力；初步承担一些力所能及的家务劳动、校内劳动，认真完成家庭、集体分配的劳动任务；认识到自己的劳动对家庭、学校、社会的作用，自觉、主动通过劳动为他人、为社会服务。

二、小学劳动教育核心素养各要素之间的关系

（一）积极的劳动态度是增强劳动能力、养成劳动习惯的指导和动力

劳动态度影响学生在劳动中主观能动性的发挥，直接对其认知活动、情感体验和行为意志产生积极或消极的影响。培养学生正确的劳动价值观念能够使其正确认识劳动本身和劳动过程中的人、观点、事物，产生积极的情感体验，形成相应的行为模式，从而使其自觉学习劳动知识、练习劳动技术、提高劳动能力，主动进行劳动创新与创造，并在遇到挫折时坚定意志继续努力，在积极

的劳动态度指导和激励下，逐步增强自身的劳动能力、养成良好的劳动习惯。

（二）一定的劳动能力是端正劳动态度、优化劳动习惯的基础和保证

劳动教育具有多样化的教育形式，然而任何一种形式的劳动教育都离不开主观或客观上的劳动实践活动，学生只有在劳动实践活动中才能真正提升包括劳动态度、劳动能力、劳动习惯在内的劳动素养。但参与劳动实践活动需要有一定的劳动能力，学生凭借原有的劳动能力进行认知、实践和创造，从而建构和提升新的劳动能力，并在此过程中启发思考、深化体验，形成正确劳动态度和良好的劳动习惯。

（三）良好的劳动习惯是践行劳动价值观、巩固劳动能力的结果和体现

学生通过劳动实践活动，形成并践行劳动态度，习得并且巩固劳动能力，在积极、稳定的劳动态度指导下，在熟练掌握、反复运用劳动能力的基础上，自然养成良好的劳动习惯。因此，劳动习惯是践行劳动价值观、巩固劳动能力所引发的自然而然的结果。同时，劳动习惯作为劳动教育核心素养三要素中直接指向行动的显著外在表征，是相对隐性的劳动态度、劳动能力的鲜明体现，通过考察劳动习惯，可以推断学生是否具有正确、积极的劳动态度和相应的劳动能力。

综上所述，小学劳动教育应当聚焦“劳动意识”和“技术运用”两方面的核心素养要求，培养在小学阶段应当具备的劳动方面的品格和能力，也就是小学劳动教育核心素养。小学劳动教育核心素养具体可以分为劳动态度、劳动能力、劳动习惯三要素。小学劳动教育核心素养三要素之间紧密相关、相互促进、动态发展，统一于小学劳动教育过程中和学生劳动素养生成中。

第二节　小学劳动教育核心素养生成路径

通过梳理我国小学劳动教育 70 余年发展历程、讨论从中得到的启示、解析小学劳动教育核心素养各要素及其关系，可以看出小学劳动教育的目标、内容、方式和评价具有融合性、丰富性、多样性、多元性等特点，小学劳动教育实施的主体必然涉及学校、家庭、企业及其他社会组织等多个方面，小学劳动教育

核心素养的生成路径也必然复杂多样。

但多主体并不意味着无主导，多样化并不意味着随意性，各自为政、各行其是带来的必然是结果的不尽人意。在小学劳动教育过程中，无论是教育目标的规定、教育内容的选择、教学方式的改革还是教学评价的实施，学校无疑都应当占据主导地位，发挥决定性作用；在学校、家庭、企业及其他社会组织协同育人的过程中，学校应当作为引领和枢纽，指导和协调小学劳动教育核心素养培育体系的构建；尤其在很多经济社会欠发达或劳动教育发展不成熟的地区，学校对劳动教育的作用更为关键。因此，从学校角度研究小学劳动核心素养的生成路径尤为重要和有效。

一、加强劳动课程建设

课程是学校教育实施的主阵地，当前我国小学劳动教育对应的主要课程是综合实践活动课，教育部和各地已经陆续制定发布了有关指导性文件，为学校课程建设提供了依据。然而，由于劳动教育资源分配不平衡、不同学校实际办学条件和学生特点不同，有关指导性文件在实施过程中普遍遇到一些困难和问题，影响了课程建设和劳动教育的实效。为了破解小学劳动教育困境，学校可以从以下几方面入手加强课程建设。

（一）常态化开发校本课程

国家和地方各类劳动教育指导性文件规定了劳动教育的基本理念和各学段目标，并对劳动教育的内容和实施策略提出了指导性意见，但由于劳动教育的特殊性，无法制定统一的教材和课程标准，这就要求学校必须提高自身的课程开发能力。学校应当根据劳动教育核心素养、学生身心发展特点和本校实际情况，结合经济社会发展要求，常态化开展劳动教育课程开发工作，形成各具特色、行之有效的劳动教育课程体系。

（二）配齐配强师资队伍

小学教师的招聘、管理和使用普遍以学科为基础，造成了劳动教育教师数量不足、队伍不稳等。同时，劳动教育内容的丰富性、形式的多样性也对教师的知识和能力提出了更高要求，教学过程强调学生自主性的发挥从而造成了更大的不确定性，对教师的课堂管理和综合素质构成了挑战。因而，能否在数量和质量上满足劳动教育对师资队伍的要求，很大程度上决定了劳动教育能否在本校得到有效实施。

（三）改革评价体系

劳动教育相对于其他学科教育，在评价标准、评价主体、评价方式上都更为复杂。学校应当针对劳动教育的特点，不断优化、创新评价体系，根据核心素养要求和实际教学中的劳动任务、劳动价值观、劳动知识与技能、劳动习惯等多方面要求，制定个性化的评价标准，实施过程性评价，将量化评价与质性评价相结合、自我评价与他人评价相结合，发挥评价的教育作用，促进学生劳动教育核心素养的生成。

二、发挥其他学科课程劳动核心素养培育作用

劳动教育与德、智、体、美四育融会贯通、相互促进、相互影响，其内涵涉及思想认识、情感体验、知识技能、行为倾向等多个方面。劳动教育能够促进其他学科所对应的核心素养生成，同样，其他学科的教育教学也对劳动核心素养生成具有重要作用。

（一）发挥语文、英语、道德与法治等学科对培养劳动态度的积极作用

在有关劳动的文学作品当中获得间接的劳动体验，培养对劳动人民的深厚感情，懂得辛勤劳动、奉献社会的光荣与崇高，批判拜金主义、享乐主义等错误思想，尊重劳动者和劳动成果，产生用诚实劳动创造美好生活的愿望；在了解社会现实、辨析思想道德问题的过程中，引发关于劳动本质和价值的思考，懂得辛勤、诚实劳动的价值，形成积极主动参与家庭、学校、社会劳动的心理倾向。

（二）发挥数学、科学、信息技术、体育、艺术、健康等学科对培养劳动能力的积极作用

通过学习数学、科学、信息技术等学科知识，深入认识技术技能的原理，获取更多更全面的劳动知识；通过体育、健康等学科的学习，养成健康的生活习惯，锻炼强健体魄，为提升劳动能力打好基础；通过艺术学科陶冶情操，提

高审美能力，以便在劳动实践中获得审美情趣，并在设计和创造中融入更多审美因素。

（三）发挥各学科学习本身培养劳动习惯的积极作用

“学生”作为一种职业，其本身就具有劳动性质。在各学科学习过程中，可以引导学生理解学习作为劳动的特点及其对自身成长、社会发展的重要作用，将学科学习作为劳动情境，在学习过程中逐步形成自觉、主动投入学习的行为倾向，并有意识地将这种行为倾向迁移到其他劳动中。

三、多渠道为学生提供更多劳动机会

小学生认知发展特点决定了理论灌输效果不如实践体验，劳动态度的形成、知识与技能的获得、劳动习惯的培养都要在劳动实践中实现，劳动教育核心素养的生成要求学校尽可能组织学生进行丰富、多样、充分的劳动实践。除了依托各类课程开展劳动教育，学校还可以通过以下渠道为学生提供更多劳动机会。

（一）科学组织校内劳动

校内劳动是学生生活的天然组成部分，包括生态文明、内务整理、值日保洁、学习整理等多种多样的形式，是劳动教育的重要载体。由于校内劳动通常以小组或班级为单位，更加有利于培养学生的责任意识、合作能力和团队精神。此外，相对于其他劳动教育形式，校内劳动通常按照一定频率反复进行，在培养学生的劳动习惯方面具有显著效果和独特优势。需要注意的是，在组织校内劳动时应注意根据学生的兴趣和能力，螺旋上升地组织劳动内容、确定劳动任务，加强教师的引导，更加有效地培养学生劳动素养。

（二）鼓励引导家庭劳动

家庭对学生的认知、情感、意志、行为的影响具有基础性、潜在性、长期性，在劳动教育过程中，绝不能忽视家庭的作用。在学龄前阶段，学生劳动经验的获得主要来源于家庭，劳动素养的培育主要依靠家长的引导，在家庭劳动中已经形成了一定的态度、能力和习惯。到了小学阶段，家长可能认为学生已经掌握了基本的家务劳动能力，或者认为上学后应当以学业为主，因而放松了对学生家庭劳动方面的要求；也有的家长具有通过家庭劳动提升学生综合素质的意识和愿望，但缺乏科学的指导，没有找到有效的方法，对学生提出的劳动任务和要求与学校劳动教育内容脱节，无法形成劳动教育合力。因此，学校应当重视和加强与家长在劳动教育方面的沟通，在劳动教育意识和能力等方面给予家长相应的协助，科学商定劳动教育的内容、形式、计划，发挥家庭劳动的资源和情境的作用，引导学生在劳动体验中增强劳动兴趣，在规律性的劳动实践中巩固劳动习惯，在不断提升自我服务、家庭服务、交往服务等多方面劳动技能的基础上，认识劳动对于自身、他人和社会的作用，产生通过劳动提升能力、作出贡献的意愿。

（三）经常开展社会服务活动

由于社会服务活动直接组织学生走进社会生活，直接服务于社会组织和他人，有助于学生直观地认识到劳动对社会和他人的作用，并在与有关社会主体的互动中产生劳动光荣、劳动伟大、劳动美丽的真切体验，激发服务他人和社会的主观愿望和行为倾向。学校可以结合当地经济社会发展的特点和需要，针对社会热点、痛点，结合学生身心发展规律，选取具有代表性的典型主题和任务，组织学生参加公益宣传、义务劳动、慰问帮扶、环境整治等多种类型的社会服务活动，引导学生感受生活，体会劳动价值，体验为社会作出贡献的劳动之美。

（四）着力建设综合实践活动基地

综合实践活动基地是综合实践活动课的校外教学场所，通常包括现有综合实践基地、青少年校外活动场所、职业院校和普通高等学校劳动实践场所等。[①] 综合实践活动基地通常具有丰富的劳动教育资源、良好的劳动氛围，能够在一定程度上弥补普通小学在设施设备、活动场所、教师技能等方面等不足，能够通过开发劳动教育项目，开展系统化、专业化的劳动教育，在培养劳动能力方面具有其他形式无法比拟的优势；劳动技术学校通常与企业具有密切的合作关系，普通小学可以通过劳动技术学校组织学生到企业进行现场观摩和职业体验，并由劳动技术学校教师或企业人员进行讲解和指导，对学生进行职业启蒙。国

① 中共中央国务院关于全面加强新时代大中小学劳动教育的意见 [N]. 人民日报，2020-03-27(001)。

务院《关于印发国家职业教育改革实施方案的通知》明确提出“鼓励中等职业学校联合中小学开展劳动和职业启蒙教育，将动手实践内容纳入中小学相关课程和学生综合素质评价”。[①] 学校应充分认识自身在综合实践活动基地建设中应该起到的主导作用，积极与各类有关单位和组织对接，合作建设综合实践活动基地，根据学生的身心发展规律、劳动时间和强度开发多样化的劳动项目，并将其与学校教育教学相融合，与学生综合素质评价相融合，发挥综合实践活动基地的育人功能。

四、在校园文化建设中融入更多劳动教育元素

校园文化是学校的文化底蕴和办学特色的集中体现，深刻影响着学校的教育教学和师生的精神面貌，具有潜移默化的育人作用。校园文化可分为物质、制度、行为、精神等层面，劳动教育因素融入校园文化可以从这四个层面入手。

（一）在校园文化的物质载体中融入劳动教育元素

学校可以在学生经常活动的教学楼、食堂、图书馆、运动场等场所，灵活采用学生喜闻乐见的图片、实物、文字、视频、音乐等形式，宣传劳动的价值意义，宣传劳动模范、大国工匠的成长历程和重要成就，宣传小学生应当掌握的劳动知识、生活技能以及良好的劳动习惯，将劳动教育元素有机融入小学生的学习生活环境。

（二）在校园文化的行为规范中融入劳动教育元素

对小学生行为的规范是促进社会化的有效手段，集中体现了社会对个人各方面的要求，其主要载体是《小学生日常行为规范》和各类班规、校规，通常通过教师的指导、奖励和惩戒实现，有利于按照一定标准塑造小学生的行为习惯，并在实践中逐步培养其正确的价值态度和一定的知识技能。学校应当在小学生行为的要求中有机融入自己的事情自己做、积极参加学校组织的各种劳动、按时完成作业等劳动教育元素，重视行为育人，引导小学生在日常学习和生活的一言一行中提升劳动素养。

---

① 国务院 . 国家职业教育改革实施方案 [J]. 教育科学论坛，2019(06)：3-9.

（三）在校园文化的制度体系中融入劳动教育元素

学校的规章制度体现着学校办学的顶层设计，是开展各项工作的遵循和依据，是确保工作成效、解决突出问题的有效途径，要加强劳动教育必须完善有关规章制度。例如：针对小学劳动教育教学目标和评价标准较为模糊、随意的情况，可以制定相应的课程标准和教学评价制度；针对劳动教育师资队伍数量不足、质量不高、积极性不够的现状，可以健全师资队伍考核评价和激励机制，并在评奖评优、职称评聘等制度中更多向劳动教育工作者倾斜，体现重视劳动教育的导向性；针对增强学生劳动积极性，可以细化过程性考核评价，增加劳动素养指标在素质考评中所占的比重。通过构建核心素养下劳动教育制度体系，引导教师积极投身劳动教育和研究，引导学生崇尚劳动、积极参与，使劳动教育有依据、有措施、有成效。

（四）在校园文化的精神引领中融入劳动教育元素

在长期办学实践中，校园文化经由物质、行为、制度上升到精神层面，凝聚成一所学校的校训、校歌、校风等，在经过学校有意识的总结、提炼、公布、宣传后，会对该校全体师生发挥显著的精神引领作用，作为学校的办学软实力，融入学校的育人环境。以校训为例，目前的小学普遍有本校的校训，然而全国小学数量众多，不便于统计分析。有研究指出“在入选一流大学建设的 36 所高校中，共有 16 所高校在校训中体现了劳动教育的内容”。[①] 例如，重庆大学校训中的“耐苦劳”、北京理工大学等 5 所高校校训中的“勤奋”、南京大学和西北工业大学校训中的“诚”，倡导辛勤、坚强、诚实等劳动态度；浙江大学等 9 所高校校训中提到“创新”，体现了创造性劳动的意识和能力。上述校训中关于劳动教育的表述既体现了劳动教育的要求，又便于理解和记忆，在小学校园文化建设中可以加以借鉴。此外应当注意的是，小学生认知能力和经验、体验有限，在校训制定后需要对小学生进行充分解释、说明，通过讲述日常学习生活中的事例、模范榜样的事迹、有教育意义的故事和组织主题实践活动等方式，帮助小学生理解校训的精神内核，增强对学校的归属感和对校训的认同感，真正将

---

① 刘瑶瑶 . 将劳动教育融入高校校园文化建设的实践路径探析 [J]. 人民日报 . 2020-03-27(001)：58-62.

校训中有关劳动教育的内容内化为学生的思想和行动。

作为社会主义国家，我国坚持马克思主义指导思想，坚持教育的服务功能，坚持教育与生产劳动相结合，充分发挥劳动教育本身的育人作用，与其他四育共同构建适应新时代发展需要的全面育人体系。建国 70 余年来小学劳动教育经历了与生产劳动相结合、与素质教育相融合、与全面育人相契合的发展阶段，启示我们劳动教育具有价值的独特性、内涵的丰富性、方式的多样性、评价的复杂性，其目标任务为提升学生的劳动素养。为了促进小学生劳动素养的生成，应当推进国家、社会、学校、家庭等协同育人，尤其注重发挥学校的关键性作用。总体来讲，学校可以通过加强劳动课程建设、发挥其他课程劳动核心素养培育作用、多渠道为学生提供更多劳动机会、在校园文化建设中融入更多劳动教育元素等方式，更好推进劳动教育，促进小学生劳动核心素养的生成。

第十三章　小学体育与健康核心素养及其生成路径

小学体育与健康学科是培养学生核心素养的重要组成部分，而体育与健康学科的核心素养又包括运动能力、健康行为和体育品德。从我国小学体育与健康教学存在的问题出发，基于小学体育核心素养，对运动能力、健康行为和体育品德的内涵进行分析。在此基础上对小学体育与健康的生成路径从两个大的方面进行路径探析：内部路径从核心素养的内涵出发，基于小学体育与健康的三个基本维度进行路径探析；基于不同教育主体进行路径探析。

第一节　小学体育核心素养的基本内涵

小学体育核心素养的基本内涵：小学体育学科核心素养包括健康意识、体能技能和身体素质。综合国际教育组织及我国的实践经验，可以将体育核心素养对学生个体发展价值表述为："学生通过'体育与健康'课程学习所获得体育知识、技能及体育态度、情感等，具体涵盖了体育三基、体育能力、终身体育思想及体育品质精神等"。其中体育知识、技能的学习与获得是基础，体育态度的培养是关键，体育精神的形成是核心，学生身心健康的实现是最终目标，他们之间属于相互支撑、相互促进、不可分割的关系，是构建学生全面发展的核心因素。这就使得体育教师的备课时间减少，造成体育教师的教学热情被浇灭。由此引发一系列问题：国家体育课程每天锻炼一小时的硬性要求的质量如何提高，教学场地和教学活动内容是否符合小学生身心发展。

一、素养及体育素养

素养不只是知识与技能，是由训练和实践而获得一种修养，从广义上讲，包括道德品质、外表形象、知识水平与能力等各个方面。在知识经济的今天，人的素养的含意大为扩展，它包括思想政治素养、文化素养、业务素养、身心素养等各个方面。例如，有效交往的能力是一种素养，它可能利用一个人的语言知识、实用性信息技术技能，以及对其交往的对象的态度。我国培养学生核心素养的根本目的是为了个人的全面发展，主要体现在知识、技能、情感态度等领域的综合统一体，对个人及社会发展具有重要意义，同时有利于国家综合软实力的提高。在2014年4月出台的文件《教育部关于全面深化课程改革落实立德树人根本任务的意见》中提出，核心素养是每个学生都应该具备的适应其终身发展及社会发展需要的必备品格和关键能力。

2016年，教育部课程标准修订组公布教育部普通高中课程标准之际，首次将“学科核心素养”纳入课程标准，学科核心素养被定义为：学生通过学科课程学习所形成最基本、最重要的素养，是学生在课程学习和实践活动中养成的具有该学科特征的基础知识、基本技能、基本品质和基本经验的综合。学科核心素养是学生在完成学习之后形成的，对是一门学科的具体化，它在体现出学科特点的同时，也能够很好地体现出该学科的价值。小学体育核心素养主要是通过体育学科学习，小学生所掌握与形成的终身锻炼所需要的，全面发展必备的体育情感与品格，运动习惯及健康知识与行为。体育精神是体育学科所特有的培养目标和学科培养价值体现，也是学生终身发展必备的；运动实践，重点集中在学生运动实践能力的形成上，一旦学生具有了运动实践的能力，不仅终身参与体育锻炼有了重要保障，而且，还能够为学生健康发展打下良好基础；健康促进这个维度，与运动实践相似的是也主要集中在能力上，尤其是促进健康的能力，通过体育学科的学习，一旦具备了这种能力，身心健康就有了保障。因此，小学体育核心素养，体育精神、运动实践、健康促进三者缺一不可。

体育核心素养的三个方面符合我国的《体育强国健康纲要》中对体育发展机制的要求，推进体育建设与我国的全面建成小康社会相适应的体育发展的新机制，2035年体育治理体系、治理能力实现现代化。2050年，全面建成社会主义现代化体育强国，人民身体素养和健康水平、体育综合实力和国际影响力居于世界前列。体育教育的目标是把学生培养成身体健康、人格健全和心理健康的完整的人，体育核心素养的三个方面对应了让学生发展成为完整的人的要求。《课程标准（2017年版）》指出："三个方面的学科核心素养联系密切、相互影响，在体育与健康教育教学过程中得以全面发展，并在解决复杂情境的实际问题过程中整体发挥作用。" 此内容旨在说明运动能力是实现健康行为和体育品德的基础；健康行为是发展运动能力和体育品德的核心；体育品德是提高运动能力和改进健康行为的保障。

小学体育与健康学科的核心素养是对运动实践、健康促进和体育精神的细化。小学体育与健康核心素养是指自主健身，即以健身为主，对运动的认识，健身实践和更好适应社会的需要。体育与健康学科核心素养不是单方面存在的，它是三维目标的结合体以促进学生的发展作为核心追求。根据《全国中学生核心素养》培养的基本要求，我国现阶段的体育教育的基本内涵主要包括三个维度：运动能力、健康行为、体育品德。小学阶段体育学科的核心素养与中学体育的核心素养应是一个统一整体，中学生体育核心素养的发展应该以小学体育核心素养为基础，两者应为一脉相承。因此，小学体育核心素养也应为运动能力、健康行为和体育品德。

二、小学体育素养

（一）运动能力

运动能力主要是指体能、技战术能力和心理能力等在身体活动中的综合表现，是人类身体活动的基础。运动能力分为基本运动能力和专项运动能力。基本运动能力是从事生活、劳动和运动所必需的能力；专项运动能力是参与某项运动所需要的能力。[①] 运动能力的具体表现形式为体能状况、运动认知与技战术运用、体育展示与比赛；运动能力又分为：参与组织体育比赛和活动；健身计划的制定及效果评价；大型体育赛事关注度。运动能力主要是指人参加运动和训练所具备的能力，是人的身体形态、素质、机能、技能和心理能力等因素

① 李栋．西安市高中生体育学科核心素养培养的影响因素分析 [D]. 西安体育学院 ,2019.

的综合表现。[①] 从生物化学的观点分析，运动能力高低主要取决于运动过程中能量的供给、转移和利用的能力。[②] 身体基本活动能力是人在生活中随着生长发育而获得的，但也必须通过实际锻炼而得到完善和发展。体育课对于促进儿童身体基本能力的发展起着极为重要的作用。

在小学体育与健康教材中，发展身体基本活动能力的内容占很大比例。儿童的运动能力的发展主要包括两个方面：躯体运动和精细运动。躯体运动又被称为大肌肉运动，主要负责控制躯体。精细运动又称为小肌肉运动或随意运动，新生儿在出生后就具有较强的运动能力，但有些运动能力属于原始反射，如：踏步反射。美国运动生理学家将儿童的运动能力发展分为四个阶段，其中儿童六到十岁是传统意义上的儿童体育运动阶段，儿童可以参与到运动项目中，让此阶段的儿童运动机能得到全面发展。比如足球运动：孩子的跳、跑、踢、抛、接、滑动、转动等能力可以得到综合运用和发展，使手、眼、脑、四肢、肌肉、神经、心理得到平衡的发展。根据小学学生生理和心理特点，把走、跑、跳、投掷、滚翻、平衡和简单的体操动作等内容，统归为"基本运动"；通过这些内容的教学，使学生初步掌握各种运动的基本动作，发展基本活动能力。

小学体育核心素养的基本要求是在整个小学学习过程中能够基本掌握一到两项运动技能，学会用科学的方式进行运动训练，提高自身的运动素养；学生能够解释基本的体能，根据了解的体能知识，制定合理的体能提升计划，并且实施该计划。在运动过程中，小学生能够运用体育与健康中所学习的有关于体育的专业知识与技能，对相关体育技能的规则能熟练掌握，参加并积极参与到体育展示活动中，并在相关的活动中提高学生的水平与运动技能。积极关注相关体育赛事，学生能对体育赛事做出自己的简要评价。

（二）健康行为

健康行为指人们为了增强体质和维持身心健康而进行的各种活动的综合表现，能提高健康意识、改善人民健康状况，现在逐渐成为健康文明生活方式的

① 季浏．培养学科核心素养是体育与健康课程的出发点和落脚点——关于《课程标准(2017年版)》学科核心素养与课程目标的解读 [J]. 中国学校体育 ,2018(04):11-13.

② 张蕴琨，丁树哲．运动生物化学 [M]. 北京：高等教育出版社，2010，200.

关键。健康行为包括养成良好的锻炼、饮食、作息和卫生习惯，控制体重，远离不良嗜好，预防运动损伤和疾病，消除运动疲劳，保持良好心态，适应自然和社会环境的能力等。健康行为的具体表现形式为体育锻炼意识与习惯、健康知识掌握与运用、情绪调控、环境适应。① 健康行为主要包含三个基本方面：体育参与、习惯、管理；合作交往能力；健康管理与生活方式。

小学生参加学校体育活动有助于心脏、肺、肌肉和骨骼的健康成长，还可以提高敏捷性、协调性和平衡性。同时，锻炼也有助于减少压力、焦虑和行为问题。有规律的体育活动可以帮助学生更好地放松，减少肌肉紧张。体育锻炼不仅有助于小学生预防肥胖，还能养成更好的饮食习惯。参加体育活动的小学生通常会吃更多的水果和蔬菜，更不容易超重，更有可能成长为积极参加体育活动的青年。一个好习惯可以导致很多好习惯，所以保持小学生的身体活动对他们的整体健康至关重要。小学阶段的健康行为是小学阶段的学生具有良好的锻炼意识和良好的生活习惯，他们学会如何运动健康知识，与此同时，学生还可以自主调控自己情绪以此来适应多种环境的变化，为以后的健康生活的发展奠定基础。

小学阶段的健康行为要求主要体现在锻炼，健康知识，同伴关系及环境适应上。在学生品德锻炼上要求学生能够认识到体育锻炼的意义并积极参与到体育锻炼中，能够理解并运用基本的健康知识，认识到自己的情绪进行自我调控，在同伴关系中能积极合作，学会适应自然环境。

（三）体育品德

体育品德从总体来讲是指体育运动过程中，运动员、教练员和裁判员在体育活动中应当遵循的道德行为规范以及所形成的积极的，有利于维护社会规范、树立良好的社会风尚价值追求和精神风貌，体育品德的具体表现形式为体育精神、体育道德、体育品格三个方面。② 其中，自尊自信、勇敢顽强、积极进取、超越自我等是体育精神的体现，体育道德体现在遵守规则、诚信自律、公平正

① 季浏．培养学科核心素养是体育与健康课程的出发点和落脚点——关于《课程标准（2017年版）》学科核心素养与课程目标的解读 [J]. 中国学校体育，2018(04):11-13.

② 中华人民共和国教育部制定．普通高中体育与健康课程标准（2017 年版）[M]. 北京：人民教育出版社，2018.

义等方面，体育品格则包含了文明礼貌、相互尊重、团队合作、社会责任感、正确的胜负观等内容。毛泽东青年时代写下《体育之研究》，文中说道："体育一道，配德育与智育，而德智皆寄于体。"[①] 道出了体育之于成长的基本价值。

现代小学体育教育将体育学习视为一种生活哲学——把提高学生的体质、才智和意志素质结合为平衡的整体以达到以体育人的目的。简单而言，体育是对青少年成长起着基石作用的教育形式，不仅是强身健体，还是一种人格教育。在学校的体育教育中学生能够获得的体育品格主要包括学会团队尊重与合作和自尊与自信。参加学校的体育锻炼能获得一种归属感，并成为团队或团体的一部分，还有学生同伴之间的友好交流。小学生在学习中逐渐学会考虑队友的利益同时分享资源，学会相互尊重和合作。这些互动促进了同学之间的联系和持久的友谊，这有助于学生在成长过程中更善于交际。其次，在体育运动中的学生可以塑造更好的形象，在运动中获得成就感，这有助于树立学生的自尊心。

小学是儿童接受教育的初期阶段，此阶段的教育重点并非让学生掌握多少理论知识，而是通过科学、有效的教育方式帮助学生养成良好的生活习惯、学习习惯，促进学生身心健康的全面发展。小学体育与健康是小学教育的重点学科，小学生通过对体育学科的学习，可以增强学生体质，促进学生综合素质的发展。此外，在体育运动的过程中，可以增加学生沟通能力与团队协作能力，让学生拥有集体荣誉感以及强烈的竞争精神，帮助学生从小养成良好的世界观、人生观、价值观。

第二节　小学体育核心素养生成路径

小学体育与健康的核心素养的生成方式有很多种，本节主要从两个角度进行路径探析：一是基于核心素养的要素构成进行探析，二是基于不同的教育主体进行探析。

① 薛原 . 让体育伴随孩子成长 (体坛观澜) [A]. 人民日报 2018. 9.14

一、基于核心素养要素生成路径探析

如何进一步培育小学生体育核心素养，当前的研究主要从小学生身体素养这一层面进行研究，对此，根据以上依据，本节梳理了小学体育核心素养基本内容，进一步阐释小学生核心素养的内部生成路径。

（一）运动能力的生成路径

运动能力的学习条件分为内部条件和外部条件。体育课堂学习运动能力的内部条件主要包括：体育学习动机、“部分技能”回忆、“动作路线”回忆。体育学习动机是由需要所推动的、达到一定目标的行为动力，它起着激发、调节、维持和停止行为的作用。小学生喜欢参与体育学习的动机是因为他们觉得能玩、好玩，他们把体育的学习看成“玩”，这是有区别于其他学科的学习。所以，体育教师应该很好地保护学生的这种动机，让他们在体育课堂中“玩”的开心、“玩”的有收获、“玩”的有发展，即无论在身体体能和运动能力都得到相应的发展，以此使他们体育学习的动机得到更高的发展，从而成为兴趣和爱好。

“部分技能”的回忆，即在学习新的运动技能时，学习者能回忆、从记忆中回忆并做出原有的运动技能,实现学习掌握新的运动技能的过程。[①]“部分技能”的回忆，其实就是学习者原有运动技能的唤醒，促进新技能的形成的过程。所以，在小学体育教学中，设计者应该设计有利于学习者对新运动技能学习有帮助的“部分技能”的回忆，在“部分技能”的回忆中逐步解决对新技能学习的问题和困惑，从而实现对新技能的学习。“动作路线”也成为“执行路线”，即一个动作技能完成的过程，其各个局部技能的出现顺序是一个固定的，也就是说，动作总是按照一定的路线完成的。而往往一个完整动作技能，各个局部的技能学生在某些技能的学习时是已经有个经验的，在学习新的技能时，需要学生有“动作路线”的回忆，把整个动作路线回忆用在新技能的学习中。小学生对体育运动的学习接受能力迅速，通过对所学的技能进行迁移，不仅有助于学生的身体发展，同时有助有学生的智力发展。

运动技能的培养还需要有针对性的外部条件给予相应的学习刺激和学习帮助，这样才能让学习者更快地掌握所学知识。一般来说，体育课堂中学习运动

① 董文梅、毛振明．体育学理之探究 [M]. 北京：北京体育大学出社 .2012.12、164.

技能的外部条件有：语言指导、示范、练习和反馈。语言指导是指教师向学生说明正确的动作、要领及完成动作的顺序。[①]对于小学生来说，语言在体育活动的指导是十分重要的，体育课堂的指导更多的是让学生在实践中去掌握和体会而非学生的机械记忆。示范是指教师或者优秀学生的正确动作示范。正确的动作示范是学习运动技能的重要的外部条件，甚至比语言指导作用更大，因为学生在观察正确动作示范时，他们更易于观察动作的过程、路线和方法，即直观形象的示范更容易在学生的头脑里形成清晰的表现。练习是身体练习为主要手段，是体育学科的基本性质，也是体育学科独有的特点，所以体育课堂中应该给学生更多的时间，进行有效的练习。体育课堂中的练习需要关注以下问题：练习的方式、练习的组织、练习与休息的交替、练习的负荷、练习的效果和练习的手段等。反馈是学习的重要条件，学生在练习中得到他们所做动作的反馈，才能帮助学生更好完成动作的学习，即明白动作的完成情况、优点在哪、不足在哪、调整的方法是什么等。老师们知道，当孩子们得到与他们学习努力相关的具体反馈时，他们的学习效果最好。为了帮助孩子学习基本的运动技能，教师必须为孩子提供学习反馈。具体的反馈对学生以后的体育训练提供了必要的信息。教师应该告诉孩子们他们已经掌握了基本动作技能的哪些部分，哪些部分需要提高。

从体育运动技能培养的条件分析，教师应该确立以学习者为课堂的主体思想，无论是激发学生的内部条件，还是外部条件，需要摆正课堂中教师与学生的位置。明确教师的“教”是为了学生更好的“学”的思想，所有的“教”，都是为了促进学生的“学”，围绕学生的更高效的“学”，根据学情实施有效的“教”。

（二）健康行为的生成路径

健康行为主要包括身体健康和心理健康，健康行为的表现是身体健康和心理健康的统一，是两者综合的外在表现形式。培养健康行为在小学体育与健康教学中是极其重要的。教师可以采用固定体育课前热身活动让小学生养成良好的体育锻炼习惯，从课前热身运动中明白热身运动对身体发展的重要性。同时

---

① 张笛，汉语儿童句末语气词获得研究 [M]. 北京：新华出版社，2019.

可以设置一些小游戏，采取小组合作或探究形式开展体育活动，学生能够从合作中体会体育的乐趣和明白与他人合作的重要性。在理论学习的过程中应该以案例为主，增加学习的直观性，培养学生良好的饮食及锻炼习惯。

在对小学生进行科学锻炼之前，应对每一位学生进行严格的身体检查，看是否有不宜身体锻炼的问题如：身体残缺、疾病等。以便根据健康和体能情况，合理制订锻炼计划，安排锻炼内容、手段和运动量。小学生在体育锻炼时要全面锻炼，才能促进整个身体的全面发展。否则，就会造成身体发展不均衡和不协调。同时，小学生的体育锻炼必须循序渐进，安排合理的运动负荷量，否则不仅不能获得提高运动能力的锻炼效果，反而有损健康，甚至造成身体损伤。

在小学，学生们将了解到心理健康是日常生活的正常组成部分，以及为什么简单的自我照顾的重要性，比如充足的睡眠、户外运动和同伴关系。这将与科学合理的锻炼等内容相辅相成，能够保证学生理解精神和身体健康之间的联系。同时，学生能对自身的情绪变化状况有所了解，能够积极地对不良情绪进行调节，促进自身心理健康的发展。

参加体育活动是重要途径，这可以帮助儿童发展社会技能，这将使他们受益终生。他们不仅要学会与同龄的孩子交流，还要学会与教练和体育人交流。孩子们学习领导技巧、团队建设技巧和沟通技巧，这将有助于他们在学校、未来的学习生涯和人际关系中的发展。

（三）体育品德的生成路径

体育品德的形成需要一个长期的过程。仅仅借助教材的知识来发展小学生的体育品德是远远不够的。因此，体育品德的培养需要借助多种形式来完成。首先，教师可以借助榜样的力量，提高学生对意志品质的感知。榜样模范作用可以引导小学生良好的意志品质的形成，同时起到重要的推动作用。在小学体育教学中运用榜样示范策略，能够让小学生有效地让学生感知什么是良好意志品质，并提升对自身意志品质的学习。教师帮助学生树立榜样的方式多种多样，可以向学生介绍一些体育名人努力刻苦取得骄人成绩的事迹，也可以用学生身边熟悉的人物进行榜样示范，让他们从这些榜样人物的身上感知意志品质。体育教会孩子们如何在规则下去赢，也教会孩子们如何有尊严并且体面的输；这才是体育除了锻炼身体之外更大的和更深刻的价值，这正是要强调“体育育人”这四个字的关键所在。

其次，可以借助体育游戏，磨炼体育品德。游戏，在小学体育教材中占有重要地位，它是由一定的情节、动作（即：走、跑、跳、投掷、滚翻、平衡、对抗各种动作）进行游戏活动，它既重视发挥教材内容的思想教育作用，同时也注重发展学生的身体基本活动能力。在《体育与健康课程标准》中明确指出“健康第一、快乐体育”的体育基本教学理念。教师在体育教学时，可以灵活地将体育游戏纳入体育课堂教学，让学生能够乐在其中，提高学生的参与度，培养学生的团队精神，鼓励学生与他人进行沟通与交流，帮助学生的综合素质得到提升，这是一种培养学生良好体育品德的好方法。

小学阶段的体育品德主要体现在小学生积极主动地参加体育运动，小学阶段学生的意志品质得以增强，学生在参与体育运动时可能会出现的胆怯、动摇情绪等不良情绪得以改善，体育学科的育人力量得以彰显，进而辅助培养学生以健全意志品格为主的综合素质。学生参加对抗性的竞赛活动，可以帮助学生养成遵守规则、团队合作、尊重对手、胜不骄败不馁的全面发展的个性素质。小学阶段的体育品德要根据学段特点，细化落实到具体体育课堂中。比如，由于年龄等问题，一些小学生在参与跳高这一体育运动过程中，比较容易产生的紧张或者害怕情绪。针对这一现象，体育教师在教学中要注意强化跳高这一动作要领的讲解力度，还要通过言语暗示，及语言鼓励的方式，增强学生参与体育运动的积极性和信心。同时，教师在课堂上要根据学生实际情况适当降低器械的高度并调整跳高架的距离。除此之外，教师应挑干净沙坑里的异物，教师也可以将跳高的横杠换成不容易对学生造成伤害的橡皮筋等道具，降低学生参与器械运动的恐惧感。以上做法，都可以使学生在大胆参与体育器械运动的过程中，其意志品格得到有效的磨炼，最终辐射带动小学生在舒适有趣的体育课程中对体育学科的学习产生更加浓厚的兴趣爱好。

二、基于不同教育主体，生成路径分析

体育核心素养的生成不仅要从核心素养的三个维度进行生成，同时还应该

从不同的教育主体来进行路径的探析。

（一）教师提高自身核心素养

体育与健康教学中应首先了解学生，重视学生的身心健康问题，做到因材施教，不能孤立任何一名学生；其次，技能的学习一定要建立在良好的体能发展的基础上，因此课程设计应技能学习与体能同步发展；所有教学都建立在模仿的基础上，学生通过反复的练习，由泛化、分化到固化而完成动作学习，在教学中教师要发现问题，解决问题，让学生充分的参与练习；体育教学中应灵活运用问题情景、展示情景、比赛情景和任务情景等来解决教学问题。

小学中存在一个现象：很多学生喜欢体育，但却不喜欢体育课。在很多学生眼里，体育课的课堂气氛是严肃的，教师的授课内容并不能激发学生对体育学习的喜爱。因此，如何创新教学环境是至关重要的，这是因为教学环境与小学生有着必然的联系。

传统的体育课又称为“说教课”“安全课”“军事课”“单一技术课”“测试课”，这就导致很多学生对体育课程并不感兴趣，如何创新体育课程的内容是极其关键的。首先，教师可以根据教学大纲设计不同的教学活动，比如，可以改良更多新颖的器材让体育课更加趣味化。新颖的器材，甚至是学生们一同参与创作的器材，往往会受到孩子的追捧。比如，形式的创新。首先让学生成为一个项目的裁判，这不但增加了他对项目的兴趣度，还同时更深入地了解了规则。让学生自己当裁判，在体育活动中也提高他们自己参与的互动性，让学生在活动中发展体育技能，增强体质，形成体育品德，从而使学生终身受益。其次，教师要提前了解学情，基于小学生的认知水平，根据学生的兴趣来创设不同的体育课堂情景，使学生真正融入体育课堂，从而使学生在体育课堂中发现自己的体育兴趣，让学生身心达到高度融合。

单一体育课程的学习是枯燥无味的，但是体育课堂可以是丰富多彩的，例如：将体育课程的学习内容与阅读课相结合，学生可以通过阅读了解基本的理论知识，同时也能从一些体育故事中学习体育精神，形成体育品格，从而使学生的身心与灵魂得到高度统一。不仅能让学生有健康的身体，还能让学生养成拼搏、忍耐、合作、公平竞争的体育精神，让学生身体和灵魂达到高度融合，这是学生未来幸福生活、成就事业的基础保障。

（二）学校积极拓展体育活动开展的途径

美国、英国等发达国家的体育课程是由三个部分组成的：体育课、校队训练和课后体育活动。体育课只是学生学习体育知识的一个途径，学生学习体育知识主要是以校队训练和课后体育活动为主，学生能够根据自己的兴趣爱好能够自主选择感兴趣的体育项目，使学生的个性化得到充分的发展。[①] 学校可以根据学生的需求组建不同的校队，使学生能够在学校找到志同道合的伙伴，发展学生的团队合作意识，不断拼搏进取，从而促进体育品德的发展。

现阶段，我国的体育课外活动主要以运动会，体育竞赛，趣味活动为主，同时设有课间操等活动时间安排，但是现在大多数体育活动都流于形式，没有达到这些活动设计之初的目标。科学适量的锻炼负荷，活动量应该是体育活动的唯一标准，学校应加强对体育活动的督导，将体育活动打造成不仅能丰富学生的课余生活，同时能真正发现学生的体育核心素养。同时，体育课要以经常比赛的形式出现，班级赛、年级赛、校园赛。这样孩子就会有竞争意识，集体荣誉意识，从而提高体育课的参与度。要通过比赛式的体育活动，即让学生体会到体育运动的乐趣，又可以学会团结合作的精神品质。

利用现代信息技术发展体育与健康课程已成为当今国际教育的共同趋势。在体育活动中通过召开信息技术会，举办专题讲座等，将信息教育的元素有机地渗透到体育教育教学中，充分地优选、优用挂图、录音、录像、影视、教育网络等媒体，将动作以多媒体课件的形式直观呈现，激发学生的学习兴趣，使学生更好地学习体育的知识与技能，利用课余时间播放体育比赛，激发学生体育运动兴趣。学校可以成立各种球迷俱乐部，组织学生一起讨论各类体育赛事，收集体育明星的各类信息，引导学生正确的“追星”。这不但开发了体育的信息资源，丰富了学生知识，并且还让学生亲身地感受到社会的发展必须依靠先进的科学技术和丰富的信息资源来推动，培养学生的体育品德。

---

①　张金桥，王健，王涛．部分发达国家的学校体育发展方式及启示 [J]. 武汉体育学院学报，2015,49(10):5-20.

（三）教育主管部门加强对体育核心素养落实监督和课程开发

要从根本上改变我国中小学体育课的现状，最重要的是改变现行的体育课评价体系。想要改变评价体系，需要教育主管部门真正构建德智体美劳全面培养的核心素养体系，扭转现有评价体系中的偏向，将考试的“指挥棒”指对方向。小学阶段的体育学习要以激发学生的体育学习兴趣为主，并在评价中增加教师对学生的体育兴趣、态度评价。兴趣态度主要是指学生为能够和同伴互相合作完成练习和比赛，教师在规则、礼仪和态度等方面与学生达成一致，并使用展板、白纸等向学生进行展示；同时在比赛中培养学生正确看待比赛结果，同伴之间相互鼓励，进行练习的学习态度，教师对学生表现出的好的行为、积极的语言交流进行适当鼓励表扬。① 可以适当地将体育测评的成绩纳入升学的考核中去，让体育与健康课程在升学中占有一定比例。

第二，过程性评价与学习性评价相结合的评价体系，改变单纯的以体质测试为目标评价模式，关注学生学习体育的学习习惯，及学习过程中的所收获的体育技能和品德发展。

第三，评价具体内容可以采取多种形式，如笔试加多种活动形式，笔试可以考查学生对体育基本理论的掌握情况，活动可以体现学生的体育素养，常规体育活动的学生成果可以作为最终成绩的参考，适当对学生参加体育活动的结果进行对比，促进学生的最终发展。

教育主管部门可以利用不同地区的自然资源进行体育与健康课程的开发。自然地理资源的内容与形式丰富多样，开发与利用应适合学生的年龄特征，满足学生的兴趣和爱好，做到因地制宜和因时制宜；可选择空气清新、阳光明媚、水质良好、安全性好、没有污染的地方进行教学，利用现有自然地理资源与传统体育项目相结合的方法进行体育教学，让学生在大自然中享受阳光、空气、水，培养他们适应气候、环境的能力，促进身心健康发展，实现体育与健康课程目标。

教育主管部门可以领用不同区域的地域特色进行体育课程开发。我国是一

① 张金桥，王健，王涛．部分发达国家的学校体育发展方式及启示 [J]. 武汉体育学院报，2015,49(10):5-20.

个多民族的国家，不同的地域有不同的风俗习惯，不同的民族都有自己传统特色的体育项目，如北方的耍空竹、踢毽子、踩高跷、摔跤，南方的滚铁环、打陀螺、竹竿舞等传统的、具有地方和民族特色的体育项目，都是体育课程取之不尽的资源。体育工作者要充分了解本地的民族特色和乡土人情，将那些具有体育功能的民族项目引入体育课程，既可以弘扬当地的优良文化传统，实现以体育人；又可以充实体育课程的内容，服务于广大学生，促进核心素养的生成。

（四）改变家长的思想观念

如今，家长认为体育除了竞技体育外，其余的都属于放松方式，认为体育运动占用了孩子的学习时间，影响小学生的学习效率。还有就是针对某一种或几种运动项目，为了达到一定的升学目的而进行的体育锻炼，其功利色彩较为明显。在中国应试教育的环境下成长起来的家长们对体育运动的重视程度不高也无可厚非，因为家长所接受的体育课相比现在恐怕是更为糟糕。我国的家长对体育运动重视度普遍不高，在父母的那个时代，只有成绩不好爱玩的学生才会去学体育。因此，如何让家长认可体育课的价值，接受体育课的运动过程，消除对体育活动的偏见是当下的现实难题。

国家提出学生减负，实际成为家长增负，家长工作之余就是陪读、陪写、陪学等，在学生的眼里课余体育活动或许成为奢望，家长的体育意识、体育态度和体育参与程度也很大程度上影响着孩子，让体育不再成为奢望，学校体育和家庭体育就要齐协并进。文化科老师在课堂上应该认真负责、毫无保留地将知识传授给学生，让家长意识到孩子学得已经很充实了。学校应当积极引导学生家长，为了孩子更好的发展，要重视体育锻炼。家长们应该根据孩子的需求和兴趣，询问孩子的意见，参加体育课外活动小组。让家长有家庭体育的观念，提高每位家庭成员的身体素质，让孩子从小就培养终身体育的意识，为将来的学习赢取更多的学习时间。

科技的进步使孩子们可以通过电脑和手机上网。即使父母很努力地限制孩子使用这些设备的时间，电视及掌上游戏机等多媒体设备也在一旁争着吸引孩子的注意力。因此，应该利用这些多媒体技术来拓宽学生参与体育活动的渠道，使科技与体育锻炼之间得到应有的平衡。例如，在线视频可以为学生的体育专业技能的学习提供指导。在线体育游戏可以让玩家积极参与保龄球、足球和舞蹈等运动。如孩子的爱好是跑步，谷歌地图为他提供了合适的跑步路线。孩子不仅能够锻炼身体，而且能够开阔视野。在线体育软件可以根据学生的自身的身体检测情况，对学生的进行科学系统量化分析，以这些数据为参考，可以使学生的体育锻炼更加科学有效，从而促进学生体能的发展。

体育核心素养在小学阶段的培养总目标是养成终身参与体育的意识、知识、技能和行为，学生在体育行为方面形成体育自觉。小学体育与健康核心素养的生成路径从核心素养内涵出发可以分为三个维度进行生成，分别是运动能力、健康行为和体育品德。三个维度的体育与健康教育内容有所交叉，并不是独立的，三个维度构成体育与健康课程的核心素养。从不同的生成主体来看，小学体育与健康核心素养的生成不是靠单一的力量可以完成的，它需要多个主体协同合作才能实现。因此，需要教师、学校、教育主管部门及家长的积极配合协调，激发学生的学习体育的兴趣，使小学生能真正地爱上体育，积极自主的培养一项或多项体育爱好，熟练掌握一项或两项体育技能，从而终身受益。

第十四章　小学综合实践活动核心素养及生成路径

在当今强调全面发展的时代，关注学生核心素养发展已成为教育改革共同关注的主题。2015 年 3 月《教育部关于全面深化课程改革落实立德树人根本任务的意见》中明确提出了各学段学生发展的核心素养体系，明确了学生应具备的适应终身发展和社会发展需要的必备品格和关键能力，突出强调个人修养、社会关爱、家国情怀，更加注重学生的自主发展、合作参与、创新实践。①2001 年《综合实践活动指导纲要 · 总则》中指出：综合实践活动是基于学生的直接经验、密切联系学生自身生活和社会生活、体现对知识的综合运用的实践性课程。②这一课程设置是我国基础教育课程体系在结构上的重大突破，在我国课程行政史上是一次划时代的事件，是课程发展的重要里程碑。③

第一节　综合实践活动发展历程

2001 年《综合实践活动指导纲要 · 总则》中指出："综合实践活动是基于学生的直接经验、密切联系学生自身生活和社会生活、体现对知识的综合运用的实践性课程。"因此，它与活动课程关系密切。在综合实践活动出现伊始，围绕综合实践活动性质归属的讨论成为热点之一。从活动课程的历程梳理综合实践

① 李宝敏 . 核心素养视域下综合实践活动课程实施现状与对策研究 [J]. 教育发展研究 .2016(18):46-54.

② 国家九年义务教育课程综合实践活动指导纲要 (3-6 年级)[EB/OL].http://www.360doc.com/content/07/1013/20/11977808381.

③ 国家九年义务教育课程综合实践活动指导纲要 (3-6 年级)[EB/OL].http://www.360doc.com/content/07/1013/20/11977808381.

活动的发展，可以析出这样一条脉络“课外活动—第二课堂(第二渠道)—活动课—活动类课程—综合实践活动”。

一、综合实践活动课程的发展历程

(一)从“课外活动”到第二课堂(1981年—1996年)

1.从“课外活动”到“第二课堂”

1981年国家教委颁发了《全日制五年制小学教学计划(修订草案)》教学计划，增设了“劳动课”，第一次将“课外活动”的课程要求提出来了；之后又颁发了《全日制六年制重点中学教学计划(试行草案)》教学计划，首次提出在高中阶段根据文理分科的要求对选修课进行分类设置。在高中阶段增设“劳动技术教育课”，包括“工农业生产、服务性劳动的一些基本技术和职业技术教育以及公益教育”。1992年，将其纳入学校课程体系，使之成为中小学课程结构中不可或缺的重要组成部分。相较学科课程，活动课程“尽管是有目的、有计划、有组织地在学生中开展的各种教育活动……但它毕竟不是作为正式课程出现的，也没有指令性的教学大纲和指导书，在学校教育中的地位得不到保证”。[①]为进一步厘清课外活动的指涉，有学者提出了“第二课堂”概念。“第二课堂”是指“能与第一课堂相配合，弥补其不足的新的教育和教学的方式和途径”。[②]

2.“活动类课程”的确立

1994年颁布的《实行新工时制对全日制小学、初级中学课程(教学)计划进行调整的意见》和《实行新工时制对高中教学计划进行调整的意见》中将“活动”表述为“活动类课程”，包括晨会(夕会)、班团队活动和科技文体活动。“活动类课程”的称谓表明它在课程体系中是独立的一个“类”，有了独属于自己的课程内容和组织方式，而不再像“第二课堂”一样，是学科课程体系的补充，缺乏组织性和系统性，由临时的、短期性的活动拼凑而成。活动课程是“以综合性信息和直接经验为主要内容，以学生主体的学习活动及体验学习

① 吴玉琦.关于活动课的界定——谈对活动课的几点认识[J].课程·教材·教法,1995(10):16-20.

② 李臣之.试论活动课程的本质[J].课程·教材·教法,1995(12):9-16.

为主要形式，以促进学生的认知、情感、行为的统一协调发展为主要目标的课程及教学组织形态”。至此，活动类课程概念的确立，为综合实践活动性质的设计指明了方向。

（二）综合实践活动的出现(1996 年—2001 年)

1.“综合实践活动”概念是在 2001 年的《课改纲要(试行)》中正式确定的，是制度条件基本具备的情况下水到渠成的结果。一方面，世纪之交，国家围绕应试教育向素质教育转变的方针，陆续出台了《关于当前积极推进中小学实施素质教育的若干意见》(1997 年)、《面向 21 世纪教育振兴行动计划》(1998 年)、《关于深化教育改革全面推进素质教育的决定》(1999 年)、《关于基础教育改革与发展的决定》(2001 年)等一系列政策文件，它们不仅为新课程改革注入了强大的动力，也为改变单一课程结构、重视学生实践活动能力、促进学生全面发展的综合实践活动提供了政策依据。另一方面，1996 年的《全日制普通高级中学课程计划(试行)》和 2000 年《全日制普通高级中学课程计划(试验修订稿)》中尝试实践了国家、地方和学校三级课程管理体制，这不仅为 2001 年《改革纲要(试行)》确立“三级课程管理”累积了实践经验，也为综合实践活动的生成与实践提供了组织保障。综合实践活动作为新课程结构中均衡性、综合性和选择性的重要表征，以国家课程、必修课程的性质出现，必须保证其有效落实，但在具体的内容组织和教学方式上则体现出综合多元、自由选择的特点。

2. 综合实践活动课程体系的确立

2000 年的《全日制普通高级中学课程计划(实验修订稿)》首次提出了“综合实践活动”概念，并将研究性学习、劳动技术教育、社区服务、社会实践作为四个部分，设定为主要内容。2001 年《改革纲要(试行)》则指明了综合实践活动的国家课程性质以及地方课程、校本课程的开发、组织和评价方式，界定了综合课程的属性，明确了研究性学习、社区服务与社会实践、劳动与技术教育、信息技术教育作为其内容的四大领域。紧接着教育部出台了《九年义务教育阶段综合实践活动指导纲要(试行)》，除在《总则》部分对课程性质、培养目标、活动领域、组织管理、评价方式等内容进行了指导外，还分 3—6 年级、7—9 年级两个学段，以及对四个领域分别提出了具体的指南，构建起一套较为完备的综合实践活动课程结构。

（三）综合实践活动的实践与发展 (2001 年至今)

1. 综合实践活动课程的实践与反思在“先试验后推广”的原则指导下，从 2001 年开始，新课程在我国各省市区进行推广实验，综合实践活动也进入到实践的阶段。作为一门理念新颖、综合程度高但缺乏具体课程标准的课程，其实践过程必然伴随着问题暴露和反思调整。从 2002 年开始陆续出现对综合实践活动实践情况的反思，关于综合实践活动所遭遇的问题大致可分为四类：一是性质与内涵如何认识和界定的理论问题。如认识出现“功利主义与精英主义、知识主义与技能主义、活动主义与体验主义”三种取向。[①] 二是综合实践活动课程资源开发的问题。如资源开发限制因素的分析，学者们分析了区域差异、师资水平、物质条件等方面的问题；课程资源的缺陷问题分析，认为存在内容单调、人力资源主体单一、开发方式欠缺和具有片面性等问题；“课程资源包”的如何使用，是否需要更加详细的教材指导的问题 。[②] 三是综合实践活动中师资的问题。问题集中在师资短缺与分配不均衡、综合实践活动的要求与教师素质不匹配、教师培训滞后且效果不显著等问题 。[③] 四是综合实践活动评价的问题。从综合实践活动暴露出的问题类型来看，根源是多方面的。有综合实践活动自身的理论问题，也有课程配套的软硬件建设问题，还有实践主体的经验问题。这些问题都需要在后续的实践中进一步改进。

2. 在总结十余年实践经验和问题的基础上，2017 年教育部颁布了《中小学综合实践活动课程指导纲要》。由于在这之前其他课程均已出台新的课程标准代替原先的实验稿，故 2017 年《指导纲要》的出台标志着整个课程改革从实验阶段进入常态化实施阶段。首先，明晰综合实践活动性质的表述。在 2017 年《指导纲要》中用“真实生活”代替了“基于直接经验”。其次，扩展了课程覆盖的学段，提高综合实践活动在课程体系当中的地位。新的综合实践活动实现了基

① 钟启泉 . 综合实践活动 : 涵义、价值及其误区 [J]. 教育研究 ,2002(6):42-48.

② 刘丽群 . 综合实践活动课程实施过程中的问题分析 [J]. 中国教育学刊，2005(12) : 27-33.

③ 丁 静 . 综合实践活动课程师资问题研究 [J]. 课程、教材、教法 ,2004(8) :75-78.

础教育的整体覆盖，并特别强调“与学科课程并列设置”突出其地位，保障其在实施过程中被严格贯彻。再次，对课程结构进行了调整，采用“活动方式”取代“活动领域”。在 2001 年《课改纲要 (试行)》中将综合实践活动分为指定领域与非指定领域。指定领域又整合了劳动技术等学科课程内容，因而在实践中造成不少教师将领域与学科等同的误解。新的综合实践活动以一种更为开放的方式，将课程主题融入活动方式之中，给予师生更大的自由度和生成空间。最后，更新了课程内容，并为一线教师提供了推荐主题及其说明，给予教师明确指导。2017 年《指导纲要》当中包括考察探究、社会服务、设计制作、职业体验等活动方式，其中“考察探究”明确了“野外考察”“社会调查”“研学旅行”等近年来成为中小学广泛开展的学生实践探究活动；在“设计制作”中，“制作我的动画片”“体验物联网”“开源机器人初体验”“镜头下的美丽世界”等反映新科技、新生活的主题活动也逐步兴起。可见 2017 年《指导纲要》旨在通过调整使得综合实践活动向性质定位更加清晰、活动更加灵活方面发展。

第二节　小学综合实践活动核心素养内涵解析

综合实践活动课程是一门以发展学生综合能力为价值取向的课程，是一门重在实践和体验的课程。

一、多维解析综合实践活动

综合实践活动主要是围绕自然、社会、自我三个维度中的研究性学习、社区服务与社会实践、劳动与技术教育、信息技术教育四大领域来开展活动。① 通过活动提高学生对自然、社会、自我的认识，逐步形成保护自然环境、探究社会问题、进行自我反思的意识，进而亲近自然，深入社会，认识自我。本研究从问题解决、服务意识、团队合作、责任担当、实践创新、生存能力六个方面予以分析。

① 国家九年义务教育课程综合实践活动指导纲要（3—6 年级）.[EB/OL].http://www.360doc.com/content/07/1013/20/11977808381.

（一）问题解决

“问题解决”是指学生面对一定的社会生活和自我生活等情境中的问题，按照一定的目标，应用各种认知方法和技能，经过一系列的思维操作，使问题得以解决的过程。综合实践活动是一种“问题解决学习”，即通过问题解决的方法发展问题解决能力的一种学习形态。[①]爱因斯坦曾说过：提出一个问题比解决一个问题更为重要，问题解决之前首先要有提出问题的能力。在综合实践活动中，引导学生在自然、社会和自我生活中，学会发现问题，提出问题，增强问题意识；并结合自己所学知识，通过沟通、实践、探究、反思，确定问题解决的方案。

（二）服务意识

当今的社会，是一个互相服务的社会。离开了他人的服务，生活中就缺少了便利；只有服务于他人，个人的价值才能够彰显。在建设和谐社会的过程中，需要每个公民以主人翁的姿态加入为广大人民服务的队伍中去，投入到社会主义伟大事业的建设中去，鼓励学生积极地参加社区活动、公益活动、志愿者活动，关心并解决社区中出现的各种问题以及组织参与各类重大活动，从点滴小事入手，对学生的服务意识进行培养，使他们热爱劳动，乐于奉献。综合实践活动的两大重要阵地就是社会实践和社会服务，学生通过社会服务用心感受，通过社会实践认真体验，学生会逐渐认识到：给予比接受更快乐。当然服务和关心并不仅仅是简单的给予，它更能给学生带来心灵的涤荡，这些能够刷新学生认知的资源对学生来说非常难得，能更好地帮助学生感受人性的光辉、生命的可贵、服务的价值。让学生体会“服务”并不是一句空话，一个抽象的概念，而是需要脚踏实地、身体力行，需要用心和行动才能达成的一个过程。潜移默化地使学生的服务意识得到增强，积极乐观的态度获得保持以及乐于奉献的价值观念得到夯实。

（三）团队合作

韦伯斯特说：“人们在一起可以做出单独一个人所不能做出的事业，智慧＋双手＋力量结合在一起，几乎是万能的。”在当今经济和信息都快速发展的时

① 钟启泉．综合实践活动课程的设计与实施 [J]. 教育发展研究 ,2007(2).

代，单凭一个人的力量，很难在错综复杂的社会环境中生存和发展，团队合作被提到了至关重要的位置。“团队合作”是指为了实现共同的目标而组成的一个群体，每个群体中的成员都有各自的分工，各司其职，密切合作，将工作完成好。小到一个零件，大到一个跨国项目，都需要各个行业的人通力合作，才能够将事情办好。学生在综合实践活动课程中，要有分享、合作的意识，努力尽责的完成属于自己那部分的任务，遇到分歧时，要善于沟通交换彼此的意见，要独立有主见、有行动力、不过分的依赖他人，热爱自己的小集体，齐心协力地将自己的团队任务完成好，享受合作带来的喜悦。

（四）责任担当

梁启超说：“人生须知负责任的苦处，才能知道尽责任的乐趣。”2016 年发布的《中国学生发展核心素养》总体框架中明确将“责任担当”纳入核心素养之中。所谓的责任担当就是自觉主动地履行自己应该尽的那份责任，并对履行的情况及后果勇于承担责任。小学阶段的“责任担当”主要是启蒙式的，要特别注意小学生参与的社会生活和社会实践，要与其所在的阶段特点相适应，使小学生在形式多样的实践活动中，实践的意识得到增强，社会经验获得积累，实践的能力得到发展。使学生逐步意识到责任感的重要性，不仅要对自己负责，还要对自己做的事情负责，更要对家庭、社会和国家尽到自己该有的责任。要心怀感恩之心，掌握最基本的为人处世的道理。在综合实践活动中，让学生在自然、社会和自我生活中，来体验保护自然、服务社会和提升自我的乐趣。

（五）实践创新

实践是认识的唯一来源，实践是认识发展的动力，实践是认识的目的和归宿。一个民族要想走在时代前列，就一刻也不能没有创新思维，一刻也不能停止各种创新。创新在经济、技术、社会学以及建筑学等领域的研究中举足轻重，一个国家只有创新，才能够在激烈的国际竞争中处于领先地位，国家尚且如此重视创新，何况学生个人呢？在综合实践活动课程中，不将课堂仅仅局限于室内，而是由封闭式走向开放式，将学校、家庭、社区三结合，让学生在书本上学到的知识，转移到实践中进行活学活用，突破自己固有的思维，提出有别于常人的思路、想法，以创新的视角来审视现有的关系与事物，跳脱出固有的思路，本着满足社会化和理想化的需求，来改进，来创新。在综合实践活动课程中，学生通过研究性学习、社会参与性学习、参观访问等实践性的学习方式，逐步了解人与自然相互依存的关系，学会全面审视自我，关注社会热点，关心国家大事。在实践中逐步培养学生的创新精神，对创新要有客观的认识，使学生了解到创新不容易，要敢于突破固有的思路，要有敢于怀疑的精神，更要有力行验证的勇气。学生在开展综合实践活动时，由于活动方式、活动内容和活动过程会因情境和任务有所不同，在这种情况下，就不能强求学生采用固定的活动方式来进行。即使是同一活动内容，活动过程活动方式以及活动成果也会因人而异。因此综合实践活动具有创新性。点子不能成为行动，行动得不到坚持，自信心不足，缺乏激情，创新就没有动力。在学生进行实践创新的过程中，要多一些引导、鼓励，少一些冷漠、批评。

（六）生存能力

"初步具有认识自我的能力，初步具有自主选择和独立做出决定的意识和能力，养成勤奋、积极的生活态度"是综合实践活动具体的目标之一。[①]综合实践活动为学生的"生存能力"教育开拓了广阔的天地，在信息化、国际化和高科技的现代社会里，仅仅凭借知识习得中心的学习是不够的，需要培育"生存能力"。一是通过跨学科的、综合性的学习和探究性的学习，培养学生发现问题、自主学习和思考、独立判断以及更好地解决问题的素质和能力，掌握学习方式和思考方式，在解决问题和探究活动中培养其主体性、创造性、合作处理问题的态度，使之能够思考自己的生存方式。[②]在综合实践活动过程中，由于综合实践活动本身具有开放性，可以进行一些体验性的活动，比如登山、亲近草原、沿河徒步、荒岛探险、传统捕鱼等，并在体验活动中充分结合理科、社会、体育、家庭等教学科目的学习。另外，体验活动通过让学生搭建帐篷、洗衣、做饭等自主安排衣食起居，培养学生自理、自立能力和团结协作能力，培养学生探究生活、热爱生活的情感和态度。二是创设必要的情境，进行实操演练，使

① 钟启泉．综合实践活动课程的设计与实施 [J]. 教育发展研究，2007(2):42-48.

② 秦东兴．体验活动：日本中小学生"生存能力培养的有效途径"[J]. 比较教育研究，2017（11）:76-81.

学生面对危险或突发事件时，沉着冷静，正确应对，把损失控制在最低限度之内，增强学生的自我保护意识，提高学生的自我保护能力。[①]

二、小学综合实践活动特征

小学综合实践活动是基础教育课程体系中的一门综合性很强的课程，它在对学生的培养方面也表现出与其他科目不同的特征：

（一）实践性

综合实践活动主要是让学生走出教室，以活动为载体，让学生在活动中进行探究、动手与实践。每个学生都是独特的个体，都有独特的认知方式和个性特点，要充分尊重每个个体的差异性和独特性。注重学生在实践中的感受和体验，让学生充分认识到，书本上的知识只是学习的一部分，要敢于进行实践，从实践中探寻真知，在实践中开阔眼界，加强交流，积累经验，提升素质。

（二）开放性

综合实践活动课程彻底超越了课堂教学的时空局限，打破了学科知识体系的界限，更加强调多学科的融会贯通，更加需要走出课堂，与外部世界直接对话。综合实践活动课程充分弥补了当前的基础教育课程脱离学生社会生活的弊端，使学生尽可能多维度、多方面地了解他们所接触的世界，密切与他们生活的关联，为学生个性和特长的发展创造良好的条件。“综合实践活动”课程面向学生的整个生活世界，它随着学生生活的变化而变化，其课程内容具有开放性。[②]综合实践活动没有指定的教科书，也没有具体的上课场所，亦可以采取弹性课时制，在一定程度上，加大了该课程的开放性，给予了教师和学生更大的发挥空间和发展空间。在课程评价上，也没有了纸笔测验这种传统固有的评价方式，其评价的关注点更多的是在学生在综合实践活动过程中获得的丰富多彩的学习体验以及个性化的表现和创新性的发现。

---

① 秦东兴 . 体验活动：日本中小学生“生存能力培养的有效途径”[J]. 比较教育研究，2017（11）:76-81.

② 国家九年义务教育课程综合实践活动指导纲要（3-6 年级）[EB/OL].http://www.360doc.com/content/07/1013/20/11977808381.

（三）自主性

在综合实践活动中，学生根据自己的兴趣、爱好对学习的内容加以选择，学生根据所选内容来确定自己的学习方式和学习目标，决定学习结果的呈现形式，教师在合理的指导范围内对学生进行学习活动的必要指导，但是不能对学生的学习活动主题、方式、内容做硬性规定，必须要突出学生的主体地位，让学生基于动机和需求来对活动的主题进行确定，对活动的内容进行组织，对活动的结果进行自评，充分促进学生的自主发展。

（四）生成性

综合实践活动是学生重要的生成性资源，学生在综合实践活动课程中，通过发现问题，分析问题，解决问题，不断加深学生原有的认识，生成新的认识，继而丰富自己的认识，在实践中不断检验自己的新认识，并能够将自己的生成认识用于解决自己日常生活中所遇到的问题，学以致用。

（五）综合性

综合实践活动是一门综合性和跨学科的课程，一无课本，二无课标，所有的教学内容不仅仅局限在一门学科之内，需要多个学科知识的交叉和综合。学生在综合实践活动中综合运用知识来解决问题的能力得到锻炼，思维方式得到发展，从而使学生获得现实社会和未来世界所需要的知识、能力、态度和技能，进一步促进学生个性和特长的发展，使学生掌握有效学习方式。

第三节　小学综合实践活动面临的问题与对策

尽管综合实践活动课程在促进学生核心素养发展方面价值明显，但它在实施中也面临诸多问题与挑战，需要科学解析，并采取有力措施。

一、小学综合实践活动面临的问题

（一）课程认识不准确

综合实践活动是一门让学生从自身生活和社会生活中发现问题，开展多样化的实践学习，注重知识和技能综合运用的实践性课程。[①]综合实践活动课程有着特殊的价值追求和明确的培养目标，特别是对培养学生的问题解决、服务意识、团队合作、责任担当、实践创新和生存能力有着独特的作用。然而，在高考指挥棒下，“唯分数论”仍处在不可撼动的地位，加上综合实践活动本身就没有传统的纸笔测试，在教育功利化倾向十分明显的今天，“考什么”就“教什么”，学校始终把考试科目放在首位，而综合实践活动在小学里不是考试科目，这就直接导致了下到学校层面、上到教育行政部门对于综合实践活动课程缺乏应有的重视。二是对综合实践活动课程缺乏正确认识。综合实践活动是门跨学科、综合性很强的课程。但是在实际的操作中，仍然会把其当作学科课程的拓展，授课地点仍然是教室；依然是以教师讲解，以书面作业为主；有的只是把它当作纯粹的活动课的继续，部分学校没有从提高学生素质的根本目的出发，从人才培养模式创新的高度，来客观公正的认识和评价这门课程应有的价值和地位，也没有从国家要求的角度，真正将这门课程的实施落到实处。

（二）课程制度不完善

由于对综合实践活动缺乏正确的认识，从而使课程制度建设方面严重落后。主要有如下两个方面的表现：一是地方各级教育行政部门未制定能够保证综合实践活动课程正常实施的方案：未能够配备综合实践活动的教研员对该课程进行研究和指导，有效推动其实施；缺乏制定地方实施综合实践活动课程的措施，来有效推动，如未把综合实践活动课纳入校长中小学培训的内容，如专职教师的职称评定、业绩考核等；未重视综合实践活动课程资源建设的工作，如协调中小学与少年宫、科技馆、图书馆等各类校外教育场所的联系；缺乏制定对学校综合实践活动课程执行的监督评价机制。二是在学校方面在保障综合实践活动课程实施缺乏相关的制度保证，没有相应的实施措施：师资配备不合理，如班主任代课或学科教师代课，缺乏专职的综合实践活动老师；对综合实践活动这门课的评价也没有完善的评价机制，无法从根本上引起教师的重视，调动教

① 钟启泉．综合实践活动课程的设计与实施 [J]. 教育发展研究，2007(2).

师的积极性；学校也未建立完善的教研制度。

（三）课程实施不合理

当前，综合实践活动课程的建设仅仅局限于部分建设，课程规划缺乏长期性、连贯性、系统性和全面性。主要有如下两方面的表现：一是在综合实践活动实际的实施过程中，有些学校将综合实践活动课程的四部分：研究性学习、社区服务与社会实践、劳动与技术教育、信息技术教育等方面割裂开来，分别设立四门独立的课程，不能够显示综合实践活动课程的综合性特征，从而使课程的实施不能够面向学生完整的生活世界；有些学校，以为开设了研究性学习和劳动与技术教育，就实施了综合实践活动课程，有些安排了信息技术，取消了其他部分的学习，这种错误认识，难以发挥综合实践活动整体育人的功能，其核心价值难以突显。另一方面，综合实践活动课程它是一门跨学科，综合性强的课程，但是有的学校在实施的过程中，完全割裂它与学科课程、校本课程、地方课程之间的关系，从而导致课程内容重复，师资力量不集中，不能够使学校课程得到很好的衔接。

（四）教师素质不全面

综合实践活动是基于学生的兴趣，在教师指导下由学生自主进行综合学习的课程，教师的指导对综合实践活动课程的实施十分重要，与此同时，综合实践活动课程的综合性很强，需要教师有较高的综合知识和能力。然而在现阶段，综合实践活动长期处于被边缘化的地带，学校在配备综合实践活动课程的老师时，常有以下三种方法：一是专门安排一名教师来负责整个学校的综合实践活动课程，由于综合实践活动本身就是综合、实践、开放为一体的课程，并且每个阶段对学生的培养都有侧重点，工作量大，老师无法统筹兼顾，更不能有针对性地对学生进行指导，无法保证综合实践活动实施的质量。二是班主任或者其他任课老师来兼任综合实践活动老师，这些老师有自己的主教科目，来兼任综合实践活动，就把其置于副科的地位，有些老师主教一门都无暇顾及，更别提再加一门科目，无法保证综合实践活动的开展效果。更有甚者，在期中、期末考试前，综合实践活动课直接被其他科目占用、代替。三是有些学校规定人人都得担任起综合实践活动课程的代课任务，但是这种做法落实起来却会出现责任针对性不强，任务分担不明确，导致无人负责，无人指导。足以见得，综合实践活动课程的师资方面远远达不到综合实践活动课程的需要。

（五）课程评价不科学

课程评价是课程改革中的一个重要方面，影响着学校课程的有效实施。综合实践活动课程评价面临的问题包括两个方面：一是评价的连续性不能保证，教育行政部门对学校实施综合实践活动情况进行评价，只能集中一个时间点去学校进行检查，所呈现的丰富多彩的实践活动掩盖了实际开展过程中的问题，使得评价活动流于形式，浮于表面，不够全面，无法对综合实践活动的开展进行监控和督导。二是对学生和教师的评价难以量化。综合实践活动课程不像语、数、外那样可以对学生进行纸笔的量化测试，更多是对学生的一个过程性评价，但缺乏相应的评价维度，其评价过于泛化、随意，也难以衡量学生真正的掌握程度。就综合实践活动课程而言，学校还未建立相应的激励机制，未纳入教师绩效考核，不重视年终给予的奖励，很难提升教师的工作积极性和热情。

二、主要对策

对于学生核心素养的发展来说，综合实践活动课程通过引导学生学会处理人与自然、人与人、人与社会等基本关系，帮助学生获得亲身参与实践的积极体验和丰富经验；提高学生对整体世界的感知，促进学生对自然、社会和自我之内在联系的整体认识，发展学生的创新精神、实践能力、社会责任感以及良好的个性品质。鉴于当前教育综合改革对学生核心素养发展的新要求，需要多方凝心聚力、达成共识、携手行动。

（一）提高认识，营造有利于课程实施的舆论氛围

综合实践活动课程是为实现素质教育的宏伟目标，是基础教育课程体系的一大突破，一方面既继承了我国基础教育的优良传统，另一方面又体现了培养学生核心素养的内在要求。引导学生从书本知识走向现实，引导学生将自己所学知识与自己的生活实践相联系，为学生的个性发展营造良好的空间。教育行政部门要从综合实践活动课程的国家高度出发，将学校的管理与学校的工作指导密切地结合起来，通过组织校长、骨干教师的培训会议，使学校的管理人员

转变对综合实践活动课程的观念，切实通过他们观念的转变，来引导任课老师、家长、学生观念的转变，切实做到使综合实践活动课程在多种的活动形式中得到落实和实施。学校要重视教师培训再成长的工作，通过各种线上线下的活动，使教师之间自由进行沟通交流，学习综合实践活动课程实施的规范，提升组织和实施综合实践活动课程的能力，从而减少和消除综合实践活动课程的偏见，基于活动进行积极有意义的创设，使学生密切关联自然、社会。另外，也要对家长及社会广泛宣传，摒弃教育功利化的思想，正视综合实践活动课程的功能和价值。

（二）规范管理，为课程实施建立政策及制度保障

综合实践活动课程由于自身的特点，本身就存在实施困难的问题，必须在制度层面为其实施提供可靠保障。从教育行政部门的层面来看，要强化课程执行力度，加强教育督导，采取自上而下的整体推进：一是科学合理地制定出综合实践活动课程方案，保证综合实践课程的完整性、有效性；二是调整教师编制结构，将综合实践活动课纳入教师编制，引导学校建立一支专兼职结合的指导教师队伍，妥善处理教师职称评定、业绩考核等方面的问题；三是建立对综合实践活动课程监督评价机制，将课程实施的具体环节纳入学校工作的考核中，与教师评价和校长绩效相挂钩；四是建立市级、区市县级、校级三位一体研训制度，组建本学科的专业学习共同体；五是制定和落实综合实践活动学生发展和评价制度。从学校层面来看，一是建立综合实践活动课程规划和方案，制定“学年实施方案”和“学期实施方案”。二是建立稳定的综合实践活动课程师资配备的制度，防止因为师资配备不足造成的波动，影响综合实践活动课程的连续性和系统性的实施，务必建立稳定高质的师资队伍。三是建立稳定的课程资源库和活动基地。四是制定该课程的奖励考核制度、课程档案制度、教学研究制度、活动安全保障制度等。[①]

（三）加强研训，为课程实施提供师资及专业支持

保证综合实践活动课程顺利实施的关键在教师。关于综合实践活动课程实施方面的师资主要有两方面的问题亟待解决：第一，稳定的多学科相结合的教

① 钟启泉．综合实践活动课程的设计与实施 [J]. 教育发展研究，2007(2):42-48.

师队伍亟须组建，未形成多学科结合的稳定的教师队伍；第二，大多数教师素质难以适应课程实施的要求。[①]针对这两方面的问题可采取以下做法：加强研训，优化校内教师资源，建立一支结构合理、能规划、管理、指导的综合实践活动课程队伍。经过实践检验，见效快、较成功的做法组建一支既有专职教师又有兼职教师又有特长教师的综合实力强的教师队伍。专职教师：以综合实践活动课程作为自己主要的科目的教师，并且拥有能够使综合实践活动顺利实施的组织能力，管理能力和科研能力。兼职教师：由班主任或者骨干教师担任，主要负责制定活动主题，监督活动小组行为，评价活动成果。特长教师：由具有特长的本校教师、学生家长、社区人员、企事业人员、机关干部、有关专家和学者担任，是该课程师资队伍的辅助力量，主要负责活动主题背景知识的介绍、研究方法的指导、小组或个人活动的具体指导以及活动过程的管理和评价。由于综合实践活动课程本身具有综合性特征，就注定了其顺利开展需要借助多方面的力量，协同共进，优势互补，才能使指导工作具体有效。

校本培训是由学校发起、规划、组织的，旨在满足学校与教师实际发展需求，主要依靠本校教师在校内进行的教师继续教育的学习与培训活动。每一所学校所处的地理环境和社会环境不同，这就直接导致了学生在综合实践活动中的课程资源会有所差异。学校通过校本培训，充分利用自身的资源与特色，具体问题具体分析，通过教师的自主研究、同伴互助、专业引导等多种形式，不断探讨和研究，不断改进和提高课程研究、课程开发和课程指导的能力。[②]

（四）完善评价，为课程实施发挥导向和激励作用

课程评价，作为课程实施环节的重要一环，如何发挥课程评价在课程实施中的导向和激励作用，从而推动综合实践活动有效实施？一是教育行政部门在考量整个学校办学质量的同时，应该将综合实践活动课程方面的实施情况作为指标之一；二是评价的标准要清楚明确，避免笼统模糊形式化、片面化，要使评价指标能够客观公正的反映各个学校的具体情况，充分发挥评价的反馈功能，

① 秦东兴 . 体验活动：日本中小学生“生存能力培养的有效途径”[J]. 比较教育研究 ,2017（11）:76-81.

② 秦东兴 . 体验活动：日本中小学生“生存能力培养的有效途径”[J]. 比较教育研究 ,2017（11）:76-81.

正确把握学校在实施课程过程中的现存问题，切实地推动学校有针对性的改进工作，转变办学理念，紧跟国家教育改革的步伐。

学生的发展性评价应该放在综合实践活动评价中的首要位置，力求过程和结果两者兼顾，对学生的整体表现进行客观公正的评价，多维的评价选项，多元的评价主体，多样化的评价形式是对学生进行发展性评价必不可少的设计。关于综合实践活动课程学生发展评价指标体系的制定也是必须解决的难题。为了有效地避免评价的随意性和盲目性，必须制定明确的可供使用的评价指标。从以下四个方面来对评价指标进行设计：一是从国家设置综合实践活动课程的目标出发，有针对性地定培养学生的目标，比如：过程性目标，发展性目标，情感价值观目标。二是从课程实施的阶段来看，让学生自己确定活动的主体，自发的提出需要研究的问题，根据问题来制定具体的活动方案，确保参与的学生都能够有参与合作的积极性和主动性，乐于沟通与交流。三是从过程方面，问题解决的基本方法的体验与运用程度、基本技能的发展、情感态度价值观的行程与发展等，并坚持以发展性、客观性、参与性、激励性等为原则。四是从学生自评、生生互评方面，首先让学生自己评价在整个实践活动中的表现，根据自身的反馈，来进行反思；然后是学生之间互评，主要是合作小组之间的学生评价。根据他们的综合实践活动，学生发展性评价要对学生活动具有积极的导向作用，促进学生的深度体验与发展。①

学校必须建立在教师评价方面建立公正、完善、明确的教师评价体系。使教师通过公正的评价，能够激发起对自身所任科目的投入感与责任感，使教师能够拥有工作的热情和积极性，并且能够针对具体的评价，来反思自身的教学行为，不断地对自己的教学环节进行再设计，不断地对自己的教学策略进行调整。在评价的过程中，要侧重于对教师在综合实践活动中的组织、实施、管理等方面对教师做出评价。通过评价体系的完善，使全体教师都能对综合实践活动树立正确的认识性，意识到综合实践活动课程的重要性，从而使担任综合实践活动课程的老师受到鼓励，从而形成开展综合实践活动课程的丰富局面。教

① 钱新建.综合实践活动表现性评价的认识、开发与运用[J].课程、教材、教法,2015(5):49-54.

师评价要以多元化评价、个性化评价、定性评价与定量评价相结合，形成性评价和终结性评价相结合为原则，以课程开发设计能力、组织指导能力、协调沟通能力、教学评价能力、反思能力、教学工作量等为评价内容，采取老师自评、教师互评、学生评、家长评等为评价主体，充分发挥评价的激励作用，调动教师参与课程指导的积极性和创造性。[①]

课程改革是教育改革中的一个核心问题，而课程评价问题是制约课程改革的瓶颈，各地方和学校要加强对综合实践活动课程评价的研究，使评价在理念与操作层面上与该课程独特价值功能更加契合，更好地发挥评价对于课程的建设作用。

总之，综合实践活动课程的实施是一个系统工程。凝心聚力、达成共识是前提；健全制度、环境支持是保障；加强共建，巩固师资是关键；公正完善、多维评价是动力。

① 郑向荣 . 综合实践活动课程常态实施的思考 [J]. 课程· 教材· 教法 ,2009(9):22-26.

参考文献

[1] 马磊 , 徐林祥 . 新中国小学语文教育七十年 : 回顾与展望 (上)[J]. 语文教学通讯 ,2019(27):8-11.

[2] 徐林祥等 . 语文 : 一体三维 [J]. 中学语文 ,2005(10).

[3] 于漪 . 弘扬人文改革弊端——关于语文教育性质观的反思 [J]. 语文习 ,1995(6).

[4] 课程教材研究所 .20 世纪中国中小学课程标准教学大纲汇编 : 语文卷 [M]. 北京 : 人民教育出版社 ,2001.

[5] 汪潮 , 吴奋奋 . 双基论的回顾与反思 [J]. 课程 . 教材 . 教法 ,1996(12).

[6] 中华人民共和国教育部 . 义务教育语文课程标准（2011 年版）[S]. 北京 : 北京师范大学出版社 ,2012.

[7] 中华人民共和国教育部 . 普通高中语文课程标准（2017 年版）[S]. 北京 : 人民教育出版社 ,2018.

[8] 顾黄初 . 中国现代语文教育百年事典 , 上海 : 上海教育出版社，2001.

[9] 顾之川 . 多纲多本：语文教科书的现状与思考 [J]. 中学语文教学 ,2009(10）.

[10] 课程教材研究所 . 新中国中小学教材建设史 1949 ～ 2000 研究丛书· 总论卷 / 小学语文卷 / 中学语文卷 [M]. 北京 : 人民教育出版社，2010 ～ 2012.

[11] 刘峻杉 . 从宏观倡导到微观践行 [J]. 中国德育 ,2013(20):21-24.

[12] 郑敬斌 , 王立仁 . 德育衔接问题研究述评 [J]. 上海教育科研 ,2012(2): 18-21.

[13] 金生鈜 . 理解与教育——走向哲学解释学的教育哲学导论 [M]. 北京：教育科学出版社 ,1997:37.

[14] 张小敏 . 信息技术支持的小学数学教学创新研究 [J]. 中国电化育 ,2016(08):115-119.

[15] 张所滨 .“翻转课堂”教学中教师的“站位”思考 [J]. 上海教育科研 ,2016(07):87-89+20.

[16] 付天贵 . 论小学数学课堂学生主体性文化的建设 [J]. 中小学教师培训 ,2016(05):33-36.

[17] 王庆明 . 小学数学开放式教学法的探索研究 [J]. 中国教育学刊 ,2007(08):64-68.

[18] 邵光华 . 数学教学方法改革 20 年的分析研究与思考 [J]. 课程 . 教材 . 教法 ,2001(02):45-49.

[19] 赵娜 , 孔凡哲 . 教育改革中的学生评价目标、角色与功能的分析 [J]. 教育科学研究 ,2019(01):23-28+34.

[20] 陈今晨 . 改革教学评价 , 加强目标教学的双边性 [J]. 江苏教育 ,1993(22):37-38.

[21] 余颖 , 王菊 .“爱的评价”: 为了儿童的当下和未来 [J]. 中小学管理 ,2019(08):52-54.

[22] 吴欣 . 我国小学英语课程与教学改革发展的回顾与反思 [J]. 课程 . 教材 . 教法 ,2011,31(04):70-77.

[23] 刘道义 , 郑旺全 . 改革开放 40 年中国基础英语教育发展报告 [J]. 课程 . 教材 . 教法 ,2018,38(12):12-20.

[24] 渠东剑 . 素养导向下的学业质量评价探讨 [J]. 数学教育学报 ,2019,28(05):59-64.

[25] 中华人民共和国教育部 . 基础教育课程改革纲要 (试行)[EB/OL].(2001-06-07)[2017-11-05].http://www.moe.edu.cn/edoas/website18/info732.htm.

[26] 韩翠萍 . 小学数学教学中文化渗透的探索 [J]. 教育理论与实践 ,2017,37(35):47-49.

[27] 刘久成 . 小学数学教材内容和结构改革六十年 [J]. 课程 . 教材 . 教法 , 2012,32(01):70-76.

[28] 王鹏炜 . 基于政策文本的义务教育教师队伍质量标准研究 [J]. 中国教育学刊 ,2019(11):84-88.

[29] 刘加霞 , 王秀梅 . 读懂学科育人价值 - 提升教师学科育人能力 [J]. 中小学管理 ,2019(10):37-39.

[30] 吴亚萍 . 学科教学育人价值的开发与转化 [J]. 人民教育 ,2016(Z1):45-50.

[31] 孔凡哲 . 重视学生潜质的开掘与激发 [J]. 教育测量与评价 (理论版),2015(05):1.

[32] 范宏雅 . 当前小学英语教学的争议焦点与反思 [J]. 课程、教材、教法 , 2007(07):65-69.

[33] 李祖祥 , 王守林 , 徐巧娣 . 新中国小学英语教科书的发展 [J]. 上海教育科研 ,2014(12):38-41+9.

[34] 杨勇 . 从 PEP 两版教材比较看当前小学英语教学 [J]. 现代中小学教育 ,2014,30(10):40-46.

[35] 杨艺媛 . 英语教育目标的百年演变 [J]. 上海教育科研 ,2014(04):56-59.

[36] 罗丹 , 冯增俊 . 从取代走向整合 : 美国 20 世纪 90 年代小学英语阅读教材变革探析 [J]. 外国教育研究 ,2008(10):87-91.

[37] 杨秀宁 . 小学英语生活化教学研究的现状及思考 [J]. 教学与管理 , 2011(09):103-104.

[38] 高桂芳 . 小学英语教学中存在的问题及对策 [J]. 教学与管理 , 2007(27):93-94.

[39] 王蔷 . 我国小学英语课程政策与实施分析 [J]. 中国外语 ,2011,8(04): 47-54.

[40] 檀传宝著 . 学校道德教育原理 [M]. 北京：教育科学出版社 ,2018:117.

[41] 张瑛 . 毛泽东的中国及其发展模式 [M]. 北京：社会科学文献出版社 , 1992,66.

[42] 翟楠，薛晓 . 小学思想品德课程 60 年 [M]. 南京：江苏大学出版社 ,

2011,99.

[43] 陈光全 . 品德与生活课程标准（实验稿）的解读 [J]. 教学与管理，2003（23）.

[44] 李德顺 . 价值论 [M]. 北京 : 中国人民大学出版社 ,2013:108.

[45] 张丽敏，谢均才 . 中国大陆小学品德教科书中榜样的嬗变——人民教育出版社 1999 年版和 2005 年版小学品德教科书内容分析 [J]. 教育学报，2003（23）.

[46] 林玉忠 . 思想政治课凸显生活逻辑课堂教学策略 [J]. 北京教育学院学报，2010（3）.

[47] 鲍建生 . 对数学素质的五个层面的剖析 [J]. 中学数学教学 ,1999(04).

[48] 蔡金法，徐斌艳 . 也论数学核心素养及其构建 [J]. 全球教育展望，2016(11).

[49] 顾沛 . 创建数学文化类课程 提高学生数学素养 [J]. 中国高校研究 ,2014（12）.

[50] 孔凡哲 . 中国学生发展核心素养评价难题的破解对策 [J]. 中小学教师培训，2017（1），01-06.

[51] 马云鹏 . 关于数学核心素养的几个问题 [J]. 课程 . 教材 . 教法 ,2015（9），36-39.

[52] 曹培英 . 从学科核心素养与学科育人价值看思想基本思想 [J]. 课程 . 教材 . 教法 ,2015(09).

[53] 陈六一，陈刚 . 核心素养，诗意地奠基——兼论小学数学核心素养的课堂实现 [J]. 教育科学论坛 ,2016(10).

[54] 陈六一，刘晓萍 . 小学数学核心素养要素分析与界定反思 [J]. 中小学教师培训 .2016(05).

[55] 陈六一，刘晓萍 . 小学数学核心素养的理论分析 [J]. 今日教育 ,2016(03).

[56] 陈敏 . 聚焦数学核心素养——第六届中国小学数学峰会综述 [J]. 人民教育，2015(23).

[57] 陈祥彬 . 在小学数学教学中渗透数学思想方法 [J]. 课程 . 教材 . 教法，

2010(07).

[58] 崔允漷 . 追问“核心素养”[J]. 全球教育展望 ,2016(05).

[59] 代保明 . 三问学生发展核心素养 [J]. 教育科学论坛 ,2017(02).

[60] 窦桂梅 , 胡兰 . 基于学生核心素养发展的“1 + X 课程”建构与实施 [J]. 课程教材教法 ,2015(01).

[61] 孔企平 . 国际数学学习测评 : 聚焦数学素养的发展 [J]. 全球教育展望，2011(11).

[62] 刘庆昌 . 人文底蕴和科学精神——基于《中国学生发展核心素养》的思考 [J]. 教育发展研究，2017(04).

[63] 张美静 . 新旧版小学科学课程标准对比的差异性分析 [J]. 教学研究 ,2018，15（5):26.

[64] 项目组 .《科学课程标准》与现行《小学自然教学大纲》的主要区别及其主要特点 [J]. 课程教材教学研究 : 小教研究 ,2002(10):9-10.

[65] 谢铁汉，张燕燕 . 准确把握《科学课程标准》[J]. 小学自然教学，2002(7/8)：7-10.

[66] 教育部 . 全日制义务教育数学课程标准 (2011 年)[M]. 北京 : 北京师范大学出版社，2011.

[67] 中华人民共和国教育部 . 义务教育语文课程标准（2011 年版）[M]. 北京 : 北京师范大学出版社 ,2012.

[68] 张亚 , 杨道宇 . 基于核心素养导向的小学语文教学 [J]. 教育探索 ,2016(10):21-24.

[69] 核心素养研究课题组 . 中国学生发展核心素养 [J]. 中国教育学刊，2016(10)：1-3.

[70] 吴刚平 . 课程资源的筛选机制和开发利用途径 [J]. 上海教育 ,2001（12）.

[71] 刘德华 . 小学科学课程与教学 [M]. 北京 : 中国人民大学出版社 ,2009:249.

[72] 周新奎 . 小学科学课程标准研究与实施 [M]. 济南 : 山东教育出版社 ,2004：314.

[73] 潘洪建 , 张静娴 . 小学科学课程实施：成就、问题与政策建议 [J]. 当代

教育与文化,2018（4）.

[74] 王秀惠．在小学语文教学中培养学生的逻辑思维能力 [J]. 教育评论，2007(03):133-134.

[75] 李艺，钟柏昌．谈“核心素养”[J]. 教育研究,2015,36(09):17-23+63.

[76] 王喜斌，王会娟．小学语文学科“核心素养”的内涵及其实现路径 [J]. 教学与管理,2018(12):81-83.

[77] 丁邦平．论国际理科教育的范式转换——从科学教育到科技教育 [J]. 比较教育研究,2002（1）:1-6.

[78] 计宇．小学语文核心素养的构成与培养路径 [J]. 教学与管理,2018(17):40-42.

[79] 黄光雄，蔡清田．核心素养——课程发展与设计新论 [M]. 上海：华东师范大学出版社,2017.

[80] 付海英．小学语文学科核心素养的培养探究 [J]. 中国教育学刊,2019(S1):34-36.

[81] 廖小蔚．小学语文核心素养培养的影响因素与策略探析 [J]. 亚太教育,2019(08):92.

[82] 徐光华．紧紧抓住教学关键，着力培育核心素养——关于小学语文教学中培育学生语文核心素养的初步探索与思考 [J]. 中小学教师培训,2017(05):43-47.

[83] 顾之川．论语文学科核心素养 [J]. 中学语文教学,2016(03):15-17.

[84] 赵永攀．指向语文核心素养的文本解读 [J]. 教学与管理,2017(17):26-28.

[85] 刘晶晶．语文学科核心素养：内涵及构成 [J]. 教育探索,2016(11):17-20.

[86] 徐林祥，郑昀．基于语文核心素养的“语用热”再认识 [J]. 全球教育展望,2016,45(08):14-23.

[87] 罗士琰，宋乃庆，王雁玲．基于实证的小学语文阅读素养研究：内涵、价值及表现形式 [J]. 中国教育学刊,2016(10):77-83.

[88] 郭银龙．优化课堂教学结构，发展语文核心素养 [J]. 教育理论与实践,2016,36(26):54-55.

[89] 张心科．论语文核心素养及语文教育改革 [J]. 河北师范大学学报（教育

科学版),2017,19(05):100-104.

[90] 杨志成 . 核心素养的本质追问与实践探析 [J]. 教育研究 ,2017,38(07):14-20.

[91] 刘永凤 . 国际“核心素养”研究的最新进展及启示 [J]. 全球教育展望 ,2017,46(02):31-41+98.

[92] 张华 . 论核心素养的内涵 [J]. 全球教育展望 ,2016,45(04):10-24.

[93] 程晓堂 , 赵思奇 . 英语学科核心素养的实质内涵 [J]. 课程、教材、教法 ,2016,36(05):79-86.

[94] 李艺 , 钟柏昌 . 谈“核心素养”[J]. 教育研究 ,2015,36(09):17-23+63.

[95] 孟庆涛 . 核心素养视域下英语教学改革的反思与推进 [J]. 课程、教材、教法 ,2019,39(06):107-111+143.

[96] 张鲲 , 吴晓威 . 英语学科核心素养的特征与培养路径研究 [J]. 吉林省教育学院学报 ,2019,35(10):19-23.

[97] 刘森 . 基于学科核心素养的英语教学——2018 TESOL 中国大会带来的思考 [J]. 教师教育研究 ,2018,30(05):56-60.

[98] 陈婷 . 基于核心素养培养的小学英语课程标准分析 [D]. 上海 : 上海师范大学 ,2017.

[99] 张鲲 , 吴晓威 . 英语学科核心素养的特征与培养路径研究 [J]. 吉林省教育学院学报 ,2019,35(10):19-23.

[100] 中华人民共和国教育部 . 普通高中英语课程标准 [M]. 北京 : 人民教育出版社 .2017.

[101] 鲁子问 . 小学英语教学设计 [M]. 上海 : 华东师范大学出版社 ,2018.

[102] 陆谷孙 . 英汉大词典 [M]. 上海 : 上海译文出版社 ,1993:346.

[103] 李中国 . 教师培养供给侧的问题解析与破解路径 [J]. 国家教育行政学院学报 ,2020（1）.

[104] 李中国 , 孙海英 . 政治性与学理性统一下思想政治理论课教师的素质提升 [J]. 思想教育研究 ,2019(12) 。

[105] 李中国 . 科学课教师培养的问题与对策建议 [J]. 教育研究，2010（3）.

[106] 冀思琪，刘军 .2017 版小学科学课程标准解读 [J]. 教育实践与研究 ,2017（13）:4-6.

[107] 钟启泉 . 基于核心素养的课程发展 : 挑战与课题 [J]. 全球教育展望 , 2016,45（1）:3-24.

[108] 核心素养研究课题组 . 中国学生发展核心素养 [J]. 中国教育学刊 . 2016(10):1-3.

[109] 中华人民共和国教育部 . 义务教育小学科学课程标准 [S]. 北京 : 北京师范大学出版社 ,2017:1.

[110] 胡卫平 . 青少年科学创造力的发展与培养 [M]. 北京 : 北京师范大学出版社，2003.

[111] 余胜泉，胡翔 .STEM 教育理念与跨学科整合模式 [J]. 开放教育研究 ,2015，21(4):13-21.

[112] 钟启泉 . 学科教学的发展及其课题：把握“学科素养”的一个视角 [J]. 全球教育展望 ,2017,46（1）:11-23.

[113] 李芹 . 核心素养如何落地——基于欧盟核心素养的实施与评价的启示 [J]. 教学研究 ,2017,40（4）:18-23.

[114] 余胜泉，王阿习 .“互联网 +”教育的变革路径 [J]. 中国电化教育 , 2016,(10):1-9.

[115] 中华人民共和国教育部 . 义务教育品德与生活课程标准 (2011 年版) [M]. 北京 : 北京师范大学出版社 ,2011:1—24.

[116] 中华人民共和国教育部 . 义务教育品德与社会课程标准 (2011 年版) [M]. 北京 : 北京师范大学出版社 ,2011:1—28.

[117] 朱智贤 . 儿童心理学 [M]. 北京 : 人民教育出版社，1980:385-387.

[118] 欧阳芸，袁成，卢志 . 道德与法治学科现状分析及对策研究——以对 A 市调查为例 [J]. 思想政治课教学 ,2019(06):90-94.

[119] 余文森 . 从“双基”到三维目标再到核心素养——改革开放 40 年我国课程教学改革的三个阶段 [J]. 课程 . 教材 . 教法 ,2019,39(09):40-47.

[120] 周彬 . 课堂密码 [M]. 上海 : 华东师范大学出版社 ,2009.

[121] 吴康宁 . 情境教育是什么 , 从哪里来 , 往哪里去 [J]. 人民教育 , 2019(17):74-77.

[122] 孟庆楠 , 杨秀莲 . 学科情境教学 :TIMSS&PIRLS 经验与启示 [J]. 中学政治教学参考 ,2019(29):43-46.

[123] 沈权 . 基于叶圣陶实践性德育思想的导行策略 [J]. 中学政治教学参考 , 2019(17):38-39.

[124] 习近平 . 坚持中国特色社会主义教育发展道路 , 培养德智体美劳全面发展的社会主义建设者和接班人 [J]. 儿童发展研究，2018(03):1-4.

[125] 中共中央宣传部 . 关于高小和初中毕业生从事劳动生产宣传提纲 [J]. 人民教育，1954(06)：7-10.

[126] 何东昌 . 中华人民共和国重要教育文献（1949—1975）[M] . 海口：海南出版社 ,1988:450.

[127] 中共中央，国务院 . 关于教育工作的指示 [J]. 江苏教育 ,1958(18):4-6.

[128] 邓小平 . 邓小平文选 : 第二卷 [M]. 北京 : 人民出版社 ,1994:103-110.

[129] 中共中央 . 中共中央关于教育体制改革的决定 [J]. 师范教育 ,1985(06)：6-12.

[130] 国家教育委员会 . 全日制小学劳动课教学大纲 (试行草案)[J]. 人民教育，1988(01):5-7+25.

[131] 国务院 . 关于基础教育改革与发展的决定 [J]. 人民教育 ,2001(07):4-9.

[132] 中共中央，国务院 . 中共中央国务院印发国家中长期教育改革和发展规划纲要（2010-2020 年）[J]. 人民教育 ,2010(17):2-15.

[133] 习近平 . 决胜全面建成小康社会 , 夺取新时代中国特色社会主义伟大胜利 [N]. 人民日报 ,2017-10-28(001).

[134] 马克思 . 马克思恩格斯文集 : 第九卷 [M]. 北京 : 人民出版社 ,2009:340.

[135] 檀传宝 . 劳动教育的概念理解——如何认识劳动教育概念的基本内涵与基本特征 [J]. 中国教育学刊 ,2019(02):82-84.

[136] 广州市教育研究院 . 广州市中小学劳动教育指导纲要 [M]. 广州 : 广州出版社，2019:2+12.

[137] 教育部 . 全面深化课程改革 , 落实立德树人根本任务 [N]. 中国教育报，2014-06-23(008).

[138] 核心素养研究课题组 . 中国学生发展核心素养 [J]. 中国教育学刊，2016(10)：1-3.

[139] 国务院 . 国家职业教育改革实施方案 [J]. 教育科学论坛 ,2019(06):3-9.

[140] 刘瑶瑶 . 将劳动教育融入高校校园文化建设的实践路径探析 [J]. 北京教育（德育）,2019(Z1):58-62.

[141] 李栋 . 西安市高中生体育学科核心素养培养的影响因素分析 [D]. 西安体育学院 ,2019.

[142] 季浏 . 培养学科核心素养是体育与健康课程的出发点和落脚点——关于《课程标准 (2017 年版)》学科核心素养与课程目标的解读 [J]. 中国学校体育 ,2018(04):11-13.

[143] 中华人民共和国教育部制定 . 普通高中体育与健康课程标准（2017 年版）[M]. 北京 : 人民教育出版社 ,2018.

[144] 张蕴琨 , 丁树哲 . 运动生物化学 [M]. 北京 : 高等教育出版社 ,2010,200.

[145] 薛原 . 让体育伴随孩子成长 (体坛观澜)[A]. 人民日报 ,2018,9.

[146] 董文梅 . 体育学理之研究 [M]. 北京 : 北京体育大学出版社 .2011.

[147] 张金桥 , 王健 , 王涛 . 部分发达国家的学校体育发展方式及启示 [J]. 武汉体育学院学报 ,2015,49(10):5-20.

[148] 李宝敏 . 核心素养视域下综合实践活动课程实施现状与对策研究 [J]. 教育发展研究 ,2016(18):46-54.

[149] 国家九年义务教育课程综合实践活动指导纲要 (3—6 年级)[EB/OL]. http://www.360doc.com/content/07/1013/20/11977808381.

[150] 吴玉琦 . 关于活动课的界定——谈对活动课的几点认识 [J]. 课程 . 教材 . 教法 ,1995(10):16-20.

[151] 李臣之 . 试论活动课程的本质 [J]. 课程 . 教材 . 教法 ,1995(12):9 － 16.

[152] 钟启泉 . 综合实践活动 : 涵义、价值及其误区 [J]. 教育研究 ,2002(6):42-48.

[153] 刘丽群 . 综合实践活动课程实施过程中的问题分析 [J]. 中国教育学刊，2005(12):27-33.

[154] 丁静 . 综合实践活动课程师资问题研究 [J]. 课程 . 教材 . 教法，2004(8):75-78.

[155] 钟启泉 . 综合实践活动课程的设计与实施 [J]. 教育发展研究 ,2007(2).

[156] 钟启泉 . 综合实践活动课程的设计与实施 [J]. 教育发展研究，2007(2):42-48.

[157] 秦东兴 . 体验活动：日本中小学生“生存能力培养的有效途径”[J]. 比较教育研究 ,2017（11）:76-81.

[158] 钟启泉 . 综合实践活动课程的设计与实施 [J]. 教育发展研究，2007(2):42-48.

[159] 秦东兴 . 体验活动 : 日本中小学生“生存能力培养的有效途径”[J]. 比较教育研究 ,2017(11):76-81.

[160] 钱新建 . 综合实践活动表现性评价的认识、开发与运用 [J]. 课程、教材、教法 ,2015(5):9-54.

[161] 郑向荣 . 综合实践活动课程常态实施的思考 [J]. 课程、教材、教法，2009(9):22-26.

[162] Doll，*W.E.Developing Competence.In Doll*，W.E.Pragmatism，Post-Modernism，and Complexity Theory.Edited by Donna Trueit.New York: Routledge,2012: 67，76.

[163] 贾春凤 , 贾志军 , 陈萍 . 基于小学科学课程实施现状的高校科学教育培养模式探究——以保定地区为例 [J]. 科教文汇 ,2015(2).

[164] 李森 , 陈晓端 . 课程与教学论 [M]. 北京 : 北京师范大学出版社 ,2015:234.

[165] 张笛 . 汉语儿童句末语气词获得研究 [M]. 北京 : 新华出版社 ,2019.6

[166] 李中国 , 郑玲玲 . 思维导图在小学数学复习课中的应用 [J]. 教学与管理 ,2019(11).

[167] 李中国主编 . 小学科学教学设计 [M]. 北京：高等教育出版社，2017.3.

[168] 李中国 . 科学磨课设计与实践 [M]. 北京：科学出版社，2017.2.